博雅

21世纪公共管理学应用型本科规划教材

文秘系列

现代礼仪

Modern Etiquette

主　　编 郭学贤

参编人员（按编写先后顺序）：

郭学贤 金继宏 韩艳平

刘海燕 李　群 郑沪生

北京大学出版社
PEKING UNIVERSITY PRESS

图书在版编目(CIP)数据

现代礼仪/郭学贤主编. —北京:北京大学出版社,2013.9
(21世纪公共管理学应用型本科规划教材·文秘系列)
ISBN 978-7-301-23222-4

Ⅰ.①现… Ⅱ.①郭… Ⅲ.①礼仪-高等学校-教材 Ⅳ.①K891.26

中国版本图书馆CIP数据核字(2013)第219546号

书　　名:现代礼仪
著作责任者:郭学贤　主编
责 任 编 辑:高桂芳　葛昊晗
标 准 书 号:ISBN 978-7-301-23222-4/C·0943
出 版 发 行:北京大学出版社
地　　址:北京市海淀区成府路205号　100871
网　　址:http://www.pup.cn
新 浪 微 博:@北京大学出版社
电 子 信 箱:ss@pup.pku.edu.cn
电　　话:邮购部62752015　发行部62750672　编辑部62753121
　　　　出版部62754962
印 刷 者:**三河市博文印刷有限公司**
经 销 者:新华书店
　　　　730毫米×980毫米　16开本　17.75印张　319千字
　　　　2013年9月第1版　2014年9月第2次印刷
定　　价:36.00元

总　序

在现代社会，文秘专业是一门社会各界有着广泛需求的专业。无论是企事业单位还是行政机关，也无论是国有、集体还是民营企业，尤其是中外合资企业或外商独资企业，对于文秘人员的需求越来越旺盛。秘书职业化的趋势愈来愈明显，其社会地位在不断提高，服务领域也越来越广。社会各界在扩大秘书需求的同时也对秘书的素质和能力提出了更高更新的要求，这就对高校传统的文秘专业办学模式和教学方法提出了新的挑战。为了赢得挑战，加快发展，确保文秘专业教育与社会岗位需求相适应，就必须加强文秘专业的教材建设。教材好比剧本，没有好的剧本，焉能演出一场好戏？

为此，我们组织了全国二十多所高等院校文秘专业教学第一线的骨干教师，从事教改与教研工作的专家、学者，秘书职业资格证书社会培训机构的资深人士，在进行了广泛深入的调查研究的基础上，成立了“21世纪公共管理学应用型本科规划教材·文秘系列”编委会。我们会同北京大学出版社的有关编辑，从当前教学实际需要出发，充分考虑就业与市场需求，同时又与国家职业资格证书考试相衔接，制定了编辑出版这套文秘专业系列规划教材的指导思想、总体原则、编写体例、编写格式及具体要求。

我们编辑出版的这套文秘专业系列规划教材的培养目标是：适应社会主义现代化建设和经济发展与构建和谐社会的需要，具有较高的现代秘书素质与能力和国际视野，又具备管理、经济、法律、商务和外语等多方面的知识，德、智、体、美全面发展，以信息技术为沟通的主要手段，掌握文秘基本理论与文秘业务操作，拥有较强的书面和口头表达能力的复合型、应用型文秘人才。

这套系列规划教材教学的基本要求是：使学生系统地掌握文秘岗位必需和

够用的基本理论，包括秘书学、应用文写作、办公室管理、档案管理、会务组织、公共关系、人力资源管理、企业管理、法律和外语等基础知识；系统地掌握和具备文秘岗位所需的专业技能，主要包括文书写作与处理、办公室事务管理、档案的收集及管理、会议组织和服务、商务沟通与谈判等技能；同时，根据社会各界对秘书人才的需求变化及就业的岗位（群）特点，拓宽培养方向，改革课程设置，从单纯的行政文秘向复合型的商务文秘、涉外文秘、信息技术管理文秘转化。本着“宽口径，厚基础”的原则，改革和创新文秘人才培养模式。

全套教材暂设置18本：《秘书学》《文书与档案管理》《新编应用写作》《综合秘书实务》《速录》《管理学原理》《人力资源管理与企业文化》《公共关系学》《市场营销》《电子商务》《消费心理学》《商务谈判》《广告策划》《会展策划与预算》《法律与法规》《大学语文》《大学英语》《计算机应用基础》。我们编辑出版的这套教材是开放的，不是封闭的，要随着教学实践的需要和课程改革的变化而变化，以适应和满足当前及今后教学的需要。今后，我们还将陆续编辑出版文秘专业新的主干课程的教材。本套教材是大学生走向社会，实现零距离上岗不可多得的教科书，同时也适合作为社会力量办学机构与人才培训机构的培训用书，还可供社会各界从事文秘专业工作的人员参考阅读。

与以往传统教材相比，本套教材具有鲜明的特色：

首先，充分反映了当代文秘专业理论研究与实践应用的最新成果，融汇了国家最新颁布的相关政策和法律法规。突出体现应用性理论教育和实践技能教育相结合的特色，构建“文厚、技湛、商慧”型人才培养新模式，从而使教材体系有效地反映了知识、能力、素质相结合。整个教材体系结构严谨，层次分明，具有鲜明的时代性、创新性和前瞻性。

其次，在内容和体系上切合高等院校文秘专业的教学实际，符合培养目标与秘书工作岗位的要求，系列完整，布局合理。本套教材采用了富有弹性的模块式内容结构，设置了“基础理论”“模拟实训”“习题解答”三大模块。每个模块既是教材的有机组成部分，本身又是相对完整而又开放的单位。对知识与能力进行有目的的综合、融合和整合，便于组织教学，既具有综合性又具有针对性。

最后，目标是为了培养既有大学程度的文化基础和专业理论知识，又有较强实践能力的应用型、复合型人才。本套教材同时兼顾理论知识和实践知识，既选编“必需、够用”的理论内容，又融入足够的实训内容。突出重点和难点，精选基础、核心的内容，把培养学生动手能力、实践能力和可持续发展能力放在突出地位，促进学生技能的提高，增强了应用性和实践性。

在编写过程中，编者借鉴和吸收了国内外专家学者的最新科研成果，同时也参阅了大量相关书籍和资料，在此谨向原作者表示深深的谢意！

由于编者水平有限，加之时间仓促，疏漏之处在所难免，恳请专家、同行和广大读者批评指正，以便再版时修订完善。

唐 静

2012年10月

前言

礼仪是在人类社会发展中逐渐形成并积淀下来的一种文化，在传统文化中占有重要地位。中国作为世界文明古国之一，礼仪文化源远流长，素以“礼仪之邦”著称于世。在中华民族的历史长河中，礼仪不仅是普通老百姓修身养性、持家立业的基本需要，也是管理阶层治理国家、掌管天下的必备条件。因此，古人把礼仪提升到“修身、齐家、治国、平天下”的高度是有充分根据的。重礼仪、讲道德是中华民族的优良传统。

随着经济社会的迅速发展，人与人之间、群体与群体之间以及世界各国之间的交往越来越频繁，人们社会活动的范围、规模都在日益扩大。不同地区、不同民族、不同国家之间的文化交流，使社会礼仪得到了不断地充实和发展，应用也越来越普遍。礼仪不仅是个人的素质、风度、气质的表现，也是每个社会组织、群体的形象和文明程度的显现，更是一个民族综合素质和国家综合实力的展示。同时它还是维护人们正常的社会交往和促进交往不断深入发展的必备条件。特别是在国家倡导构建和谐社会的今天，继承发扬中华民族流传百世的礼仪精华，掌握符合时代发展潮流的礼仪知识，是个人成功、群体发展、民族兴旺、国家繁荣的迫切需要。

正是基于上述实际需求，我们编写了《现代礼仪》。本书从个人到群体、从家庭到学校、从生活到工作、从商务行为到社会交际、从国内活动到国际交往、从求职到就业等方面，系统地阐述了礼仪的具体内容，特别是针对青年学生撰写了学校礼仪、恋爱礼仪、日常生活礼仪和求职就业礼仪，图文并茂，具有全面性、实用性和可操作性的特点。因此，本书适应面广，不仅适用于高等院校的本科学生，适用于各种职业技术学院、中等专业学校、职业培训学校等，也适用各种社会组织、企事业单位的礼仪短期培训，还可作为各类学校的教师备课学习以及各级管理人士修身参考之用。

本书共包括十章内容。第一章、第三章由郭学贤编写，第二章由金继宏编写，第四章、第五章由韩艳平编写，第六章由刘海燕编写，第七章、第八章、第九章由李群编写，第十章由郑沪生编写。郭学贤担任主编，负责全书的组稿、统稿、修改和定稿工作，韩艳平负责课件制作，李群协助主编做了一些事务性工作。

我们要感谢北京大学出版社社会科学编辑室主任耿协峰同志、责任编辑葛吴晗、高桂芳同志，他们给予我们许多具体帮助和指导。东北师范大学人文学院穆树源董事长，吕英华院长，刘乃叔处长及有关同志给予我们真诚的关怀和有利支持，在此一并表示感谢。

本书在编写过程中，参阅了有关中外礼仪文化的大量资料，并在本书末尾以“参考文献”的形式标示出来，借此向所有资料的有关作者表示感谢。由于编者水平有限，加之时间仓促，书中难免出现疏漏，请专家和读者不吝赐教，批评指正。

郭学贤

2013 年 1 月于长春

目　录

第一章 绪 论

本章提要

礼仪不仅在传统文化中占有重要地位，而且在现代生活和各类社交活动中也突显其重要性。本章从礼仪的含义、特点，礼仪形成的条件、历史发展，礼仪的表现形式和分类，礼仪的基本原则，影响礼仪变化发展的条件以及礼仪的作用等方面而进行了总体的论述。

本章学习目标

- 掌握礼仪的含义、特点
- 理解礼仪产生的条件和历史演变过程
- 理解礼仪的形式和分类
- 掌握礼仪的基本原则和影响礼仪发展的社会因素
- 掌握礼仪的社会作用。

第一节 礼仪的形成和发展

中国作为东方文化的发源地，有五千多年的文明史，自古以来就有“礼仪之邦”的美誉，讲“礼”重“仪”是中华民族的优秀传统。随着社会的不断进步，国与国之间、人与人之间的交往日益频繁，世界各地的礼仪互相影响与融合，使得礼仪在现代生活和各类社交活动中，越来越突显其重要性。

一、礼仪的含义

“礼仪”是“礼”和“仪”的合成词。然而，这两个词最早在我国是表示两个虽有联系却不尽相同的概念。在古代典籍中，“礼”主要有三层意思：一是政治制度，二是礼貌礼节，三是礼物。“仪”有四层意思：一是指容貌和外表，二是指仪式和礼节，三是指准则和法度，四是指表率和典范。而将“礼”和“仪”连用，则始于《诗经·小雅·谷风之什·楚茨》：“为宾为客，献酬交错，礼仪卒度，笑语卒获。”中国最早的礼仪著作是《周礼》、《仪礼》、《礼记》，合称“三礼”。礼仪是适应社会的需要而产生，随着社会的发展而发展。在现代社会，礼仪是指人们在日常生活和社会交往中所形成的互相之间表示友好、尊重并展示文明的行为规范与准则。

从以上对“礼仪”含义的分析来看，可以总结出它有以下三个方面的基本内涵。

1. 礼仪是人们自觉遵守的行为规范和模式

所谓行为规范就是人们的行为标准，行为模式是人们行动的惯用形式。这种行为规范或模式是人们共同践行的，它的基础是以自觉的遵守为前提，本身不具有强制性。例如，见了面要主动问候、握手，临走时要自觉地说声“再见”，这是人们在交往中习以为常的惯用的行为规范和模式。没有人强制要求这样做。当然，你不这么做就会被人认为不懂礼仪，没有礼貌。

2. 礼仪是社会共识的大家共同遵守的行为方式

礼仪准则或规范是社会中的人们约定俗成、共同认可、共同遵守的。起初，礼仪往往首先表现为一些不成文的规矩、习惯，例如高兴时拍手，再见时挥手等。在实践中逐渐上升为大家认可的，可以用语言、文字、动作进行准确描述和规定的行为准则，并成为社会共识、人们有章可循、可以自觉学习和遵守的行为规范，这就是拍手称快、挥手告别等。礼仪渗透于社会的各种关系之中，只要有人和人的关系的存在，就有作为人的行为准则和规范的礼仪存在。

3. 礼仪是人们文明交往的必要条件

礼仪是人们在交往中，待人接物时必须遵守的一些行为规范。这种规范不仅约束着人们在交际场合的言谈举止，使之合乎礼仪规范，也是人们在交际场合中必须采用的一种“通用语言”，是衡量他人、判断自己是否自律、敬人的一种尺度。因而，礼仪的存在是合乎人际关系调节需要的，有利于规范人们的行为，创造文明的交往的环境。自从人类产生，礼仪也就伴随着人与人之间的复杂关系的产生而出现，并且越来越完善。也就是说礼仪是随着人类的产生而产生的，并随着人类社会的发展而不断的发展，在人类进入文明社会的过程中起了很重要的促进作用。

二、礼貌、礼节、礼仪的区别

在学习和应用礼仪时，不可避免的涉及“礼貌”和“礼节”，它们之间既有密切联系，又有一定区别。

1. 礼貌是在人际交往中表示谦虚和恭敬的言行

礼貌侧重于表现人的品质和素质，通常分为礼貌行为和礼貌语言。礼貌行为是一种道德规范，例如，在公共汽车上给老人让座可以说是表示敬意，是尊老。如果给小孩让座，是爱幼。乃至给病人、孕妇让座，是爱护弱者。尊老爱幼是社会公德意识和个人道德修养的良好体现。对于这样的行为，人们的评价就是“这个人真懂礼貌”，这里的“礼貌”就意味着遵守和维护某种社会规范和道德规范的行为。

礼貌语言是文明程度的体现，例如，国家倡导使用的“礼貌十个字”：“您好”、“请”、“谢谢”、“对不起”、“再见”，就是人们在社会生活中普遍使用的礼貌语言。礼貌用语的使用使人显得谦恭、有教养。

2. 礼节是人们在社交场合表示尊重友好的惯用形式

礼节是礼貌外化的具体表现形式，礼貌注重的是人的内在品质和素质，而礼节注重的是表现形式。例如，你与美国人打交道问好时，可以来一个热情的拥抱，表示对对方的尊重，与法国人问好后，则可以行亲吻礼等，这都是表示尊重友好的惯用形式，都是礼节。在礼节方面，中国和其他国家又各有差异，与中国人打招呼后，可以适时地进行自我介绍、握手或交换名片，留下联系方式，不需要拥抱和亲吻。因此，使用礼节时也应该注意其区域性、民族性的特点。

3. 礼仪是在人际交往中表现律己敬人的程序和方式

礼仪是指在人际交往中，自始至终的以一定的、约定俗成的程序、方式来表达的律己敬人的完整行为。礼仪是礼貌、礼节的统称，既有文明的修养，又有必要的规范形式，主要表现为律己敬人。律己即对自我的要求，是礼仪的基础和出发点。学习、应用礼仪最重要的是要自我要求、自我约束、自我控制，这就是自律的体现。敬人就是要求在交往的过程中，与交往对象既要互谦互让，互尊互敬，友好相待，将对交往对象的重视、恭敬放在第一位。无论律己还是敬人，都要通过一定的表现方式。同时礼仪又是有章可循的，例如，与别人交往就要经过介绍、称呼、握手、交谈和交换名片等方式的这样一个过程，这个过程必须遵循一定的程序，从而建立联系，展开交流。

从含义上可以看出，礼仪主要是应用于人际交往。只要有人的生存，就需要和别人打交道，就需要礼仪。虽然礼仪不具有强制性，但它本身与人们的生活和工作有着紧密的联系，对人们的行为有外在的约束作用。如果不注意礼仪，就显得不懂礼貌，就会与社会文明和进步格格不入。

三、礼仪形成的条件和特点

礼仪是伴随着人类的历史和文化同步产生并发展的，经历了从低级到高级、从局部到整体的演变过程。在演变过程中必然伴随着一定的社会条件和背景，并形成了自己的特点。

（一）礼仪形成的条件

了解礼仪的产生条件，有助于我们更好地继承先辈创造的文明成果。最早的礼仪是起源于人类之初的原始社会。

1. 起源于对自然界的神秘感和敬畏感

原始社会时期，社会生产力水平比较低下，人们处在蒙昧状态，对日月星辰、风雨雷电、山崩海啸等自然现象无法解释，从而对自然界产生了神秘感和敬畏感，形成了对大自然的崇拜，并通过一定的仪式来祭祀敬神，最后这些形式就演变成了约定俗成的礼仪形式。从对“礼”的繁体字“禮”的剖析来看，左边的“示”字意为祭祀敬神，右边是祭物，表示把盛满祭物的祭具摆放在祭台上，献给神灵以求福佑。

2. 起源于对宗教的信仰

在原始社会，人们对于自身的生理、心理、做梦等现象无法解释，因而对这些现象就产生了恐惧感和神秘感，出现了“灵魂不死”的观念，并逐步演变为宗教活动。伴随着这些宗教活动，礼仪也就应运而生了。我国考古工作者在北京周口地区龙骨山石灰岩洞中发现的“山顶洞人”的遗迹表明，他们在埋葬死者时，在死者身上洒上红褐色的赤铁矿粉末。这样做的目的就是为死者增添血色而希望其复生。这种原始人的带有宗教色彩的活动，就包孕着一定的宗教礼仪的萌芽。

3. 起源于人际交往的需要

原始社会自然条件恶劣，人类比较弱小，为了生存和发展，为了和洪水猛兽抗争，人们就在一起过着群居生活，从而形成了各种复杂的人与人之间关系。为了处理好这些关系，例如人与人、部落与部落的关系，逐渐形成了一些约定俗成的规范。例如，氏族内部在共同居住中，根据男女有别、老少各异、扶老携幼而形成的一定的秩序，来协调人与人之间的各种各样关系。通俗一些可以说，最早的礼仪的形成是为了维持人类群体的自然生存和繁衍,维持群体生活的自然人伦秩序,这是礼仪产生的最原始动力。同一部落成员在共同的采集、狩猎、饮食生活中使用的习惯性语言和动作,逐渐成为人们日常劳动和生活方面的礼仪。不同部落的成员,彼此间为了求得信任、谅解、协作,经常使用一些语言、表情、体态等表示一定意向,逐渐成为人们相互交往方面的礼仪。

(二) 礼仪的特点

礼仪是为了适应人类生存而产生,随着人类的发展而丰富和完善,对于人类社会的文明进步起着重要作用。在自身发展中形成了自己鲜明的特点。

1. 规范性

礼仪是一种规范,即是一种标准。礼仪规范的形成不是人们抽象思维的结果,而是对人们在社会交往实践中,所形成的一定利益关系的概括和反映。一方面礼仪是一定社会或一定阶级,根据他们的共同利益而提出的对人们行为的要求,并通过某种风俗、习惯和传统的方式固定下来的。另一方面它又是一定社会或阶级对社会要求和生活实践的认识,并且把这种要求和认识集中进行概括和总结,见之于人们的生活实践,便形成人们普遍遵循的行为准则。这种行为准则,不断地支配或控制着人们的交往行为。所以,规范性是礼仪的一个重要特点。

2. 普遍性

在人类社会历史上,礼仪始终如影随形地渗透在社会的各个领域。没有哪个民族、哪个国家的哪个时期,在其社会活动中没有礼仪规范。尽管礼仪的具体内容和表现形式不尽相同,但都普遍存在礼仪的行为准则。礼仪存在于人们相互交往的各个领域中,普遍起着调节人际关系的作用,制约着人们的行为,促进社会的稳定。现代社会的发展与文明,使人们普遍地认识到礼仪的价值,从而更自觉地去了解、学习礼仪,使之在更广泛的领域里得到运用。社会越文明越进步,礼仪的应用就越普遍。

3. 继承性

任何民族、任何国家的礼仪都是在长期的社会生活和实践中逐步形成的,经过一代又一代的继承相传,不断丰富和发展。礼仪的继承性,不是原封不动、全盘承接,而是批判地继承,表现为有保留有克服。把那些符合社会进步需要,仍具积极意义的礼仪内容,进行吸收、升华和发展,为自己所用,把那些落后于时代的消极内容,进行批判和抛弃。同时,还包括对其他的民族和国家的礼仪,进行去粗取精、去伪存真的改造,赋予本民族、本国家特色。

4. 差异性

在人类社会的历史发展中，由于种种原因，造成不同社会、不同民族、不同地区发展的不平衡，使得人群的交往习惯、礼仪规范表现出差异性。即使同一民族，在不同地区、不同国度，由于生活环境、文化氛围不同，礼仪规范也不同，有些礼仪所代表的含义差别较大。这种礼仪的差异性体现了礼仪的个性，使礼仪变得丰富多彩。了解礼仪的差异性，以便更准确地了解礼仪、应用礼仪，体现更深层次的文化修养和对他人的尊重。

5. 时代性

礼仪规范不是一成不变的，它是随着社会的发展而不断演变更新的。一方面是社会自身的进化促使礼仪不断充实完善，礼仪习俗随着时代的变化不断发展。另一方面随着对外交流范围的扩大，各国的礼仪互相影响、互相渗透，使其在历史传统的基础上注入了新的内容。随着时代的进步，世界各国都比较重视礼仪改革，总的趋势是使礼宾活动更加文明、简洁、实用。以见面礼为例，从跪拜作揖，发展到现在的以握手、点头、微笑等方式表达感情；在传统拜年的形式上增加了电话拜年、短信拜年等形式，都体现了礼仪的时代性，体现了社会的文明和进步。

四、礼仪的历史发展

几千年的人类发展史证明，礼仪是社会进步和文明的产物，它伴随着人类的产生而产生，随着社会生产力的发展和生活方式的变化不断丰富和发展。

（一）原始社会礼仪

礼仪起源于最早的人类社会——原始社会。原始社会礼仪的主要形式，包括对大自然崇拜、对图腾崇拜和表现欢乐庆典、悲痛哀悼的宗教礼仪、婚姻礼仪等已具雏形，其中敬神礼仪最为突出。

1. 祭拜礼仪代表全民意向

原始社会时期人类，生产力水平极其低下，生存条件极其险恶艰难，无时无刻不为温饱、安全而苦苦挣扎。因此，他们之间的交往以及举办的各种祭拜活动，都是出于生存、安全和发展的需要。

当时主持各项礼仪的“司礼”有着显赫的地位，其地位仅次于氏族首领，他们执掌各种仪式举行的时间、规范、方式、要求等职权。部落首领们会议之前的仪式和会后的仪式，也要由司仪操持。这种礼仪体现着全民意向，无论是敬天神、祭地仙，还是祭人鬼，都是氏族社会全体成员的共同活动。其中尤以对人鬼的崇拜这套最切合氏族的生聚和繁衍观念的礼仪，对每个氏族成员便有极大的强制性和约束力，它相当于后世的法律。因而这种对维系以血缘为基础的氏族社会有很大的实用价值和宗教意义的祭祀礼仪，强烈地显示了全民意向，从而维护了氏族社会的稳定并推动其发展。

2. 崇拜性礼仪占有突出地位

原始社会的生产力水平低下，人们缺乏与社会、自然，尤其是与大灾害抗衡的能力，普遍存在着图腾崇拜、自然崇拜、神灵崇拜、英雄崇拜等。既然有崇拜就必然有相应的崇拜仪式以及完整的礼仪要求，所以，原始社会的礼仪就和各种崇拜结下了不解之缘。他们以某种物品、某种动物、某种器官为崇拜对象，并赋予其一定的象征意义，举办相应的繁杂的仪式活动，寄托原始社会人们美好的理想和愿望。这种崇拜性的礼仪在整个社会的各种形式中占据着十分突出的位置。

3. 民主平等的朴素礼仪观念

在原始社会，没有阶级也就没有剥削和压迫的现象，所以，原始社会人与人的关系是平等的。即使是首领与部下之间也不是等级关系，关系类似于兄弟辈分、父子辈分的关系。体现在礼仪上，就是民主平等性。原始氏族部落首领开会，常围坐在一堆篝火旁，座位的安排则以年龄、辈分的关系来划定。遇到一些难以解决的困难时，氏族首领便召集全体成员一起来讨论。每个成员在人身、自由、权利方面都是平等的，首领也没有任何特权，他们只是主持商讨问题、监督节约用水、祭祀祖先等活动。

在氏族部落之间，保持自治的权利，活动的内容、形式，都由各氏族部落的首领共同制定。所以，原始社会的氏族成员，对当时的各种交际礼仪活动极感兴趣，总是满怀热诚地从各个非常遥远的地区成群结队赶来参加。氏族成员发自内心的热诚，以及他们经久不变的高昂兴趣，实际上正是这些礼仪活动中民主、平等精神的一种反映。

（二）奴隶社会礼仪

从原始社会走向奴隶社会的大变革过程中，使礼仪在阶级对抗中曲折发展，并被统治者所利用，打上了鲜明的阶级烙印。

1. 以尊君为核心

原始社会敬天地、祭鬼神的全民性共同活动，在奴隶社会被统治阶级演变为敬君主，把崇拜神灵为核心的礼仪转变为尊崇君主，把神权和政权合二为一。尊君忠君成了奴隶社会礼仪的核心，在多种繁杂的礼仪中，演绎着愚尊愚忠的各种规范和礼节，束缚劳动人民的思想观念和行为。

2. 强制性的不平等性

奴隶主阶级为了巩固自己的地位,维护自己的利益和特权,不可能给奴隶以自由,也不可能与之平等,对奴隶更无礼仪而言。而且存在一些带强制性、屈辱性的不平等礼仪。《尚书·商书·盘庚中》记载,盘庚在迁都到殷的时候,告诫民众说:你们应该听我的话,如果不听话,就要斩尽杀绝,断子绝孙,不留坏种。这就证明了奴隶主与奴隶之间没有平等而言,奴隶是奴隶主的会说话的工具。

3. 男尊女卑男主女从

在奴隶社会,一切生产资料都归奴隶主私有,奴隶也成为奴隶主可以虐杀、买卖、陪葬的工具。妇女地位低下,逐渐沦为以男性为中心的家庭私有财产,男尊女卑、男主女从是当时男女社会地位的显著特征。奴隶社会的大量坟墓中,都是以人为殉葬的,而其中以女子殉葬的居多,她们屈膝陪葬在墓主之侧。说明妇女的社会地位低下,挣扎在社会最底层,许多礼仪成为束缚妇女的枷锁。

4. 礼仪理论体系初步确立

奴隶社会的礼仪逐渐发展成为维护统治阶级尊严和权威、调整统治阶级内部关系、麻醉和统治人民的工具,并形成了比较系统地理论体系。周代"三礼"的出现,全面系统地反映了周代的礼仪制度,标志着周礼已达到比较完备的阶段,并由原来的祭祀天地祖先的形式,跨入了全面制约人的行为的领域。在这一时期我国出现了孔子、孟子、荀子等一大批礼仪学家,制定了一整套的礼仪制度,提出了许多重要的礼仪概念和规范,确定了我国传统崇古重礼的文化传统。这样的珍贵典籍和文献,是我国礼仪经典之作,对我国后世的礼仪建设起到不可估量的作用。

(三) 封建社会礼仪

在奴隶社会礼仪的基础上,顺应统治阶级的需要,封建社会礼仪通过一系列的政治教化,更加规范化,成为指导当时人们思想和行为的准则。

1. 建立"君权神授"的理论体系

奴隶社会的尊君礼仪观念在封建社会得到了进一步的深化,发展为"君权神授"的理论体系。封建社会的最高统治者——皇帝自命为天子,皇帝的话就是天意,就是金科玉律。朝见皇上要三拜九叩,高呼万岁。奴隶社会强制的不平等关系被发展为尊君抑臣、尊夫抑妇、尊父抑子、尊神抑人的礼仪体系。

西汉儒家董仲舒是封建礼仪的代表人物,他提出"天人感应"的理论,说皇帝是受命于天的人,皇权是神给的,所以"天不变,道亦不变"。这"道"就是著名的"三纲五常","三纲"指的就是"君为臣纲、父为子纲、夫为妻纲","五常"就是指“仁、义、礼、智、信”。进一步把神权、君权、父权、夫权结合在一起，形成了系统的礼仪规范。

2.“三从”、“四德”束缚妇女的礼仪规范

在封建社会，统治阶级进一步发展了“男尊女卑、男主女从”的礼仪规范。“三从”、“四德”就是这一时期妇女礼仪的标准和行为规范。

“三从”出自《仪礼·丧服·子夏传》，指“未嫁从父，既嫁从夫，夫死从子”。意思是说女性在未出嫁之前要听从父亲的教诲，出嫁之后要礼从夫君，如果夫君不幸先己而去，则要继续服从儿子，通过“三从”确立了男性在家庭中的主体地位。

“四德”出自《周礼·天官·九嫔》，指“妇德、妇言、妇容、妇功”。妇德即指妇女必须有贤妻良母的品德，需正身立本；妇言即是言语，指妇女与人交谈要言辞恰当，语言得体；妇容即是相貌，指要端庄稳重持礼，不要轻浮随便；妇功即是治家之道，包括相夫教子、尊老爱幼、料理家务等生活方面的细节。这一时期广大妇女不仅受君权、神权、族权的统治，还要受夫权的压制，生活在社会的最底层，成为封建礼教的牺牲者。

3.封建礼仪的封闭性

封建社会是一种自给自足的封闭性很强的社会，同样封建礼仪也具有封闭性，体现了专制者顽固的自我中心论。

封建礼仪对内表现为唯我独尊。封建专制者自封天子，思想和行为都代表天意，在自己封闭的天地里自以为是、目空一切。这是历代封建王朝共有的特征。

封建礼仪对外表现为称王争霸，在外交上表现尤为突出。凡是外国、外邦都是属国、番邦、臣子，凡外国来使（包括元首）来访都称朝拜，来使称贡使，礼品称贡品，根本不存在平等原则。

（四）资本主义社会礼仪

资本主义社会取代封建主义社会是人类历史的一大进步，同样，礼仪也取得了很大的进步。特别是一些发达的资本主义国家，对礼仪发展的贡献是不容忽视的。但是由于历史条件的局限性，资本主义社会的礼仪也必然存在局限性、狭隘性的特点。

1.形式的平等性

这个时期的礼仪从形式上改变了以往社会中人与人之间那种附属关系，变得人性化、文明化了。资本主义社会的礼仪在社会活动中倡导人与人的平等，大至自由、平等、博爱，绅士风度，小至衣着服饰、进餐程式等，都主张改变过去

社会中的地位歧视、等级差异，这种人与人关系的形式变化可谓巨大的改变。在处理人际交往的关系方面，资本主义社会的礼仪显得相对简洁、庄重、高雅，尽管这是不彻底的“变革”，还是体现了人类社会发展的进步文明的总趋势，因而很快在全世界广泛传播。

2. 文明的有限性

资本主义社会虽然标榜奉行“自由平等”的文明原则，然而由于阶级地位的不同，他们绝不会把自由平等拱手送给其他民族和国家，不可能实现真正的自由平等。相反，他们始终没有停止过对其他民族和国家的侵略和掠夺，这一本质特征决定了资本主义社会的礼仪不可能实现真正文明。欧美殖民者驱赶和屠杀印第安人，霸占他们的土地；帝国主义联合侵华，焚烧圆明园，掠夺故宫，强占中国领土，在中国租界内树立“华人与狗不得入内”的牌子等，这些都不难看出资本主义的文明是有限的。

3. 本质的虚伪性

资本主义社会根本不可能给一切人自由平等的权利，却又高呼人人平等的口号。他们对外不仅没有停止过侵略和渗透，而且还到处高举“自由、平等、博爱”的旗帜，对内不同阶级、不同阶层的礼仪也有显著差别，不可能平等相待。因此，资本主义礼仪和以往阶级社会的礼仪并无本质上的区别，却自我标榜为“文明礼仪”、“全民礼仪”。在口号上是迷惑人的，对劳动人民有很大的欺骗性，充分反映了资本主义礼仪的虚伪本质。

（五）现代社会礼仪

现代社会礼仪，主要是指社会主义时期的礼仪。随着我国经济的飞速发展和社会的不断进步，礼仪在这个新的时期也有了新的特点，并体现了这个时期的文化特征。

1. 以道德为基础

随着时代的发展和社会的进步，礼仪被越来越多的人所关注和重视，它以社会主义道德为基础，并被充分的发挥和使用在实际的工作、生活和学习等各种场合中。礼仪如果不同崇高的道德准则相联系，便不能实现其自身的主要目的——促使人们相互尊重和社会文明。礼仪是人们交往中互相尊重、联络感情、增进友谊的行为，与道德的关系极为密切。礼仪越为人们所关注，对社会人际交往行为的渗透就越深入，对道德修养的依赖性也就越强。行为心表、言为心声是人所共知的。因此，礼仪只有以道德为基础，以个人的文化素质、品德修养为内涵，才能体现真正的文明和修养。而不是仅仅表现在形式上。

以道德为基础，就是说不仅要遵守社会公德，还要遵守职业道德、家庭道德,是在道德的层面上表现为尊重他人。尊重他人就是在自尊、自爱的同时,尊重他人的人格、劳动和价值,尊重他人的爱好和感情,以平等的身份同他人交往,而不应强求他人按自己的爱好和志趣来生活、行事。俗语道:“你敬我一尺,我敬你一丈。”表达了“尊重应该是相互”的含义。这种尊重是以道德素质为基础,道德素质越高,对他人的尊重越真实、越持久。同样,也会得到别人的尊重回报。

2. 礼仪知识受到普遍关注

礼仪普遍受到重视是社会文明和进步的表现。在现代的社会交往中,人们越来越认识到人际关系处理得当的重要性,礼仪是建立良好人际关系的重要环节,所以人们开始更多地了解和关注礼仪知识。比如社会交往中的称呼、介绍、名片和交谈等方面的内容,特别是有关职业方面的礼仪知识更具有普遍性,可以很快地运用到工作中,很快地体现出礼仪的魅力。目前有些学校把礼仪学列入教学计划,让学生普遍受益,在日后的工作中逐见成效。许多企业也开始关注企业工作人员的职业道德和礼仪培训。

3. 实践性越来越强

在人际交往日益广泛的现代社会中,仅仅只是掌握礼仪的含义和内容等理论知识是远远不够的,如果能经常在实践中运用它,即在文明气氛较浓的环境中接受感染和熏陶,对于增强自身的文明意识,培养文明行为,改变粗俗不雅的不良习惯,是大有好处的。在现实社会中,我们欣喜地看到人们在各个领域都在践行着礼仪。“实践是检验真理的唯一标准”,愿我们都能积极投身于现实的社会礼仪实践中,在实践中继承传统礼仪的精华,不断充实和丰富现代礼仪的内容,从而提升我们的文化礼仪修养,完善社会礼仪体系。

第二节 礼仪的表现形式和分类

礼仪既然是人们在日常生活和交往中的行为规范,必然要通过人们的言谈仪表、举止行为等具体形式表达出来。又由于礼仪渗透在人们生活的各个领域,因此呈现出家庭礼仪、职业礼仪、公共礼仪等等不同类别。

一、礼仪的表现形式

礼仪是社会进步的一种文明行为标准,具有非常丰富的内涵。这种文明标准的内涵会通过不同的形式表现出来。

（一）语言技巧

语言是人类交往最常见的形式之一，不管是一般的人际交往还是社会关系的具体实务活动，都大量地采用语言的方式。语言是有技巧的，主要表现为在不同的时间、地点，针对不同的交往对象和内容，能用恰当的语言表达自己的情感和意向，使对方感受到你的真诚和善意。因此，语言技巧是人们成功交往和情感交流的一门艺术，也是礼仪修养的具体表现形式。

1. 语言技巧是成功的助推器

人们在交往中总是希望取得满意的效果，取得成功，而成功者应该是那些"会"说话的人。特别是初次结识的时候，能否用恰当的语言表达你的诚意和对对方的尊重，成为交往是否成功的至关重要的环节。

语言是联系人们之间思想情感，形成良好人际关系的重要因素。俗话说，"良言一句三冬暖，恶语伤人六月寒"。一个人善于交谈，善于用对方喜欢的语言交流，就能广交朋友，给人以温暖和愉悦，赢得他人的好感和友情。

为了达到进一步交往以建立良好的人际关系的目的，在讲话之前应有充分准备，根据你会见的对象的特点，认真考虑讲话内容和技巧。这样，在会面时才会有话可说，流畅自如，给对方一个干练爽快的好印象。同时，语言表达一定要含义明确，简练流畅，这样才能更好地传递你的意图，取得较好的交流效果。

2. 语言能反映人内心的真诚

礼仪需要真诚，人们在交往时都希望对方是真诚可信的。在用语言表达意愿时，应该充分利用语气技巧，使用体现诚恳、发自肺腑的语言，那样才能触动别人的心弦。坦诚相见、真心实意地交流，既是自信的表现也是对他人的信任。只有用表达真情的语言，才能激起对方感情的共鸣，取得满意的效果。在交谈中不仅要态度认真，语言诚恳，还要在语言中表现稳重和热情，让人感到你的开朗大方、成熟可靠、热情诚恳，使对方心情放松，从内心愿意结交你为朋友，愉快地接受你的建议和友谊。

3. 语言技巧能展示人的修养

语言的表达不仅可以交流感情，体现真诚，还可以展示双方的知识修养。文明礼貌的语言，真实坦诚的态度，能使双方感受到对方的谦逊和友好，以形成信任、亲切、友善的交谈气氛，为交往成功奠定良好的开端。

人们都希望与有学识、有修养的人交往，都想在交往中增长见识、提高水平。因此，在交往中语言的表达要有思想、有内容、有深度，使对方感受到你的谈话信息准确，内容丰实，主题明确，思路清晰，这样可以引起对方的浓厚兴趣，吸引对方的注意力。同时，还应重视言谈的逻辑性和科学性，让人感觉到言之有理,言之有据,意义深刻,令人信服,从而增强交谈的感染力,增强语言的表达效果,甚至使对方经常回味或引用你的"经典"语言,使之产生深刻长久的影响和作用。

(二) 仪容仪表

仪容仪表即人的外表,既包括容貌、服饰等静态因素,也包括姿态、风度等动态因素。优雅的仪容仪表是现代礼仪的重要表现形式。在人际交往中,它能展示出个人的形象魅力和品位风格,从而达到最佳交际效果。

1. 仪容仪表展示人的形象魅力

端庄、大方的仪容仪表会使人感受到愉悦,产生强烈的感染力和影响力。俗话说"仪表堂堂,风度翩翩",是形容一个人的外表。它在人的整体形象中占据着最为显著的地位,常常向他人传递最直接、最生动、最深刻的交往信息,反映着人的精神面貌。

形象魅力主要表现为人的仪容仪表对他人的吸引力、诱导力和凝聚力等,是感召和征服人的精神力量。形象魅力的核心是"动人",特别是对以前并不认识的人,给人的第一印象非常重要。端庄的仪容,文明的仪表,往往引人注目,给人以亲切感和信任感,在对方心目中形成综合化、系统化的印象,让对方愿意接受你、选择你,这就是"先入为主"的"首因效应"。因此,一个人的仪容仪表可以使人充满魅力,这种魅力是人们在社会交往中不可缺少的条件,是交往能否融洽、深入发展乃至成功的关键。

2. 仪容仪表是人的内在气质的反映

气质是由人的内心滋生出来的,具有个性特征的稳定的心理特征。它的形成是一个过程,家庭环境、接受的教育、社会交往、文化熏陶、出生阅历等都是气质形成的重要因素。气质是形象魅力的组成部分,良好的内在气质,表现为举止高雅和仪表端庄的人格魅力。

气质是一个人的风度和素质的表现,它会给人以仪容仪表的温文尔雅、气度不凡、端庄成熟、品格高尚,受他人欣赏的感觉。一个有气质的人,表现在他(她)的眉眼神情,举手投足,着装打扮等方面都达到一种境界,让他(她)的仪容仪表达到众人共同认可与喜欢的高度。这也是增加人际吸引力的根本要求。

3. 仪容仪表是人的综合素质的表现

人的综合素质包括心理素质、道德修养、文化素质、身体条件等综合特征,是人的内在气质,外貌形象和精神风貌的高度统一。在人际交往过程中,它通过人的神态、仪表、言谈、举止等表现出来。因此,人的仪容仪表是综合素质的组成部分,是综合素质的表面特征。

人的综合素质是通过长期的社会教育和实践以及自我完善和提高形成的。人的综合素质越高,其仪容仪表也越文明,即表现为人的容貌、身材、姿态、服饰等因素得体和端庄,体现出高尚的人格魅力,给人一种完美的个人形象。人在社会活动中喜欢和综合素质高的人交往,这是因为素质越高,可信任度也越强,也越能令人觉得可靠和心里踏实,在交往中也越能取得成功。

（三）行为举止

行为礼仪也是人际交往过程中的重要表现形式。行为是指人的各种动作,是通过人的肢体动作和表情来表达行为主体思想感情的一种肢体语言。行为举止的文明能展现个人的文化修养和综合素质,正确运用肢体动作,能提高交际质量,保证交际效果。

1. 行为举止体现人的道德修养

文明的行为举止就是要求人们的行为要有规矩,要符合一定的标准。无论在公共场合、职业场所和家庭环境中,人们的行为举止要文明得体,要讲究礼节、礼貌。这不仅是正常人际交往的基础,也是道德修养和风貌的表现。

行为举止作为社会礼仪的重要表现形式,是人们在社会生活和交往中应遵循的行为标准和准则,必然体现在人与人、人与社会的关系中,因此与道德的关系极为密切。这是因为,文明的行为举止是以一定的道德知识、道德信念为基础的。人们遵守公共秩序,讲究卫生,忠于职守,尊老爱幼,待人谦逊,举止得体,都源于良好的道德品质。在日常生活中,人们只有具有良好的道德,才会有优雅得体的举止,文明礼貌的言谈。因此,通过一个人的行为举止,可以了解这个人的教养的高低和道德境界水平,通过一个国家公民的行为举止和习惯,就可以察知这个国家的社会风貌、道德状况和公民素质。可见道德是行为举止的基础,行为举止是道德的外在形式。它们通过社会规定和公认的具体规范或标准来约束人们的行为,即通过人们的行为举止来促进个人道德的发展与完善,创建良好的人际关系与和谐的社会环境。

2. 文明的行为举止会塑造美好的个人形象

美好的个人形象是通过文明的行为举止来展示和塑造的。健美的站姿、敏捷的行姿、端庄的坐姿、恰当的手势、善意的目光、甜美的微笑等,都会对他人产生感染力和亲和力,给人一种文雅、稳重、大方的美感,反映出积极的精神状态和美好的个人形象。

行为举止在社会交往活动中,具有自律克己、自重自尊的特点。通过符合社会交往规范的行为,有分寸地约束自己的举止,达到得体适度,恰到好处。通过文明优雅的行为,展示自己稳重大方和充实的文化内蕴,让人感受既潇洒又稳重,既有活力又不轻浮,既有个性魅力又平易近人,充分表现出端庄文雅的静态美与稳重大气的动态美相统一的个人风格,以及成熟优雅、有行有态的美的形象。一个人的形象魅力对他人的吸引力是不能低估的,有理性的人都是赞赏好的个性形象,而不喜欢无知无识,头脑简单,动作粗俗,举止轻浮的丑陋形象。因此,以文明的行为举止塑造良好的个人形象,是与人交往和相处的重要条件,为交往的继续,合作的成功打下深厚的感情基础。

3. 良好的行为举止会增进友谊和合作

行为举止既是人行为道德修养的体现,又能展现美好的个人形象,无论从伦理的角度还是从审美的角度,都会达到与人交往的最佳效果,同时会增进互相之间的友谊和合作,为更大的成功创造条件。

人际交往是复杂的互动过程,表现为双方的思想情感的交往与沟通,包含着双方情感和情绪的因素。这些情感的真实体现,除了用语言交流之外,很重要的是通过人的表情和举止行为表现出来。举止优雅得体,神态自然大方,可以展示个人健康的体魄,良好的心理素质和健全的人格,表现出诚恳、善意、宽容大度的心态,使交际对方感到你的友好、真诚、敬意的情感,得到对方的信任和尊重。这是友谊得以延续发展以及交往得以成功的重要条件。

二、礼仪的分类

礼仪作为一种社会规范,被人们广泛地应用于各个场合,渗透到社会生活的各个领域,调整社会成员在交往中的各个关系。根据人们在社会交往的对象和性质,可以把礼仪分为三种类型。

(一) 家庭礼仪

家庭是人们生活的重要领域之一,它不仅是家庭成员相处和维持相互之间的亲密关系的稳定场所,也是家庭成员与外界联系和对外交往的重要纽带。

家庭是以人们的婚姻关系为基础,以血缘关系为纽带,存在于一定范围内亲属之间的社会生活组织形式。家庭不仅包括夫妻关系,而且还包括父母、子女及其近亲之间的关系。家庭作为社会生活的基本单位,它与社会的关系十分密切,无论家庭的生产功能,消费功能,还是抚育赡养、教育功能,都与社会有千丝万缕的联系,必然形成与社会的交往关系。因此,家庭不仅存在于家庭成员之间,亲属之间的交往关系,而且也存在与朋友之间和其他社会成员之间的交往关系。正确处理好这些关系,是家庭存在和发展的基本条件,这就必须研究家庭成员的行为准则、礼节和仪式,即家庭礼仪。家庭礼仪既是调节家庭成员的相互关系,从而实现家庭和睦和幸福的基础,也是社会和谐以及国家稳定的重要条件。

（二）职业礼仪

职业礼仪是从事一定职业的人们在职业活动中行为规范的总称，它包括职业行为准则以及各种职业礼节和仪式等活动。职业礼仪对于人们遵守职业行为规范，实现职业理想和各种职业的发展及前途有重要意义。

职业礼仪是公民在特定的职业生涯中产生的，由于社会分工不同而形成具有专门业务和特定职责的各种职业。人们在从事的职业中追求生存和发展，并形成了在职业活动中对他人和社会应承担的责任，这就必须遵守一定的职业行为规范。不同的职业有不同的职业行为规范，从而形成不同的职业礼仪。奉行职业礼仪可以提高职业成员的文化素养和职业道德，充实职业文化的内涵，培养一支高素质的职业队伍，以扩大本职业的社会影响，树立良好的职业形象，取得最好的社会效应。

（三）公共礼仪

公共礼仪是人们保持社会正常公共生活秩序而必须共同遵守的行为规范的总称。主要包括社会公共生活准则，即社会公德以及公共生活中的礼节和仪式等活动。公共礼仪与社会公德密不可分，社会公德是公共礼仪的基础，是形成公共礼仪的前提。因此，研究公共礼仪，必须关注社会公德，以便更全面更深刻的理解公共礼仪。

社会公德是全体公民在社会交往的公共生活中应该遵守的行为准则，包括文明礼貌、助人为乐、爱护公物、保护环境、遵纪守法等内容。它涵盖了人与人，人与社会，人与自然间的主要关系。对个人来说，能够反映出他的文明教养程度，对社会来讲，可以反映整个社会的普遍文明水平。因此，社会公德的责任就是人们在社会的公共生活中，在一般的人际交往关系中，对所有公民都应当起作用的最基本的行为准则。它的突出特点是它的社会公共性质，是维持社会公共生活正常秩序，保证绝大多数人的根本利益的最起码的道德条件，是人类社会文明发展的一种反映和标志。可以讲，社会公德是公共利益的主要内容，没有社会公德的礼仪是虚伪的，而礼仪是社会公德健康发展的结果，是完美的社会公德的集中表现。公共礼仪有助于纠正和克服人们的不良习气，有助于建设一个守秩序、讲文明、懂礼貌、和睦相处的良好的社会环境。

第三节 礼仪的基本原则和影响因素

丰富多彩的礼仪活动和多种多样的礼仪规范，都要遵循一定的原则。同时，礼仪在人类社会历史的长河中，它的形成、发展和完善都要受到各种社会因素及历史条件的影响。只有认真研究礼仪的基本原则，研究影响礼仪发展的社会因素，才能更全面、更深刻的理解礼仪的内涵。

一、礼仪的基本原则

原则是做人做事的基本准则，是人们在言行中不应违背的规则。礼仪在产生和发展中，也形成了在践行礼仪的过程中必须遵循的基本原则。

1. 平等的原则

现代礼仪中的平等原则，是指以礼待人，互相尊重，既不能盛气凌人，也不能卑躬屈膝。平等原则是现代礼仪的基础，是现代礼仪有别于以往礼仪的主要原则。

平等原则的适应范围非常广泛，从家庭到社会，从亲朋到公众，从国内到国际，都存在着平等问题。夫妻、长幼、同事之间、领导和群众之间、上下级之间，都应当平等相待，既要反对上级对下级的趾高气扬，也反对下级对上级的阿谀逢迎、低三下四。在亲朋中，应以礼待人，礼尚往来，不应嫌贫爱富论等分级。在公众形象中，应自尊而不自傲，自信而不自负。在国内事务中，要坚持平等的、互相合作的团结友爱的人际关系。在对外交往中，要坚持平等互利原则，国家不分大小，一律平等相待。

2. 尊重的原则

人际交往过程中，尊重是礼仪的首要原则。尊重就是尊重他人的人格尊严和社会价值，以平等、谦恭的态度待人。每一个人都有自己的尊严，个人的尊严与个人对社会的贡献、作用及其所履行的职责密切相关。人对自身尊严的理解，是认识自身价值和社会责任的一种方式，在要求他人尊重自己的尊严的同时也要尊重他人的尊严。因此，践行礼仪过程中的尊重原则，既包括敬人，也包括律己。只有做到严于律己，才能真正做到礼貌待人。在与人交往过程中，不论对方的社会地位、经济状况或相貌如何，都要彬彬有礼、一视同仁，以同样的礼仪标准对待他们。只有这样，才能做到真正地尊重他人，使对方感受到自身尊严的价值，感受到你的谦恭、真诚、热情，为进一步交往奠定良好的感情基础，创造和谐愉快的人际关系。

3. 诚信的原则

诚信原则是指诚实守信，“言必信，行必果”，取信于人在人际交往中是非常重要的，诚信是建立良好人际关系的基本条件。诚实就是待人真实诚恳，是一个人外在行为与内在道德的有机统一。在与人交往中，要心口一致、表里一致、言行一致,只有这样才能取得人们的信任。如果待人口是心非、表里不一,这种人无论在礼仪上如何周到,举止言谈多么得体,人们都会称他“伪君子”。这些人在社会中难以取信于人,交往是很难持续的。只有建立在真诚基础之上的人际关系,交往才可能是持久的。诚实是真诚的外在表现,是一种美德。它反映着一个人行为的规律性和稳定性。守信就是言必信,行必果。一个守信的人,在与人交往中说到做到、前后一致、准时守约,承诺的事一定完成。这样就一定会取得他人的信任和尊敬,促进交际的正常、长期、稳定地持续发展下去。

4. 宽容的原则

宽容就是心胸宽阔。“海纳百川,有容乃大”,能设身处地为别人着想,能原谅别人过失,这是一种美德,是现代人的一种礼仪素养。在人际交往中遵循宽容的原则就必须注意:理解他人,体谅他人,对他人不求全责备。俗话说“金无足赤,人无完人”。现实生活中的人,没有十全十美的。只要原则上不出现过错,许多现实中的小过失都可以一笑了之,没必要斤斤计较。“严于律己,宽以待人”,对他人的缺点和过失要给予谅解和宽容,虚心接受他人对自己的批评意见,即使批评错了,也要认真倾听。俗话说“人非圣贤,孰能无过”。有了过错后允许他人批评指正,才能得到大家的理解和尊重。也许有的时候批评者的意见是错误的,但只要不是出于恶意,就应以宽容大度的姿态对待,有则改之,无则加勉。

5. 适度的原则

适度原则是指人们在交往中,注意把握各种情况下人际关系的距离,把握与特定环境相适应的彼此间的交往尺度,以建立和保持健康、良好、持久的人际关系。

遵循适度原则,就是要求在践行礼仪的过程中,无论举止、言谈、情感、态度、装扮等,都不能表现的“过火”或“不及”,要礼遇适当、自然得体、恰到好处。“过火”即超过了“度”,就会表现为言过其实,虚伪客套,矫揉造作,甚至表现轻浮。“不及”就是施行礼仪不到位,就会表现为懈怠散漫,敷衍了事,缺少诚意,没有礼貌,甚至粗俗无礼。上述两种情况,都违背了礼仪的适度原则,不仅不能表达敬重之情,还会引起对方的误解甚至反感,很难达到建立感情、深入沟通、继续交往的目的。

总之,通过礼仪的教育和训练使人们遵循礼仪的基本原则,逐渐树立起一种内心的道德信念和礼仪修养准则,这样就会获得一种内在的自觉力量。在这种力量支配下,人们不断提高自我约束、自我克制的能力,在与他人交往时,就会自觉按礼仪原则去做,即铭记在心间,贯穿于言行之中,就会让礼仪在社会交往中发挥它应有的功能。

二、影响礼仪的因素

礼仪作为人类社会生活行为规范和社会文化的重要内容,是随着人类社会的产生而形成,随着人类社会的进步而发展。因此,任何一种礼仪形式都有一个产生、形成、演变和发展过程,都要受到多种社会因素的影响和制约。

1. 社会物质生活条件

礼仪作为人类的精神财富,是社会物质条件的反映。所谓社会物质生活条件,就是人类社会赖以存在和发展的条件,它包括人口因素、地理条件和生产方式。其中主要是生产方式,它是社会存在的基础和社会发展的决定力量,也是社会礼仪存在和发展的前提。无论个人礼仪还是社会礼仪,都可以在其存在的社会物质生活条件中找到它的社会根源。

任何个人都不能脱离社会,不能脱离一定的物质生活条件而存在,他的思想观念、道德品质和行为举止,总是受其所依赖的物质生活条件的影响和决定。一个人刚出生时是不懂得什么礼仪规则的,只有当他进入社会生活,面对现实的物质生活条件和各种社会关系,经过一定的生活实践,才能逐渐形成对礼仪的认识,产生一定的利益情感并形成礼仪的行为习惯,这恰恰是人们的物质生活条件的反映和需要。正是由于人们的物质生活条件不同,社会地位不同,才形成了对礼仪的不同理解以至于不同的礼仪的行为规范的鲜明个性。同时,每个时代的不同礼仪也是由于各个时代有不同的物质生活条件,原始社会、奴隶社会、封建社会、资本主义社会等,由于每个社会的物质生活条件不同,才形成了不同的社会形态,形成了各自社会形态的不同礼仪。例如,原始社会的物质生活条件十分落后,当时生产力低下,没有同大自然抗争的能力,科学文化水平低下,不能正确解释自然现象,从而产生了自然崇拜,神灵崇拜,图腾崇拜等崇拜性礼仪。因此,礼仪产生和形成的根源在于社会物质条件,随着社会物质生活条件的变化而发展变化。

2. 传统风俗习惯

礼仪是一个历史范畴,它有一定的继承性和延续性,与传统的风俗习惯息息相关。传统的风俗习惯是在一定社会、一定民族的长期的共同生活中,形成的稳定的习以为常的行为倾向和心理特征以及生活方式,体现了比较稳定的信念和态度,表现为人们不言自明的常规的行为戒律。它对社会的礼仪有重要的影响和制约。

传统风俗习惯是一个民族或者群体在漫长的历史发展中逐渐积累起来,并世代相传的普遍的稳定的社会心理特征和行为方式。它不仅源远流长，而且和人们的传统情绪结合在一起植根于人们的心理，形成一种惰性力量，根深蒂固难以动摇。尽管传统风俗习惯因民族、时代、地域的不同而形成不同的风格和特点，但是它一经形成，在其所通行的范围内，都是以群众性为特色的，它被群众普遍熟悉和承认，是大家共同遵守的一种习惯行为。在一定意义上，它是群众自发的重复和相传的行为，来自于人们生活过程中的直接体验和行为的积累，使人们感到“历来如此”，大家都如此，从而心安理得，习以为常的支配自己的行为。它用合俗或者不合俗来评价人们的行为，使本民族、本地区的传统习惯以“礼仪”的形式让人们“入乡随俗”，扩大影响，延续发展。但是必须注意到在现实生活中，总是存在新与旧，进步与落后，积极与消极两种传统风俗习惯的比较和斗争，要认真进行具体分析，以抛弃糟粕吸收精华，为社会主义的礼仪所用。

3. 民族和个人的素质

民族素质以及个人素质直接影响社会礼仪，民族素质好，国民修养好，才能自觉地讲文明懂礼貌，才能形成良好的礼仪风范。因此，提高各民族和个人的综合素质，关系到社会文明发展和民族兴旺的大事。

民族素质或者个人素质的内容是多方面的，主要包括身体素质、思想道德素质、科学文化素质、心理素质等，其中思想道德素质和科学文化素质与礼仪的关系极为密切。因为只有高尚的思想道德素质，才能明确善恶荣辱，知道什么可以做，什么不可以做，什么是必须提倡的，什么是坚决反对的。培养和形成“羞耻之心”，在潜移默化中互相影响，改变人的性情，变化人们的气质，提高人的文明，通过每个人的良好的言行举止，塑造社会的良好风气和健康的风俗。民族的科学文化素质越高，越能准确地辨别是非、正误、真伪，崇尚科学文明，提倡移风易俗，反对愚昧落后。只有科学文化知识丰富的人，才能成为有科学修养的人，才能做到思考问题周密，分析问题透彻，处理问题有方，在人际交往中能显示出诱人的魅力。可见，社会礼仪既与民族素质息息相关，又与个人素质紧密相连，提高各民族及个人的综合素质，既是社会和个人全面发展的需要，也是现代文明礼仪的重要内容。

4. 经济发展水平

经济是一个社会或国家发展的物质基础，经济发展水平决定一个国家的综合实力和文明程度，同时也决定社会礼仪的发展水平。

经济发展了，国家才能富强，人民的生活水平才能提高，“衣食足而知礼节”，这是被实践证明了的真理。纵观历史发展的长河，任何一个时代或王朝，凡是经济发展，则国富民康，人民衣食富足，万民安顺天下太平。否则，经济落后，滋生腐败，民心思乱，则“饥寒生盗心”，天下大殃。因此，欲使国民知礼节，行其善，必须发展经济，满足人民的物质生活的需要，不断提高人民生活水平，使人民安居乐业丰衣足食，为民众创造一个良好的文明的社会环境，创造知荣明耻、践行礼仪的根本条件。可见，经济发展水平是社会礼仪存在、发展的坚实物质基础和巨大动力。

三、礼仪的社会作用

礼仪是人们日常生活、职业活动、公共领域活动必须遵循的行为规范，是社会进步和文明的表现。无论对于个人还是群体或是民族和国家的发展，都有重要作用。

1. 促进理想人格的完善

人格是一个人在社会中的地位、尊严和作用的统一体，是做人的资格和权利。它是一定文化在人身上的烙印和凝结，是人自我完善程度的表现。人们通过人格来判断分析个体的社会角色和个性特征，其中礼仪对人格的自我完善起着重要作用。

人格的形成和发展主要指人格结构的形成和建构。人格结构既包括行为模式的表层结构，也包括对社会环境的倾向性、心理特征、自我意识等深层结构。礼仪正是通过人的行为模式的外界层面，在社会生活中展示自己，以感性的外观的、在不同境况下的行为模式来表现自己独特的人格特征。人们正是根据一个人的外在的礼仪行为来评价、判定他的人格，也正是在外在的社会舆论的评价中，督促人们重视礼仪，践行礼仪，来规范自己的行为模式，并逐渐培养文明，从而形成个体人格完善的外在约束力量。

人格结构是一个整体，它的表层结构即行为模式，与深层结构即对社会环境的倾向性、心理特征、自我意识等因素互相制约和作用。表现于行为模式中的礼仪，发源于人们的心理、自我意识等深层结构，同时又对它们有重要影响。礼仪通过行为规范的外在约束力来制约人们的动机和兴趣，影响人们的性格、气质、理想、信念等心理特征和对社会环境的倾向性，提高人们的自我认识、自我评价、自我控制等，使人们的自我意识越来越趋向理性。人的理性越强，自我调节能力越强，必然影响和支配着人们的行为规范，使人们更自觉地严于律己，养成良好的道德习惯，崇尚文明，遵守礼仪。由此可见，社会礼仪在人格结构因素的相互制约中，促进着人格的完善和升华。

2. 构建良好的人际关系

良好的人际关系是个人全面发展和事业成功的必备条件。礼仪以它的文明内涵在人们的交往中起着协调作用,促进着良好的人际关系的形成和完善。

人们在交往之初,由于双方之间不是十分了解,必然令彼此产生一些戒备心理或距离感。此刻如果交往双方都能做到施之以礼,以尊重、平等、真诚、守信的文明精神和行为,给对方以人格的尊重,必然会赢得对方的好感和信任,消除互相之间的心理隔阂,拉近双方的情感距离,为进一步交往建立良好开端。

社会礼仪不仅为人际交往打下良好基础,还能化解矛盾,增进友谊,促进人际关系的进一步发展。在日常的人际交往中,由于利益的关系会产生一些矛盾和纷争。在这种情况下,双方应采取宽容待人、通情达理的态度,以"礼让"的美德,互相理解,互相谦让,就会平息事态、化解矛盾,平衡利害关系。不仅不伤和气,还会成为朋友,成为更加亲密的合作伙伴关系。因此,社会礼仪是人际关系的"纽带"和"调节器",使人与人、集体与集体,个人与集体之间建立起互相理解、信任、友爱、互助的良好气氛和融洽、和谐的人际关系。

3. 塑造高雅的公众形象

形象就是一个人的外观、形体,是在社会交往中众人心目中形成的综合性、系统性的印象,它是影响交往能否进行和能否成功的重要因素。

由于人的自尊的需要以及人际关系和谐、融洽的需要,人们都希望自己在公众面前树立良好的形象,以受到别人的尊重和信任。那么,一个人以何种形象呈现给公众,归根到底是由他在公众场合的具体作为决定的,是由于他的行为是否讲文明,懂礼貌决定的。因此,社会礼仪是塑造公众形象的非常重要的手段。在人际交往中,言谈讲究礼仪,给人以文明形象;举止讲究礼仪,给人以端庄形象;穿着讲究礼仪,给人以高雅形象;行为讲究礼仪,给人以高尚形象;处世讲究礼仪,给人以诚信形象等。总之一个人讲究礼仪,就会使自己的形象大方美好,就会变得充满魅力。一个单位、一个企业讲究礼仪,可以展现这个单位或企业的先进文化的内容,在公众心目中树立团结向上、文明和谐的社会形象。在激烈的市场竞争中,取得信誉,赢得群众,占领市场,产生良好的社会效益和经济效益。

在社会交往和公关活动中,个人形象和所代表的单位、组织是密不可分的。个人形象往往代表单位或组织的形象,人们通过个体礼仪的美好印象而产生对所在单位或组织的好感和敬佩。同时单位或组织的形象也影响个人,人们常常通过对单位或组织的礼仪水平评价个人,如果单位的公共形象在群众中是美好的,人们对其中的个人也会产生羡慕和尊敬之情。因此,用礼仪来塑造文明的社会形象,无论对于个人的素质提高还是对于企事业单位的发展都是必备条件。

4. 升华社会文明水平

社会礼仪是人的社会化的重要内容之一,是社会进步和发展的必然结果。礼仪内容的丰富和文明,是人类先进文化的延续,也是社会进步和文明的重要标志。

社会文明是指人类社会的进步状态,它体现在人类创造的一切积极成果之中。社会文明分为物质文明、精神文明,它们是社会进步程度在物质上和精神上的结晶和标志。物质文明是人类改造自然的物质成果的总和,精神文明是指社会精神生产和精神生活的进步状态,它包括文化思想两个方面。社会礼仪属人类社会的精神文明,是精神文明的重要内容。它的发展受物质文明的制约,是物质文明和社会制度的反映。但是社会礼仪在形成和发展过程中,一直反作用于物质文明,它以社会生活中人们行为规范的形式,以优美的举止,端庄的气质,高雅的形象,深刻的文化内涵,展示着个人和时代的精神文明,反映着人类物质生活条件的进步状态。同时正是文明的社会礼仪促进了人们的道德风貌,形成良好的社会风尚,促进社会生产、科技及经济等迅速发展,又推动了物质文明的进步和发展。

总之,社会礼仪进步的过程就是社会文明发展的过程,它是人类社会历史发展的结果,又是衡量社会进步的标志,展现着社会文明,升华着社会文明水平。

案例分析 >>>

王平利用暑假到朋友家休闲度假。朋友家在郊区,他坐了 2 小时的公共汽车才到达。当天天气炎热,车内闷热,一下车他就把外衣脱掉,光着上身、穿着短裤,他感到真凉快、舒服。他把外衣随便搭在肩上,走到朋友家一看,这里已经变成乡镇“养老院”,朋友家已乔迁新居。他想,这里都是一个乡的老人,一定有朋友的老邻居或认识朋友父母的老人,于是他问正在院里乘凉的老人:“喂,老头儿,你知道 × × 家搬到哪儿去了?”老人看了看他,说“不知道!”他以这种口气问了 5 个人,有的人头都不抬,也不看他就回答:“不知道!”后来他去了院长室,才打听到朋友家搬到离这不过 200 米的新的平房。来到朋友家,他一边高叫朋友的名字一边往屋内走，到了客厅还没见到人，就把外衣往沙发一扔，自己跷起二郎腿，拿起茶几上的饮料喝起来。过了几分钟，有二位老人来到客厅，见到他非常惊讶，大声问“你是什么人？为什么在我家？”这时王平也一下站了起来，问：“这不是某某家吗？”老人说：“是呀，你是谁？”这时王平才想起来自我介绍。而两位老人说他们是朋友的父母，孩子在外地，要两三天回来，由于不熟悉王平，也不好留他住宿，王平只好尴尬地走了。

根据案例从“礼仪”的重要性角度，分析王平到朋友家休闲度假过程中在言行举止上有哪些不妥之处并指出正确的做法。

本章小结

1. 礼仪是指人们在日常生活和社会交往中所形成的互相之间表示友好、尊重并展示文明的行为规范与准则。

2. 礼仪起源于人们对自然界的神秘感和敬畏感，起源于对宗教的信仰以及人际交往的需要。具有规范性、普遍性、共同性、继承性、差异性、时代性等特点。

3. 礼仪随着社会生产力的发展和生活方式的变化不断丰富和发展。原始社会、奴隶社会、封建社会、资本主义社会以及现代社会中，不同社会形态下的礼仪具有不同的特点。

4. 礼仪是一种社会文明，这种文明的内涵必须通过一定形式表现出来，包括语言礼仪、仪表礼仪、行为礼仪等几种基本形式。

5. 礼仪作为一种社会规范，被人们广泛地应用于各个场合，根据人们在社会交往的对象和性质，可以把礼仪分为家庭礼仪、职业礼仪、公共礼仪三种类型。

6. 践行礼仪的过程中必须遵循平等的原则、尊重的原则、诚信的原则、宽容的原则等。

7. 任何一种礼仪形式都要受到社会物质生活条件、传统风俗习惯、民族和个人的素质以及经济发展水平等多种社会因素的影响和制约。

8. 礼仪是人们日常生活、职业活动、公共领域活动必须遵循的行为规范。礼仪能促进理想人格的完善，构建良好的人际关系，塑造高雅的公众形象，升华社会文明水平。

复习思考题

1. 如何理解礼仪的含义？
2. 礼仪形成的条件是什么？
3. 礼仪的特点和原则是什么？
4. 礼仪的表现形式有哪些？
5. 礼仪的分类及其影响因素是什么？
6. 简述礼仪的历史演变过程。
7. 简述礼仪的社会作用。

第二章　个人礼仪

本章提要

个人礼仪是指个人在社会交往活动中，通过礼节、礼貌等表现的个人形象。本章从仪容礼仪、举止礼仪、言谈礼仪、服饰礼仪等四个方面，阐述个人礼仪不仅体现一个人的学识、教养和文明程度，而且也体现一个人对他人、对社会的认知水平和尊敬程度。

本章学习目标

- 掌握个人礼仪的基本知识。
- 准确把握仪容礼仪、举止礼仪、言谈礼仪的规范行为。
- 在社会活动中正确体现服饰礼仪。

第一节　仪容礼仪

仪容礼仪作为个人礼仪的重要组成部分，在人际交往中起着重要的作用。虽然我们不能以貌取人，但是修饰得当、美好的容貌会给人留下深刻、甚至是难忘的印象。反之，不修边幅、无精打采、萎靡不振的人，不仅不能给他人留下好印象，也可能会导致人际交往的失败。所以，要想取得事业成功，必须要讲究仪容礼仪。

一、仪容礼仪的原则

仪容即人的容貌，是指一个人的外在相貌。主要指面部，发式和颈部等未被遮盖的肌肤。

仪容礼仪的原则有整洁、自然、和谐、个性、礼貌等五个内容。这些原则一方面规范了人们在参加社交活动时的修饰水准，另一方面也显示出一个人的文化水平、审美情趣等综合修养的尺度。

1. 整洁原则

整洁是指在外貌上给人整齐、干净的形象。外表的美貌不单纯依赖化妆，也需要通过良好的卫生习惯加以配合。例如：经常的洗头、洗澡、修剪头发和指甲等，每天都能保持干净整洁，不仅自己会感到神清气爽，也是对他人的尊重。

2. 自然原则

自然是指外型修饰要纯朴、大方、简约。仪容既要修饰，又忌讳标新立异。简洁、朴素最好。不论是容貌姣好的人，还是容貌普通的人，都要注意这个原则。否则，就可能适得其反。

3. 和谐原则

和谐原则是指仪容上给人整体匀称、协调的形象。这种和谐涉及两个方面，一是个人衣着的和谐，包括个人气质、服饰、色调之间的和谐，二是与周边环境的和谐，在进行修饰之前必须要考虑参加活动的性质、环境，然后确定个人与活动相适应的装扮。

4. 个性原则

个性是指根据自己个人特点进行的修饰。每个人的容貌体态都是不同的，应当清楚自己的特征，在修饰和着装时应扬长避短。表现美丽是重要的，但是可爱、大方、魅力、活力都是个人修饰的重要指标。一个人从内部散发出的气质，能够使这些指标表达得更为充分。

5. 礼貌原则

礼貌原则是指在进行修饰时要注意文明和修养。容貌修饰的目的是表现自我、礼敬于人。因此，在进行容貌修饰时，可以彰显自我，表现个性。但是也需要考虑社交场合中人们的接受程度，考虑社会的整体文明程度。要注意不要在大庭广众之下化妆，这样做既有碍于他人，也是非常失礼的行为。

二、仪容美的内容

现代社会的人，如果不注意自己的仪容和仪表，即使他（她）的心灵再美、品德再高尚，也很难达到一个完美的形象。要学会修饰自己，在公众场合力争做到心灵与外表的完美统一。

（一）面部的修饰

面部是人的仪表之首，对面部的修饰尤为重要。在公众场合，往往会起到“首因”效应。

1. 女性面容的修饰

女性面容的修饰主要是采用化妆的方法。化妆的步骤大致分为三步。

(1) 清洁面部。清洁面部主要是祛除新陈代谢产生的老化物质、汗渍和灰尘的残留物。要彻底清洁皮肤，最好坚持用洗面乳每天早晚洗脸。正确的洗脸方法是，先将洗面乳放在手上搓起泡后轻轻地打在脸部，然后用中指和无名指的指腹轻轻由脸的中部向外侧的斜上方，以转小圈的手法滑动清洗。切忌用手掌在脸上用力的来回揉搓，这不但不能洗掉眼窝、鼻翼等处的脏物，而且还会给皮肤带来损伤。

(2) 滋润皮肤。彻底清洁面部后要马上补充水分及营养，使肌肤回到原来的状态。滋润皮肤的顺序最好是紧肤水——乳液——面霜——隔离霜。用化妆棉蘸上紧肤水轻轻擦在面部；乳液放在手心上揉开后，再轻按在脸上；待皮肤完全吸收后取少许面霜点在脸颊两侧，用指腹画小圈向两侧轻揉开。如此做法，一是为了滋润皮肤，二起隔离作用，可防止彩妆直接作用在皮肤上。

(3) 彩妆。彩妆是人们使用粉底霜、定妆粉、腮红、眼影、口红、眉笔、唇线笔等有色泽的化妆材料和工具来美化脸部容貌进行的化妆。

完美的妆容最关键的是底妆。选择跟肤色同色号的粉底霜均匀涂在脸上，再用定妆粉定妆。

定妆后修剪眉形。用镊子拔去多余的眉毛，然后用棕色或深灰色的眉笔，顺着眉毛的方向轻轻的描出自己的眉形。标准的眉形是在眉毛的 2/3 处有转折。眉毛不要太浓太黑太夸张，切忌一笔画出一条直线，要顺着眉毛的生长方向，从眉根开始一笔一笔的画，这样会显的非常自然。眉毛画完后，用眉刷随着眉毛生长的方向轻轻梳理，使眉毛保持自然位置。此外，还要定期修整眉毛的长度。

涂眼影。眼影盒里的眼影有单色、双色、三色或四色之分。最简单的是用单色眼影涂在上眼皮眼睑之上。一只手要把眼皮向上抬起，用眼影刷从眼睫毛根开始向上涂，然后用指腹把眼影上部涂匀。如果使用双色的眼影，颜色一定是一个深色和一个浅色搭配。用浅色的眼影打底，并且在眉毛转折点的下方眉骨处涂上一些高光的效果，会使人的眼部显得更亮、更有神。晕染时，务必要注意层次的过渡，以避免涂抹不匀而造成的污浊感。

刷腮红。腮红可以矫正脸型，会使人显得精神焕发，脸色红润，给人健康的印象。正确的涂刷方法是：当你微笑时，以脸颊的最高点为腮红的中心，在耳朵前方至太阳穴的区域涂抹即可，直到自然地与底色相接。

涂口红。首先用唇线笔勾出理想的唇廓线。从嘴角两边向中央描，先画好上唇的唇山、唇谷，再描下唇唇廓，然后用口红填涂，最后用纸巾轻按唇部，吸去多余的油彩，使口红不会显得过于光亮。

以上的彩妆可以根据不同场合做不同的处理。例如：在日常工作中可以淡妆为主，要显得自然、健康，有朝气。如果是参加晚会、宴会，则可以画得稍浓一些。但是不论怎么画彩妆，一定要同自己的穿着打扮风格一致，二者相互辉映，才能达到最佳效果。

2. 男性面部的修饰

在现代社会里，男子面部修饰已成为大众化趋势。健康的皮肤、端正的容貌，更有利于表现健康的体魄与良好的心态。男士的面部修饰以自我保健为主，要求干净整洁、容光焕发。一般做好洁面、修面、护理皮肤、适当修饰。

男士的洁面和护理皮肤和女士大致相同。男士在洁面后要养成修面剃须的习惯。在修面后用一些润肤霜，使皮肤更显光洁，人也会神清气爽。

（二）头发的修饰

头发也是构成仪容美的要素之一。整洁干净的头发和合适的发型，是社交礼仪中最基本的要求。在现代社会中，往往可以从一个人的发型，判断出其职业和受教育程度，甚至通过头发的护理表现出一个人身心健康程度和对待生活的态度。

头发要定期洗护，根据自己的发质选择适合的洗发水。洗发时的水温不要过高，不要用力抓挠头皮，洗发后要使用护发素。为使发丝健康，还要经常给头发焗油。焗油膏中的营养物质使发丝的表面形成保护膜，增加头发柔软性、弹性。除此之外，头发还要从人体内吸收必要的营养，因此，平时要多吃一些富含蛋白质、铁、钙、锌和镁的食物。鱼类、贝类和坚果类都能增加头发的弹性和光泽的功能。

现在市场上护发的产品很多,有给头发补水的,有预防紫外线辐射的,可以根据季节、用途来选择合适的护发品。

三、大学生的仪容美

大学生的仪容美是指在日常的校园生活中,保持个人整洁,注重自然修饰。对于大学生,达到自然美最是适宜的、也是可能的。当然,如果参加一些特殊的活动,可以考虑相应的化妆。

(一) 自然美

大学生正是青春活力四射的时候,正如俗语说:“年轻就是美。”年轻人肌肤紧实、自然朴素的形象很吸引人。但是如果不讲究个人卫生,也会给人不舒服的感觉。因此大学生必须注意干净、整洁,才会显得有光彩。

1. 讲究面部卫生

要彻底清洗污物,洗脸时重点注意眼角和鼻子等部位,女生可以选择适合自己肌肤的洗面奶、香皂;男生要尽量选择男士洗面用品。如果有胡须的男生要养成经常剃须的习惯,洗面后用一点护肤霜即可。

2. 注意口腔卫生

这不仅仅是尊重他人的需要,对于保护自己的牙齿也是极为重要的。要养成勤刷牙、常漱口的好习惯,吃过东西后漱口,可以及时去掉口中的残留物。刷牙时要尽量做到“三个三”,即一日三餐后要刷牙、牙的三个面都要刷到、每次刷牙不少于三分钟。刷牙还要讲究方法,牙刷不能太大,最好选择柔软毛的牙刷,刷靠近牙根部位时,要用牙刷的侧面轻刷牙根部,即可以清除牙根部的脏东西,又不会损伤牙龈。

3. 保养头发

每周应洗头 2 ~ 3 次,要保持头发的整洁,要定期修剪。男生的短发一定要勤梳理,要养成脱帽后、出门前梳理头发的习惯。女同学在洗头和梳理头时,不要乱扔头发,掉到地上的头发要马上清理干净。

选择发型应根据个人的脸形、发质、体型等条件,并且要与季节、环境相适应,选择易于梳理的发型。合适的发型会使人容光焕发、风度翩翩,体现大学生仪容的整体美。

(二) 修饰美

修饰美主要是通过化妆来美化自己,从而使自己的容颜整洁端庄。大学生在校学习期间,要根据个人的条件进行必要的修饰,可以化淡妆。如果需要参加社会活动，在修饰自己时要注意以下几点。

1. 淡雅

淡是相对浓而言的，淡妆的风格是真实、自然。提倡淡妆，因为只有淡妆才是最符合大学生的身份，而浓妆艳抹则会给人过于张扬而有失身份。雅是雅致，不刻意雕琢。也就是化妆之后看不出明显的修饰痕迹，但却比不修饰要显得美丽。

2. 庄重

大学生未来总是要步入社会的，因此可以把在大学期间参加各种社会活动，看作是一种学习机会。参加这些活动要采用正确的化妆方法，要与公众的审美相吻合，要文明端庄，能体现大学生的朴实特点。不能过于妖艳，让人难以接受，不宜采用一些流行的、华丽的化妆。

3. 简洁

正规化妆的程序是很繁琐的。大学生在化妆的时候可以适当简化，不必讲究全套化妆，画好眼睛、唇部、面颊这三个部位，也能达到清新亮丽的效果。

根据礼仪规范，化妆是一种私人行为，只益于在个人空间里进行，不要在公共场合涂口红或补粉。切忌在大庭广众之下旁若无人地化妆或补妆，这都是不雅的行为，是不尊重自己和在场者的行为。

第二节 举止礼仪

举止礼仪也是个人礼仪的重要内容，在社会交往中优雅的举止行为，潇洒的气质风度，不仅是一个人道德水准和文化素养的体现，也能反映一个民族、一个国家的文明程度。

一、举止礼仪的含义

举止是指人的站、行、坐、手势、面部表情等身体姿态。用优美、文明的举止表现自我，展示修养，会使人感到真实、形象和生动。

1. 人的举止行为是一种无声的语言

人的表情、动作、体态等举止都是能传达信息、特定含义的无声语言无声的语言从某种意义上讲，有时也许要比有声语言更有表现力。例如：在一个社交场合，你见到一个久违的老朋友，当你用惊喜的表情同他热情地拥抱一下，即使你不说话，此时无声胜有声，你的感情也充分地表达出来了。人的举止寓意丰富,同一个人在不同的场合,会有不同的举止行为,通过自己的一举一动向人们传递着不同的信息。美国知名心理学家梅拉比安曾经拿出一个非常重要的公式:人类全部的信息表达 = 7% 语言 + 38% 声音 + 55% 体态语言。从这里可以看出人的体态语言在人际交往中的重要性。

2. 举止行为能反映个人的修养水平

孔子在《论语·雍也》中曾说:"质胜文则野,文胜质则史。文质彬彬,然后君子",意思是君子应是既注重学识品德修养,又讲究仪表礼节、举止文雅的人。在人际关系中,优美的举止塑造良好的个人形象。一个人的行为好似一面镜子,反映出他的文化蕴涵、知识水平和道德修养。因此,在社会交往中应该使自己成为有修养、举止优美的人。

3. 举止行为反映一个群体的文明程度

任何一个现实的人,都离不开一定的群体。在社会交往中,一个人的行为既体现他的道德修养、文化水平,又能表现出他与别人交往是否有诚意,更能体现一个群体(如企业、家庭)的文明程度,甚至会影响民族、国家的形象。雅致的行为,正是崇高心灵的衣着。优美的举止,反映其所属群体的文明形象。因此,举止行为能够体现一个国家、民族、家庭等的风俗习惯和文化背景。

二、基本举止礼仪

日常生活中人的基本举止行为,主要是指站立、行走、就座、下蹲、手势和表情。

(一) 站姿

站姿是指人的身体直立、双脚着地的姿势。这是人际交往中最基本的举止,是人处于静态的造型动作。优美、典雅的站姿,是发展人的不同动态美的基础和起点。优美的站姿能显示个人的自信,衬托出美好的气质和风度,并给他人留下美好的印象。

1. 标准的站姿

规范站姿的要领是:上身正直、挺胸收腹、腰直肩平、两臂自然下垂;双手搭握,稍向上提,放于小腹前;两腿相靠站直、肌肉略有收缩,两脚并齐,眼睛平视,嘴微闭,面带微笑。

站立时身体一定要稳,站累时脚可以向后撤半步,不可把脚向前或向后伸得过多或叉开很大。但上体仍须保持正直,不能前后、左右摇摆。这样,才有"站如松"的体态美感。

2. 站姿中手的摆放

（1）垂手式。在基本站姿的基础上，双臂自然下垂，双手放在身体两侧，双脚呈“V”字型，身体重心落在两脚中间。一般用于较为正式的场合，如参加企业的重要庆典、聆听贵宾的讲话、商务谈判后的合影等。

（2）握手式。握手式主要用于女士。在基本站姿的基础上，左手握住右手，放在小腹处。双脚也可以前后略分开，一只脚略前，一只脚略后，前脚的脚跟稍稍向后脚的脚弓处靠拢。男士有时也可以采用这种姿态，但两脚要略微分开。可用于礼仪迎客，也可用于前台的站立服务。

（3）背手式。背手式主要用于男士。要求在基本站姿的基础上，右手搭在左手上，贴在臀部，两腿分开，两脚平行，两脚跟之间为一拳左右。

3. 女士的其他基本站姿

（1）“V”字型站姿。站立时双脚呈“V”字型，双膝靠紧，两个脚后跟靠紧，脚尖分开 30 度—60 度（见图 2-1）。

（2）丁字型站姿。丁字型站姿是左脚与右脚垂直，左脚跟在右脚前面，两脚间有少许空间，身体重心在右脚。这样的站姿看起来利落，“O”型腿的人也不必担心自己的腿形。照相或在公众场合登台时，可采用此种站立方法（见图 2-2）。

（3）侧放式站姿。把身体重心放在一只脚上，另一只脚伸向侧面，两只脚打开的距离不许超过肩宽。重心轮流放在左、右脚上，长时间站立采用这种站姿是非常合适的。站立时也不要忘记上半身和脊柱要伸直，微微收腹提臀，效果会更好（见图 2-3）。

图 2-1　“V”字型站姿

图 2-2　丁字型站姿

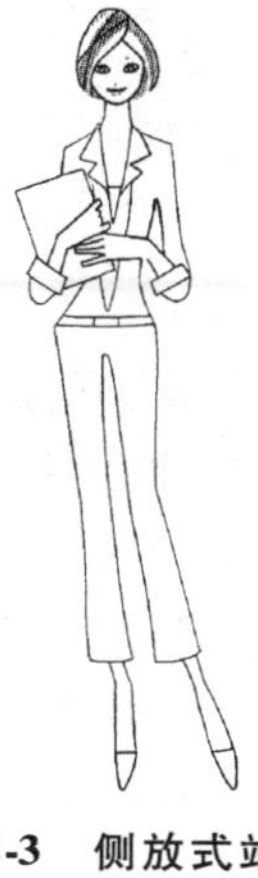

图 2-3　侧放式站姿

（二）走姿

走姿是人们在行进时的体态。行走是人的基本动作之一，最能体现出一个人的精神面貌。走姿是站姿的延续动作，是在站姿的基础上展示人的动态美。

1. 标准的走姿

无论是在日常生活中还是在社交场合，正确的走姿是一种动态的美，往往是最引人注目的身体语言，也最能表现一个人的风度和活力。正确走姿的要领是：上身正直，挺胸收腹，跨步均匀，两手自然摆动，身体整体向前移动，

2. 正确的方法

两眼平视，挺胸、收腹、立腰，重心稍向前倾；双肩平稳，两臂以身体为中心，手臂与身体夹角一般为 10 度 ~ 15 度；两手前后自然摆动，前摆约 35 度，后摆约 15 度，手掌朝向体内；脚尖略开，脚跟先接触地面，依靠后腿将身体重心送到前脚脚掌，使身体整体前移；脚落在地面时的位置，应是两脚内侧行走的线迹为一条直线，而不是两条平行线；跨步时两脚间的距离，一般应为前脚跟与后脚的脚尖相距为一脚或一脚半长；但因性别和身高不同会有一定差异，着不同服装，步幅也不同；不晃动肩膀和上半身，夹着一条线的感觉向前走（见图 2-4）。

着地　　移动重心　　迈步

图 2-4

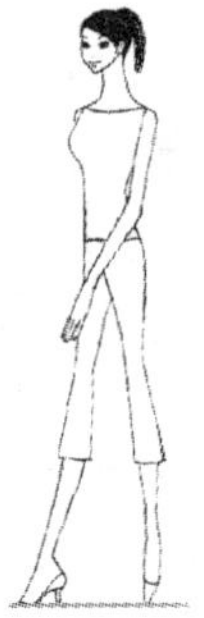

图 2-5

需要注意的是，女子在穿高跟鞋，双脚着地时膝盖一定要直，不可打弯。否则，走起路来会给人不美观的印象（图 2-5）。

（三）坐姿

坐姿是人们就座后的体态，是一种静态造型。端庄优美的坐姿，给人以文雅、稳重、自然、大方的美感。显现“坐如钟”的体态美（见图 2-6）。

1. 标准坐姿

上身要挺直,双肩平正放松,伸直背肌;神态从容,嘴唇微闭,下颌微收,面容平和;双手自然放在大腿上,手指伸直、并拢;应坐满椅子的2/3;双膝靠拢,双脚并齐,双腿并拢向下垂直或向两侧稍微倾斜。

标准入座姿势是从椅子的左侧进入到椅子的正前面,侧身弯腰看一下椅子后,再轻轻地落座。如果女性在穿裙子时,可以用手把裙摆整理一下后,再轻轻地入座。不要坐下后再站起来整理衣服。

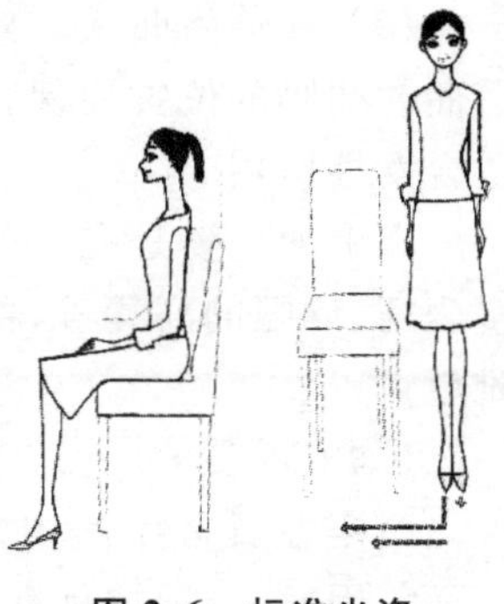

图 2-6　标准坐姿

2. 坐姿的主要形式

正确的坐姿有以下五种形式(见图2-7)。

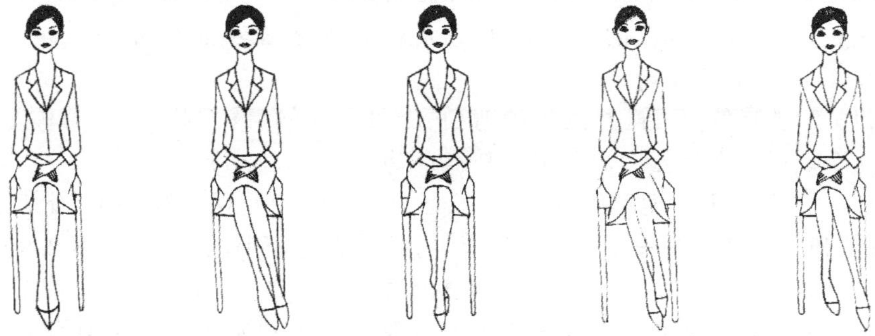

(1) 双腿垂直式　(2) 双腿斜放式　(3) 双脚交叉式　(4) 双腿叠放式　(5) 前伸后曲式

图 2-7　正确的坐姿

(1) 双腿垂直式。它又称基本坐姿,使用于严肃正规的场合。后背与腰部垂直,收腹,提气,双腿双脚并拢,上身与腿部要形成直角,小腿垂直于地面。此种坐法男女都适用。

(2) 双腿斜放式。双腿并拢后,膝部向右或向左倾斜,腿部倾斜的角度与地面成45度角,双手相握放在大腿上。小腿要充分伸直,尽量显示小腿长度。这是一种造型优美的坐姿,适应于女性在正式场合中的使用。

(3) 双脚交叉式。首先是双膝并拢,双脚在踝部交叉,这种坐法比较放松,适用任何场合。男性采用此坐姿时,双膝可以稍稍分开一些。

(4) 双腿叠放式。这种坐姿一般应用于非正式场合。双腿的大腿部分叠放在一起。叠放后位于下方的那条腿的小腿要垂直与地面,位于上方那条腿的小腿要尽量向内收。此坐姿适用于男性。要注意上边的的腿向里收,贴住另一腿,脚尖向下。

(5) 前伸后曲式。先将大腿并拢,然后向前伸出一条腿,同时把另一条腿后曲。两脚的位置要保持在一条直线上,脚掌着地,脚尖不要跷起。此种方式适合女性所用。

以上的坐姿是在一种椅子上的坐姿。如果遇到不同的椅子,如;沙发、办公室坐椅、酒吧的高凳等,可以参照上述坐姿适当调整身体,使自己坐得舒服、优雅就可以。

(四) 蹲姿

蹲姿在日常生活中并不多用,但做得不好就非常难看,或者出现很尴尬的场面。因此,必须按标准去做。

1. 标准的蹲姿

蹲姿是人在处于静态时的一种特殊体位,是指弯腰或下蹲的姿势。主要用于拾取地上的物品。优雅的蹲姿要领是:上身要直、屈膝并腿、臀部向下,双腿一前一后,重心在两腿之间,用大腿的力量蹲下,腰和背不能弯曲。

2. 蹲姿的主要形式

(1) S 型蹲姿。两腿并拢稍稍弯曲,上身稍前倾,臀部朝下,让身体呈“S”型。这个动作用在拣拾距离地面比较高的物体(见图 2-8)。

(2) 完全蹲姿。两腿并拢完全弯曲,两脚掌着地,两脚跟抬起,上身稍前倾,臀部朝下。这个动作用在取放物件,拣拾落在地面上的物品(见图 2-9)。

(3) 高低式蹲姿。高低式是指两腿的放置为一高一低的情况(见图 2-10)。例如:右脚在前,左脚在后,向下蹲去。一般是右小腿垂直于地面或稍向前倾斜,右脚全脚掌着地;左脚脚掌着地脚跟抬起,两腿稍靠紧合力支撑身体。上身稍前倾,臀部朝下。这个动作用在取放物品,需要蹲着照相时。男士在做此动作时,双腿可以稍稍分开,女性应靠紧双腿。

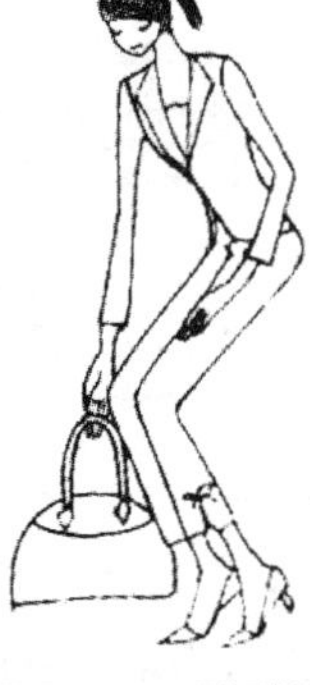

图 2-8 S 型蹲姿

图 2-9 完全蹲姿

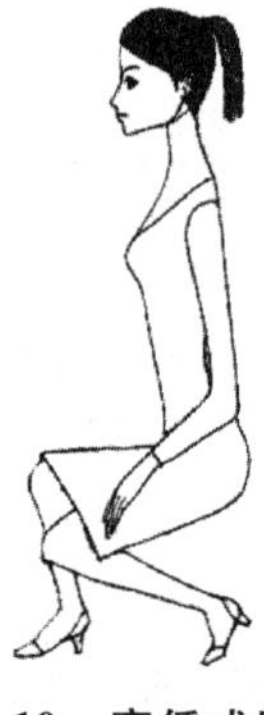

图 2-10 高低式蹲姿

在做以上三种蹲姿时，下蹲时速度不要过快。当自己在行进中需要下蹲时，要特别注意这一点。女性在他人身边下蹲时，应选好下蹲的位置，如果距离很近时最好侧身拾物，因为正面对他人或者背对他人下蹲，都是不礼貌的，还容易造成尴尬。特别是身着裙装的女士，在人多的地方一定要避免在下身很少遮掩的情况下就贸然下蹲。如果不注意很容易露出里面的内衣，这是非常不雅观的行为。值得注意的是，大腿叉开也是相当忌讳的动作。

（五）手势

手势是人际交往中用手的动作来表达的一种体态。手势也是人们交往时不可缺少的动作，是最有表现力的一种“体态语言”，俗话说：“心有所思，手有所指”。手势的动作表达非常丰富，例如：举手致意，挥手道别，合手祈祷，拍手称快，拱手言谢，举手赞同，垂手听命等。

1. 规范的手势

规范的手势应当是手掌自然伸直，掌心向内向上，手指并拢，拇指自然稍稍分开，手腕伸直，使手与小臂成一直线，肘关节自然弯曲，大小臂的弯曲以 130 或 140°为宜。掌心向斜上方，手掌与地面形成 45 度。

要正确地表达自己的意图，在使用手势时有三条原则：要掌握规范化的手势；注意国别和地区的差异；手势的使用宜少不宜多。尤其是一种手势反复的使用，容易让人产生厌烦心理。手势的幅度过大，也会给人虚张声势的印象。

2. 常用的手势

（1）指示方向时。

右手从腹前抬起向右横摆到身体的右前方。腕关节要高于肘关节。站成右丁字步，或双腿并拢，左手自然下垂或背在后面。头部和上身微向伸出手的一侧倾斜，目视宾客，面带微笑，表现出对宾客的尊重、欢迎（见图 2-11）。

图 2-11　指示方向的手势

（2）在请客人进入室内时。

遇到来访客人，需要请客人进入室内时，一定要注意房间门的打开方向。如果是向外拉开门的情况，接待人员则要一手扶门，一手请客人入内。如果是向内开门的情况，应先对客人说一声“对不起”，然后先推门入内后，一手扶门，一手做请进的姿势。做手势时一定要自然、协调、大方，要与说话时的内容、语速、语调、眼神和表情以及其他姿态密切配合，做到恰到好处。

(3) 请客人入座时。

微笑面对客人,手势摆向客人座位的地方。手要先从身体的一侧抬起,到高于腰部后,再从上向下摆动到距身体45度处使大小臂成一斜线。

3. 禁忌的手势

在社交场合禁忌用手指来指指点点,尤其是不要在他人背后乱指点。为人指路时,不能单用手指来指路,或者随便一挥手,很容易给人傲慢无礼、敷衍了事的感觉。尤其不能随便使用中指、小拇指来做手势,因为在有些国家里,使用这两个指头做手势是对对方的污辱。递送物品时,要采用右手,以左手递物被视为失礼之举。将带尖、带刃或其他易伤人的物品递于他人时,切勿将尖、刃直接指向对方,合乎礼仪的做法是应当使其朝向自己,或是朝向他处。

(六) 面部表情

面部表情是指一个人面部形态变化中表达出来的思想感情。每个人的面部表情都是其内心世界的一个反映,在面部表情中最有表达能力的就是眼睛和嘴。

1. 眼睛

人们常说:"眼睛是心灵之窗",这足以看出眼神的重要。在人际交往中,有些时候使用语言也表达不清,人们往往用眼睛来"说话",来达到沟通的目的。例如,"热泪盈眶"表达心中十分激动,"目光炯炯"表明人充满活力;"目光彷徨"表达心情不定;"目瞪口呆"表明心中十分诧异等。总之,目光能表达人的心情和精神境界,

规范的目光应是:真诚坦荡、亲和友善、视觉准确。视觉准确包括目光注视的方式和目光注视的时间。

(1) 目光注视的方式。

最常见的注视方式有:直视、凝视、虚视、斜视、眯视。直视、凝视都是表达对对方的尊重,如果是平辈之间可以是水平直视;如果是晚辈对长辈可以是仰视,表达对长辈的尊敬。平辈之间不可以仰视,否则会让人误以为你在藐视对方。虚视、斜视、眯视都不是很好的注视方式,它们表达出的目光是心不在焉、心神不定或心灵空虚,是不尊重对方的表现,在人际交往中切忌这样的做法。

(2) 目光注视的时间。

在与人进行面对面的交谈时,目光注视对方时间的长短是非常重要的。为了表示尊重,听的一方应多注视说的一方。但是也不要紧紧盯住对方,特别是与异性交谈时更要注意,这样会给对方带来不舒服的感觉。一般在初次见面或正式活动场合的情况下,1分钟左右看几秒钟对方,注视对方的时间要占整个谈

话时间的1/3左右为最好。若表示重视谈话内容，也可以把注视对方的时间提高到整个谈话时间的2/3左右。

如果是与亲朋好友或恋人谈话，目光可以一直注视对方，以便表示亲密的关注和进行更好的交流。

2. 笑容

笑容是人们喜悦心情的真实流露。例如：含笑、微笑、轻笑、大笑。也有的笑容是表示特殊的心情，例如：苦笑、傻笑、狂笑。还有一些很失礼、失仪的笑，诸如嘲笑、奸笑、狞笑。

世界上最通用的笑是微笑。微笑被称为“参与社交界的通行证”。它是一种合乎礼仪的笑容，能缩短人与人之间的心理距离，为深入地沟通与交流创造和谐良好的氛围。

(1) 微笑的技巧。

微笑是两边嘴角上扬，面部肌肉放松，双目充满笑意，不露齿或稍露齿，基本不发出笑声，但能使双方如沐春风般的温暖。

(2) 微笑要真诚。

表示对别人的尊敬和礼貌，一定要有发自内心的真诚，这样的微笑才显得阳光、优美，才会起到沟通作用。否则，皮笑肉不笑，会给人非常虚伪的感觉。

(3) 微笑的训练。

进行微笑训练，可以对着镜子练习。口中念“一”音，用力提高两端的嘴角，下唇不要太用力，做到自己最满意的表情。面对镜子练习时，注意调整好自己的心情，想象着曾经在生活中遇到的高兴的事，想象着镜中的对方是你的亲朋好友。这样练习微笑，就会是自然的真情流露，效果会更佳。

第三节　言谈礼仪

言谈是人际交往中表达思想感情、彼此增进了解的主要手段。在日常生活中使用文明、健康、优美的语言，可以协调各方面的人际关系，促使人们互相了解、互相尊重、和睦相处、增进友谊。

一、言谈礼仪的原则

要加强语言方面的修养，掌握语言表达的礼仪，使言谈起到媒介作用，达到最佳的言谈效果，必须遵循言谈礼仪的原则。言谈礼仪的原则包括真诚原则、礼貌原则和准确原则。

1. 真诚原则

对人真诚是做人的美德,也是言谈的原则。认真对待交谈的主题,以诚相见,不躲不藏,清楚地表达自己的观点和看法,真心实意的与人交流,是吸引谈话对方达到最佳效果的好方法。

2. 礼貌原则

语言有雅俗之分,雅即礼貌语言。能否正确使用礼貌语言,是衡量一个人文化修养的标准。礼貌语言有敬语和歉语之分。

(1) 敬语。

敬语是用来表示对他人尊敬的语言。中国自古就是礼仪之邦,有着非常丰富的敬语词汇。古代最常见的敬称,就是在他人亲属的称呼前添加“令”、“贤”等字。例如:称对方的父亲为“令尊大人”、称对方的母亲为“令堂大人”;称对方的儿子为“令郎”,或者称对方夫妇为“贤伉俪”;称对方为“贤弟”等。这些用语在中国大陆只有一些老知识分子在用,但在港台等地区还在普遍使用。

现在最常用的敬语是“您”和“请”。“您好”、“请进”、“您请坐”、“请喝茶”或“您喝茶”等,这些敬语的使用带来了交往的顺利进行。但是在使用中一定要注意,“您”是晚辈对长辈的称呼,平辈之间互称“您”的话,是表示尊敬对方,降低自己的地位,长辈对晚辈不可以称“您”。

社会中的礼貌语言主要有:初次见面称“久仰”;许久不见称“久违”;客人到来称“光临”;等待客人称“恭候”;探望别人称“拜访”;起身告别称“告辞”;中途先走称“失陪”;请人留步称“留步”;请人批评称“指正”;请人指点称“赐教”;请人帮助称“劳驾”;托人办事称“拜托”;麻烦别人称“打扰”;求人谅解称“包涵”。

(2) 谦语。

谦语是用在自己一方,讲到与自己相关的人和事物时要谦卑自守,要低调一些。例如,称自己为“鄙人”、“小弟”;称自己的双亲为“家父”、“家母”;称自己提出的意见为“拙见”;读了别人的文章说“拜读”等。

敬语和谦语在使用时,一定要分清你我、高低。例如,在询问对方“贵姓”时是恭维对方的意思,回答则一定要用“免贵姓李”,意思是不敢当这个“贵”字,请将它免去。或者回答“鄙姓李”,这都是很得体的回答,是自谦的表达方式。

3. 准确的原则

言语准确的内容:一是称谓准确;二是读音准确;三是语音准确。

(1) 称谓准确。

称呼是说明社会中人与人的关系,称呼的不同代表着人际关系的改变。如果是学生称呼老师,应称呼“王老师”、“李老师”等,不可以直呼老师的姓名。

(2) 读音准确。

读音准确应该做到发音要标准,不要念错字;发音要清晰,说话不能含糊不清;音量要适中,声音不能过大或过小。

(3) 语音准确。

我国是一个幅员辽阔的国家,方言土语都很多,但是90%以上的人都以普通话为交际工具。普通话是以北方方言为基础,以北京语音为标准音,以典范的白话文作为语法规则的。每个人都要努力学习普通话,说得准确才能更好地交流思想,准确地传递信息。

二、言谈的基本礼仪

言谈可以表达非常细腻、复杂的感情和思想。在言谈的时候,我们还要注意以下几方面的基本礼仪。

1. 交谈时态度要真诚专注

人们在交往中要真诚,交谈时也同样要以诚相见,要正视对方,注意力集中,认真倾听。不能心不在焉,不停地摆弄手中的笔,不停地东张西望,不断地变化坐姿,这些都是不礼貌的行为,它将破坏谈话的氛围。

2. 不随意打断他人的说话

在与人谈话中如果想补充谈话内容,需要打断另一方的谈话时,可以对谈话者说:“请允许我说明一下”或“请允许我插一句”等。征得对方同意后,再说出自己的意见,这样的插话不宜太多,以免打乱说话者的思路。如果遇到急事需要打断正在交谈中的双方,必须用手势和语言说“对不起,打扰一下”,当得到允许后尽量用简单的言语说明情况,离开时要再一次表示歉意。

3. 不涉及他人的隐私

有一些场合人们为了寻找话题,往往喜欢询问别人的年龄、家庭、服饰价格、月薪收入等问题。同外国人交往时,这些问题是免谈话题。中国人受国际惯例的影响,已经变得不喜欢回答这样的问题了。特别是对初次见面的女士,询问其年龄是不太礼貌的事情。中国人的习惯是“尊老”,西方人不喜欢别人恭维他的“高龄”,认为是伤害自尊的事。

4. 注意交谈时的眼神

与不熟悉的人交谈时目光要平视,目光的范围是对方的衣领、嘴、脸的下半部。可以不时地看对方的眼睛,但是不要在整个谈话中一直牢牢地盯住对方的眼睛,以免传递错误的信息。如果是与非常熟悉的朋友交谈,可以看着对方的眼睛交谈。如果是面对很多人谈话时,要注意到每一个人所在的区域或关注到每一个人,一方面看听讲者的反应,及时调整自己的谈话内容,同时也是对听讲者表达一种关注,是对听讲者表达应有的礼貌。

三、言谈的技巧

与人交谈时如果具有很好的礼貌语言,一定得会受到他人的欢迎。简要说,言谈的技巧有三点是非常主要的。

1. 选择合适的话题

与人交谈的话题,应当是对方感兴趣的事情。前面提到与人交谈时不要涉及个人隐私等,那么最好的话题应是从身边的事物提起。例如:天气、气候、流行的电视、电影、流行的服饰、体育赛事、黄金周的休息内容、旅游、食物、社会新闻等。根据对方的身份和阅历,选择让人感兴趣的话题。

2. 学会适当的寒暄

寒暄是不涉及谈话主题,甚至远离主题而表示客套的语言。学会适当的客套,在与人交谈时会显得主动热情和彬彬有礼。但要注意使用的次数,不要反复使用,否则会给人虚假的感觉。

3. 语言幽默风趣

幽默的语言是很风趣的,它既能给人带来快乐,也能让人们在笑声中领悟生活中的乐趣。幽默的语言都富有哲理,耐人寻味。有幽默感的人,一定是有智慧、有教养、热爱生活的人。在现代交际中,灵活地运用幽默语言,能帮助你成功地建立起和谐的人际关系,能帮助你成为受欢迎的人。

第四节　服饰礼仪

服饰是指服装和与其搭配的饰品,如帽子、丝巾、胸针、项链、戒指、鞋等。个人的着装,表现了各自的社会地位和文化修养,也展示了个人对于美的诠释。着装的效果,通常是一种综合的效果。同样的衣服穿在不同人的身上,往往会显示出不同的效果。一个成功的着装就是要表达出这种综合效果。为此,学习一些有关服装的美学常识,提高自己的审美能力是非常有必要的。

一、服饰的美学常识

决定服饰美感的两大要素是服装色彩和款式造型。

（一）服装色彩

1. 色彩

色彩是感知物体存在、感受万千世界的最基本的视觉因素。

人们把色彩分为两大类，一类是被称为有色系统，比如红、黄、蓝等。一类被称为无色系统，比如黑、灰、白等。每一个有色系统的色彩都含有三种要素：色相、纯度、明度。而无色系统色彩只含有一种要素，即明度。

(1) 色相也叫色别，是指色彩的相貌特征。光谱中的赤、橙、黄、绿、青、蓝、紫等七个标准色就表现了不同的色相，它们各有自己的相貌特征。每一个色相还可以分出更细的色相，比如红色，就可以分出朱红、大红、玫瑰红、深红等各种色相。

(2) 纯度也叫色度、彩度、饱和度，是指颜色的纯净程度。纯度的不同体现于颜色品相的差异，表现出的质感不同。

(3) 明度也叫光度、亮度，是指色彩的明暗程度。明度的不同体现在颜色深浅的差异，色彩表现出的量感不同。

服装的色彩设计是以人的主观感受为依据，强调配色的心理效果，不同的色彩有不同的效果。现代色彩学把色彩分为冷暖、轻重、软硬、进退、动静、胀缩、显隐、快慢、活泼抑郁、华丽朴素、兴奋、沉静等十二种类型。

从生理学上讲，人们对色彩的感觉有冷色和暖色之分。暖色是指含有黄色的颜色，冷色是指含有蓝色的颜色。在不同的季节人们对色彩有不同的心理追求，在炎热的季节人们追求凉爽喜爱明亮色、冷淡色或不吸热的白色。在寒冷的季节，人们又产生追求温暖的心理，喜欢偏暖的明色调和吸热的深色调。

色彩的轻重感是由色彩的明度来决定。一般是淡色轻、深色重、亮色轻、暗色重。着深色服装给人稳重感，浅色服装给人轻盈感。

下面是几种常用的服装颜色和主要代表意义。

红色：代表活泼、热情、大胆、奔放。在中国的传统文化中，代表喜庆与吉祥。

黄色：代表崇高、智慧、神圣、辉煌、华贵、威严、慈善。

蓝色：代表沉静、安详、凉爽、冷漠。

白色：代表明亮、纯洁、坦率、朴素、丰满、畅快。

黑色：代表安静、沉默、深思、庄重、肃穆、坚毅、神秘。

橙色：代表明亮、温暖、健康、向上、兴奋、动人之感。

绿色：象征生命和希望，又称为和平色和环保色。

紫色：高明度的紫色给人华丽、时髦、美好、高贵的感觉。

灰色:平淡、朴素、大方、严肃。如果含有某种色彩倾向的灰色则代表高雅、精致、含蓄。

2. 服装色彩搭配的简易方法

色彩是服装留给人们记忆最深的印象之一,而且在很大程度上也是服装穿着成败的关键所在。色彩对他人的刺激最快速、最强烈、最深刻,所以被称为服装的第一可视物,正所谓“先看颜色后看花”。在现实生活中,服装的色彩不是单一的,色彩间的搭配能产生很好的穿着效果。没有不美的色彩,只有不美的搭配。那么,怎样搭配才能体现色彩的和谐之美呢?

(1) 整体统一法。全身上下用一种主体颜色来统一,如蓝色的上衣、袜子和鞋子,浅蓝的裤子做上下之间的过渡和淡化,使全身的外观看起来既统一又有浓淡的变化。这种服饰打扮就是上下呼应,按照深浅不同的程度进行搭配,以便创造出和谐的美感。

(2) 相近的色相搭配。如黄与橙,蓝与紫等,也能达到和谐美感,但是要在明度和饱和度上予以区别。这种搭配难度较大,不仅要注意色与色之间的明度差异,还需同时掌握色的纯度和色相的变化。如蓝和绿、橙和黄搭配时,两个色的明度、纯度必须错开,用深一点的蓝和浅一点的绿搭配在一起,就很协调、美观。

(3) 分离配色法。例如红色衬衣配同色系的裙子,中间用一条蓝色的腰带,把上、下身的颜色分离,使上、下两个颜色变得更鲜明、全身的效果更强烈。

(4) 强调配色法。这种配色的特点是在单调的衣服颜色上,用一些少量的特别抢眼的色调装饰,能把人的目光吸引到那个位置。例如:身材矮小的人可以在领围附近用一些抢眼的装饰来吸引人的目光。

(5) 对比色配色法。例如,黄和紫、粉和蓝、红和绿等。这种配色法的结果是给人很强的跳动感、鲜明感。这种对比组合可以使着装在色彩上反差强烈,相映生辉,静中求动,突出个性,给人以鲜明、醒目的印象。

(6) 呼应配色法。在配色时,在某些相关部位刻意采用同一色彩,以便使其遥相呼应,产生美感。如在社交场合穿西服的男士讲究的“三一律”(即公文包、腰带、皮鞋的色彩相同),就是这种方法的运用。

在各种颜色中,黑、白、灰三色为“安全”色,比较容易与其他各种色彩搭配,而且效果也比较好。

在着装的色彩搭配中,除掌握一些必要的方法外,还需注意:男生服装不宜有过多的颜色变化,以不超过三色为好;女生服装也不应色彩过多,以免浮艳俗气,失去了美的价值。

(二) 服装的款式造型

服装的款式通常是指服装的外形轮廓和服装上的线条变化。这里主要介绍服装的外形轮廓。服装流行每年都在变化,外型轮廓是诸多变化元素中一个重要方面。

常见的服装外型轮廓有四种,可以分别用英文字母来表示。

1. 直线形

直线形也叫"I"型,穿上这种服装后是合体、瘦长的效果。

2. "X"型

"X"型是肩部平坦,收腰,衣服的下摆大的造型。例如:有腰带的连衣裙和有腰带的风衣等。

3. "Y"型

强调夸张的肩部、可以用大披肩围在肩部,下半身为合体、瘦身的裤子或裙子,这样的造型比较适合高身材的人。

4. "A"型

从肩开始自然向下展开,形成"A"字,衣服的长度可长可短,很能展现女性柔美的一种造型。这种造型的服装通常是连衣裙和大衣。

二、着装的基本原则

人们穿用服饰的目的,即是展示个人的兴趣爱好、身份、地位,也是反映个人审美能力,文化修养和礼仪水平。从这个角度看,服饰着装会告诉人们你是谁。任何一个人都很想让自己的着装最美,最能吸取别人的目光,要实现这个愿望,就必须要遵守着装的原则。

1. TPO 原则

"T" 是 Time (时间)、"P" 是 Place(地方)、"O" Occasion 是(场合)的英文单词缩写。TPO 原则是日本男装协会 1963 年提出的着装原则。是指着装人在穿衣时首先要和时间吻合,是春夏秋冬的哪一季,是上班时间还是休息日,是一天中的哪一时刻。着装要和地方相吻合,是热带还是寒带,是发达地区还是贫困地区,是去学校、公司、宾馆、饭店、会场、剧场、体育馆还是去海边或去登山。着装要和场合吻合,是去出席会议、晚会、晚餐会、结婚典礼、葬礼还是音乐会、入学典礼、毕业典礼、生日宴会等。

2. 整洁的原则

着装整洁是普遍性的原则。在外出着装时不必单纯追求服装的华丽或贵重,即使是普通的服装,只要干净整齐也能显示出个人的魅力。再华贵的衣服如果有了污渍、褶皱或者有缺扣子、开线的地方，穿出去也会给人邋遢的印象。

3．和谐的原则

这个原则是从服饰审美的角度来衡量的。服饰美感是每个人的仪容仪表与服装款式、配饰、色彩的和谐统一，通过视觉引起的心理反应。要达到服饰的和谐美，应注意三方面内容：自己的年龄、职业；学会扬长避短；服装与服饰搭配合理。

三、服饰礼仪

（一）服装的种类

随着我国经济的快速发展，人们的生活内容变得更加丰富多彩，伴随着不同的生活模式，人们有着不同的着装，服装的种类也越来越多。而且中国人的着装也正朝着国际化的方向发展。

1．商务套装、制服

商务套装和制服都是职业装。前者一般指的是政府部门、公司职员上班时的着装。后者一般指的是宾馆、酒店、商场、医院等部门的统一着装。职业装中男士多为西服套装，女士为西服裙套装或裤套装。此类套装可以运用一些流行元素，但款式要简单、不能太花哨，要体现出庄重。面料以精纺毛料居多，也可以是化纤的时装料或棉、麻料等。

2．休闲装

人们在工作之余放松自己，进行休闲活动时的着装。根据休闲的内容不同，着装也不同。例如：旅游的休闲装，去美术馆、博物馆的便装等。

3．运动装

人们运动时的着装。现代人进行的运动很多，与之相对应的服装也是品种繁多。例如：旅游时的泳装、打网球时的网球服、滑雪时的滑雪服、骑马时的骑马服等。

4．家居服

在家时的穿着。家是人们休息、放松的地方，家居服的作用是要帮助人们缓解压力，放松心情，休息好。对家居服的穿着没有具体的规定，符合舒适、方便的原则即可。

5．礼服

参加各种晚会、社交聚会时的正式服装。礼服作为西方国家社交活动的正式服装，有完整、严格的礼仪要求。例如白天的礼服和晚间的礼服在服装的款式设计、面料、配饰等方面都有不同的要求。近年来随着我国对外开放，各种国际的社会交往日益增多，礼服也开始出现在中国人的生活中。

（二）职业女性的着装礼仪

职业女性不仅要在社会工作中努力拼搏，还要学会如何装扮自己。一套美丽、合体的装束既可以增加女性的自信，也能增添女性的魅力，让看到的人赏心悦目，甚至可以帮助你成功做事。现代女性的服饰种类丰富又各具特色，我们分三方面介绍服装的着装礼仪。

1. 礼服的着装礼仪

礼服是女性在礼交场合的正式服装。它大致分为日间礼服、晚礼服、婚礼服、葬礼服。礼服在西方社会有着非常成熟的礼仪规则。中国在改革开放以后，参加各种国际会议和活动的机会越来越多，因此学习礼服的着装规则，就显得非常重要。

（1）日间礼服。顾名思义，这种礼服是白天参加结婚典礼、纪念庆典、毕业典礼等庆祝活动时的穿着。依照举行活动的地点、场面、规格，来决定礼服的款式和打扮的方式。如果是在高级宾馆、饭店举行的庆典，场面非常豪华，则需要如图 2-12 的穿着。如果是在一般的宾馆、饭店举行的庆典，服装可以简略一些（见图 2-13）。按国际惯例，日间礼服是指中午开始至午后五点左右的服装。因为是在白天，所以日间礼服的款式特征是衣服要有袖子，不能太“袒胸露背”，但服装设计上可以时尚，服装的面料不能有太多闪亮的东西。不非常亮的真丝、质地非常好的化纤、毛料、针织面料等制作的连衣裙，二件套或三件套的裙套装都可以。

图 2-12　高级庆典礼服

图 2-13　一般庆典礼服

服装的配饰可以用耳环、项链、戒指、手链、胸针、帽子、丝巾、手提包、鞋等物品。耳环、项链、胸针等不必用得太多，如果是两件以上则要保持格调统一。

饰品不要太亮,不超过珍珠饰品的亮度为最好。如在室内活动,所戴的帽子必须是无帽檐的;若在室外活动,可以带有帽檐的帽子。手提包以小型为佳,最好和鞋子配套——同色、同质地。鞋子应是高跟鞋。平跟鞋会让人产生休闲鞋的感觉。如果鞋和手提包的面料和服装的面料相同,也是一种很有品位的装扮。

(2) 晚礼服。参加晚间举行的宴会、晚会、纪念庆典等大型豪华庆祝活动时穿用的礼仪性服装,是女性最正式的服装。在西方国家对晚礼服有非常严格的礼仪要求,也有着非常成熟的活动方式,像“奥斯卡颁奖晚会”,内阁成员的就职典礼,各种世界级品牌的发布会等。根据中国国情,虽然对晚礼服的穿着规则进行了简化,但是我们应该对国际流行的基本礼仪规则要有所了解,才会在需要的时候穿的合礼、合体。晚礼服的特点,一般来说是露肩、没有袖子,露背、领围开得很大(如图 2-14)。因为是在晚间,所以面料要配合灯光,适合选用有光泽的真丝缎、天鹅绒、有亮片装饰的毛料或者是非常高级的化纤面料。“袒胸露背”的地方是为了佩戴首饰,在豪华的晚会上,首饰要用高价的宝石——钻石、水晶、红宝石、珍珠等。这些首饰要和服装相搭配,不必面面俱到,只佩带一点也可以。如果选用无袖的长裙,则需要戴过肘的白色缎子手套,这是最正式的搭配方法。手提包可以是蕾丝的小型手提包。鞋可以是皮质或所穿服装面料制作的高跟鞋。晚礼服的服装和首饰搭配一定要有整体感。

图 2-14 豪华式晚礼服

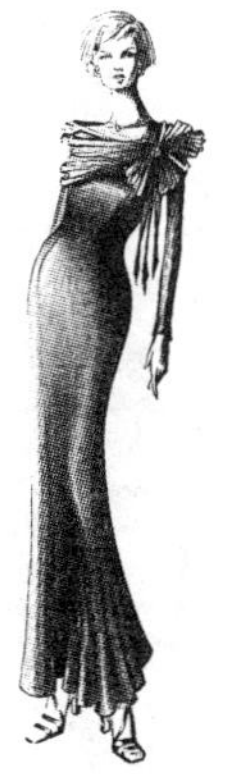

图 2-15 简略式晚礼服

如果晚间的庆祝活动不是非常盛大豪华,可以穿简略式晚礼服(如图 2-15)。这类礼服的种类很多,可以依据活动的时间、场所确定有个人特点的款式。傍晚 5 点—6 点开始的鸡尾酒会、庆祝会等,虽然是社交性很强的聚会,但服装不必是最正式的,可以是流行的款式。不必像正式的晚礼服那样领口开的很大,可以是无领、无袖的设计。服装面料也应该是有光泽的,像天鹅绒、缎子、有金银线的面料等。饰品应该是闪亮、时尚的,也不必是非常贵重的。鞋子的款式应给服装增色,可以华丽一些。注意品位,才能吸引人的注意,达到良好的交际效果。

(3) 婚礼服。这里是指结婚典礼上新娘的礼服,俗称“婚纱”。依照结婚典礼的规格,婚礼服的种类不同。盛大的结婚典礼,新娘礼服的后面和头纱都拖得很长,这是正式婚礼服的标志,例如前英国王妃戴安娜的婚礼服。因为婚礼服具有宗教色彩,所以在服装的胸、肩、袖等部位以不特别暴露为宗旨。基本款式为落地连衣裙,礼服的颜色为白色,它代表新娘的纯洁(如图 2-16)。项链、耳环最好使用珍珠或类似质感的白色饰品。正式的婚礼服要配有手套,短袖礼服戴长过肘部的手套,长袖礼服戴短手套。手套和鞋可以用婚礼服面料来做,也可以是白色缎面鞋,若是皮鞋则必须要有蕾丝装饰。

当结婚典礼只在亲朋好友的范围举行时,新娘的婚礼服可以是简略款式(见图 2-17)。婚礼服的后面不必拖长,礼服的长度可以是落地长裙也可以是长至脚腕部的长裙。如果再简单一些的话,也可以是二件套裙套装或是三件套裙套装,还可以是时尚的裤套装。只要具有鲜明的个性设计,具有很强的时尚性,都可以作为婚礼服。婚礼进行中新娘可以更换其他颜色的礼服。这种简略式婚礼服也须佩戴手套,但不必考虑长短,可以是短至手腕的手套。新娘的头纱不必是托地长纱,可以用花或无沿帽或短的头纱来代替。新娘手里的花束要和婚礼服搭配协调。鞋则一定是高跟鞋。

图 2-16　基本款式婚礼服

图 2-17　简略款式婚礼服

(4) 葬礼服。因为葬礼的特殊性,所以对参加者的服饰要求非常严格。一般来说,葬礼服是连衣裙或裙套装,但款式设计一定要简洁、严谨,不能花哨。衣服不能紧绷出身体的线条,领口不能开得很大,可以是小西服领,也可以是普通的平翻领。衣服要长袖,即使在炎热的夏天,可以穿短袖的衣服去,但在葬礼仪式开始时,也要在其上面穿件长袖上衣。裙子的长度一定要在膝盖之下或再长些。总而言之,选择服装一定不能露出太多的皮肤,这是葬礼服的礼仪规则。葬礼服的颜色是黑色,平纹或斜纹的毛料、化纤面料,面料质地要好,但不能选用有光泽的透明面料。葬礼服的佩饰越简单越好,不戴任何首饰也可以。若想戴首饰的话,可以戴造型简单的一链式黑珍珠或白珍珠项链,或者是其他材质的亚光、深色的项链,此时项链的造型不能太时尚、复杂,否则会给死者家属带来不快。在日本,如果是戴二链或三链的项链出席葬礼,甚至会被对方误认为丧事要接二连三的出现。手提包是小型而无光感的布制包或亚光的皮包,手套和丝袜均是黑色,鞋为亚光黑色皮鞋、翻毛皮鞋或布制的高跟鞋。

2. 职业套装的着装礼仪

职业套装是指女性在工作场所的着装。西服套裙或长裤配西装上衣的组合是女性标准的职业装,可以使穿着者显得干练,很受白领女性的欢迎。

穿着职业装的目的,是为了展示女性的高雅气质和良好的形象,并帮助女性更好地完成工作。因此在选择服装时,应选择经典的款式,可以在几年内都不能过时。

图 2-18 普通西装效果图

(1) 西装穿着效果。

经典的西装,即最普通的西装。它的穿着效果是肩要平直,对称,驳头是直线"V"字形,高低适中,胸围和腰身都不要有紧绷感。前门襟不翘,后身不撅,能看到漂亮的腰线(图 2-18)。选择职业装时,一般不选择流行的色彩,黑、蓝、灰等是永不过时的颜色。特别是年青人穿上深色系的服装会显得更稳重、干练。

(2) 提高着装效果的几种方法。

① 增加身高的着装方法。为达到这个目的,方法有两个。一个是整体造型选用瘦身的"I"型,服装款式是长裤套装或长裙套装,统一全身的色系,看起来像一条"I"型线。发型不要太蓬松,不拿太大的提包。二是把对方的视线尽可能的引向高处。例如:把胸针别在领口附近;穿颜色鲜艳的短上衣,下衣配深颜色;围巾和领花用在领口;溜肩的人衣服里用肩垫把肩部垫平等(见图 2-19)。

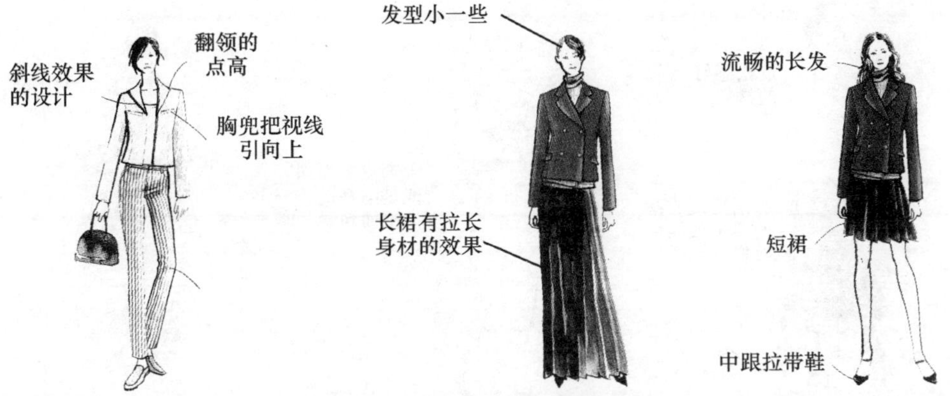

图 2-19　增加身高的着装

② 令人显瘦的着装方法。身材比较丰满的人都想有让人看起来显瘦的着装效果。要达到这种效果也有两种方法。一是上、下身整体造型要表现纵长效果。例如：选择深色调有收缩感的服装，避开浅色或有膨胀感的服装；衣服的前中心处用纽扣、包边、明线等手法，做出“I”型线的设计；外套里的衬衫等与下装同色，也会形成“I”型线的感觉。二是选择有斜线设计的服装（见图 2-20）。

图 2-20　令人显瘦的着装

③ 有丰满感的着装方法。体型偏瘦的人，喜欢有丰满感的着装效果。要达到这个目的，方法有三个。一是用浅色有膨胀感的面料，像马海毛、粗花呢、浅地大深格的面料或者是大圆点的面料都能使人显得丰满。二是选择双排扣的服装，选择各种有褶的服装，有荷叶边设计的服装等；三是选用整体造型宽松或呈“X”型设计的服装（见图 2-21）。

图 2-21　有丰满感的着装

3. 休闲装的着装礼仪

休闲装是人们在进行休闲活动时的装束。根据休闲的内容,其装束又可分为运动休闲装、旅行休闲装、家庭休闲装。

在信息化社会的今天,面对着生活的快节奏、城市的各种噪音、大量光和声的刺激,造成了人们的身心疲惫。由此,大家开始重视体育锻炼、开始重视家庭生活、愿意在紧张的工作之后,抽出时间和家人在一起旅游、度假。人们放松自己的方式也越来越多:出国旅游,国内风景名胜游,去农村小憩,登山、去海边,打高尔夫,滑雪,在家举行朋友聚会,去图书馆看书,各种休闲的方式举不胜举。在这些场合中着装得体、舒适即可。

(1) 运动休闲装。

这里是指人们进行运动时的着装。现代人能进行的体育运动很多,即有像足球、篮球、排球、网球、乒乓球、游泳等非常普及的运动,也有近年来又出现的骑马、高尔夫、瑜伽、健身操、国标舞、跆拳道、柔道等新型运动。参加这些活动时,要选择相适应的服装。选择运动装时应注意以下方面:

① 衣服的伸缩性。因为穿着衣服后要运动,所以一定要看面料伸缩的性能好不好。

② 衣服的耐久性。面料应能承受各种摩擦、碰撞而不易破损。

③ 颜色的牢固性。在出汗、日晒、经常洗涤的情况下不掉色。

④ 面料的保温性。在寒冷的情况下能保护着装者的体温。

⑤ 面料的吸湿性、透气性。面料能吸收运动时的汗水,并且能把汗水排出

衣服的外面，而外面的湿气还不能进到衣服里面。

⑥ 服装的安全性。看服装的面料对皮肤是否安全，在进行激烈运动的情况下是否有一些附属装饰对人体造成不必要的伤害。

以上是选择运动服的一些注意点，除此之外同时还可以考虑运动服在款式、色彩方面的时尚性。

（2）旅行休闲装。

单纯的度假对休闲装没有太多要求。某些特定场合，例如：出席各种国际、国内的会议后，主办方会安排一些旅游项目，这种时候的着装就不能是单纯的休闲装，最好是有职业女性特点的休闲式套装。

（3）家庭休闲装。

家庭是人们放松自己，恢复体力的地方。家居服以愉悦心情、更好地放松身心、增加生活情趣为目的。因此，家居服的面料多采用轻柔的全棉、真丝或新型的合成材料，以宽松式设计为主。家居服没有特定的穿着规则，可以根据个人当时的心情，活动的内容，自己的生活方式（时髦或一般）自由决定。例如：在家中宴请朋友；在家中看电视或在家做一些园艺活动，服装都应是有所区别的。目前，商店里家居服的种类很多，可以选择适合自己的款式。

（三）男士的着装礼仪

男装不像女装那样种类繁多，但男装对其面料、工艺、着装效果要求却非常高。根据社会活动的内容，男装也同女装一样，分为礼服、职业装、休闲装，因为男士选择休闲装的理念同女装相同，这里我们只介绍男士礼服和职业装的着装规则。

1. 男士礼服的着装礼仪

男士礼服也同女装一样，按活动的时间分为日间礼服和晚礼服。按照活动的内容细分为正式日间礼服、简略式日间礼服；正式晚礼服、简略式晚礼服。男士的礼服没有太多的繁琐设计，但着装效果以庄重、阳刚为标准（见图2-22）。

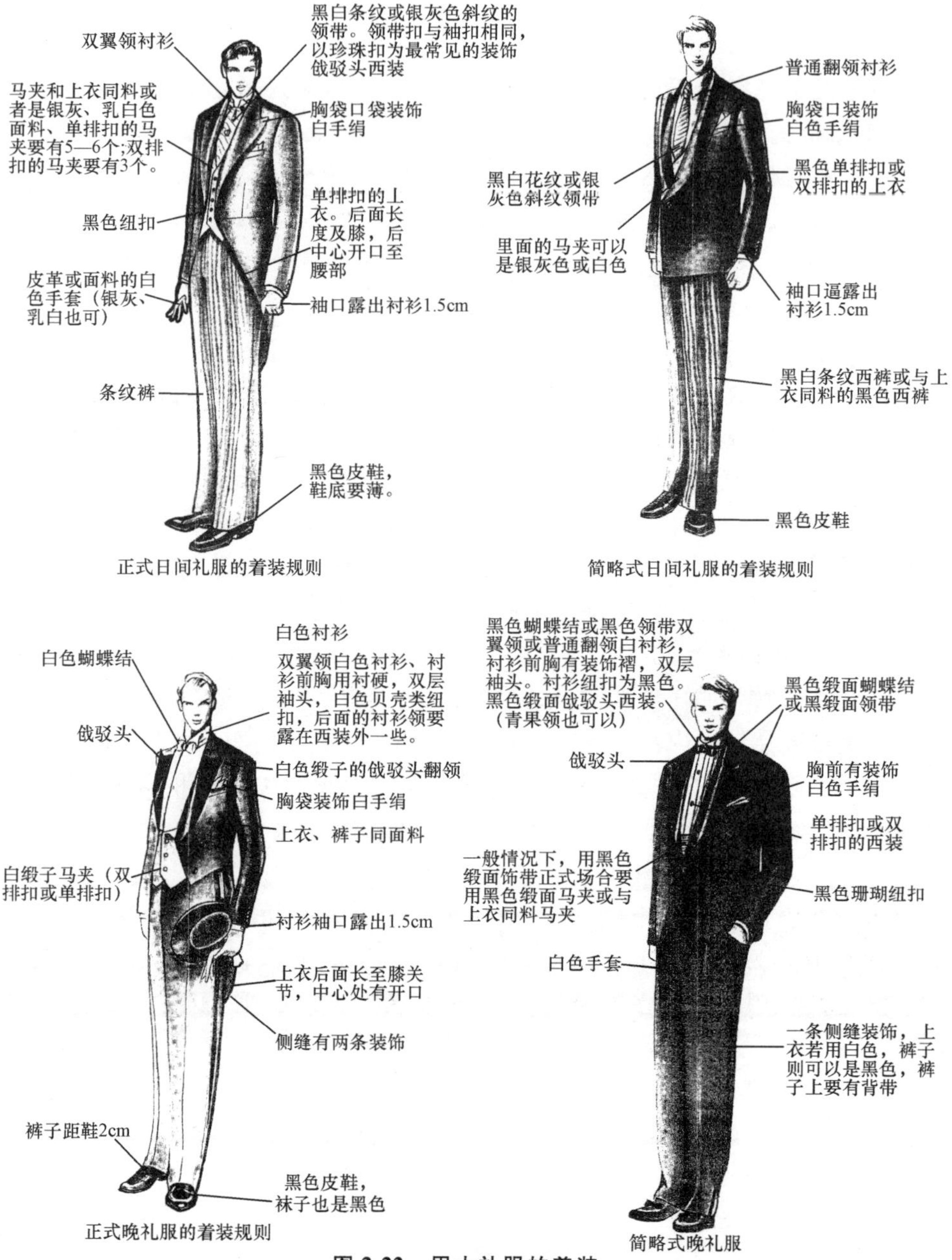

图 2-22　男士礼服的着装

2. 男士职业装的着装礼仪

男士的职业装主要是以西装为主。男西装要合体,判断是否合体的标准见图 2-23。男士职业装的面料一般都是精纺的毛料或化纤混纺面料,颜色以黑、藏兰、灰单色居多,或者是隐形条或隐形格面料。面料中的条格一定不能太明显、花哨,男西装的款式大都很简单,但配上不同颜色的衬衫和领带后就会有不同寻常的着装效果。

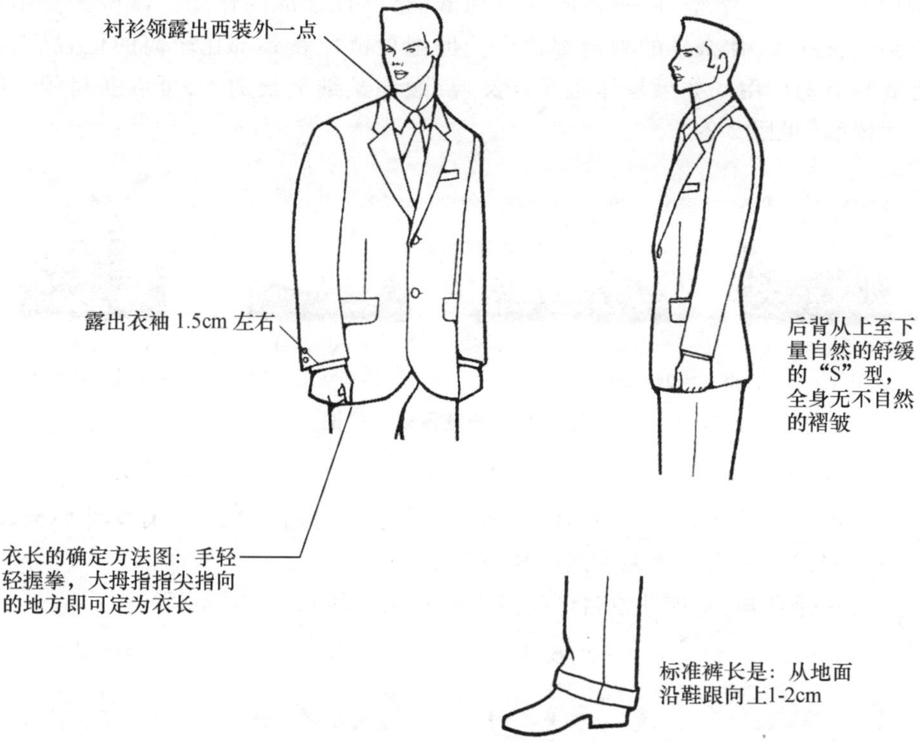

图 2-23　男士西装效果图

四、饰品的种类与佩戴礼仪

在日常生活中提起饰品,人们自然会想到项链、耳环、戒指、胸针、手链等。但实际上饰品的概念很广,男式的领带、腰带、帽子、手帕、手杖、眼镜、鞋,女士的围巾、皮包、鞋、雨伞、眼镜手绢等都属饰品范畴之内。下面介绍几种常用饰品的佩戴方法。

1. 项链

佩带项链可以使脸部显得明亮、华丽,更能增添着装者的魅力。选择项链一定要根据自己的下颚形状、颈部的长短粗细等体型因素,同时还要考虑所穿着的服装种类,衣领形状,以及使用目的和用途等。项链要和服装的整体感觉一致。

一般来说,体型丰满颈部较粗的人,应选择偏细、偏长的项链。让项链在前胸形成一个“V”字型,使颈根部显得利落,有拉长颈部的作用。体型偏瘦颈部又细又长的人,什么样的项链都适合。但把项链用在颈部比较高的位置后,有提高身高的作用。如果是体型又高又瘦,颈部又细又长的人,可以在高领衣的外边佩戴(见图 2-24)。

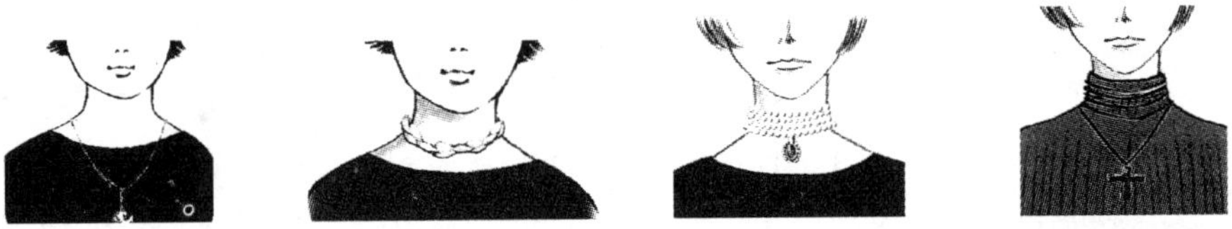

图 2-24　项链佩戴效果图

2. 耳环

耳饰又可具体分为耳环、耳链、耳钉、耳坠。一般情况下,只有女性佩戴,现在有一些讲究时尚的男性也佩戴耳环。

女性佩戴耳环,要注意自己的脸形和耳朵的形状(见图 2-25)。

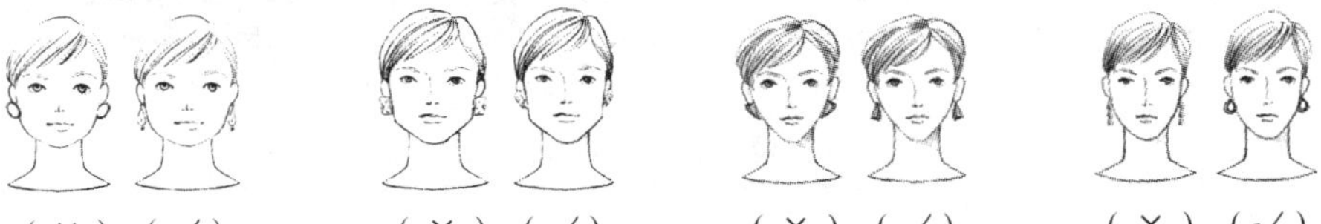

图 2-25　耳环佩戴效果图

3. 戒指

也许在人们的印象中戒指只是一种普通的饰品，但戒指从古到今的发展却是一个与政治、宗教、民俗相关连的文化史。有专门的学者在研究它的种类和象征，以及佩戴戒指的意义。一般情况下，戒指戴在左手的手指上。戴在食指，表示求爱或求婚；戴在中指，表示已有恋人或正在热恋；戴在无名指，表示已经订婚或结婚；戴在小拇指上，表示奉行独身主义。在国际性的社交活动中，戒指已经成为一种信号，表明一个人的身份特征。所以要非常注意戒指的佩戴方法。

近年来，有一些人似乎不再拘泥于这种成规，常常看到有人把戒指戴在食指，大拇指或小拇指上。这种作法只是说明人们想把戒指作为一种时尚的装饰品，而与自己的婚姻状态无关，可以戴在任何想戴的手指上。

4. 胸针和胸花

佩戴胸针和胸花的目的是把来自对方的目光集中在一点，能提升着装效果，给服装锦上添花。一般来说，胸针和胸花用在前胸上部和衣领处，还可以用在丝巾、围巾、腰带、书包、帽子等服饰上，增加整体着装效果。此外，在佩戴时还要注意衣领的形状、衣扣的颜色和大小等因素(见图 2-26)。

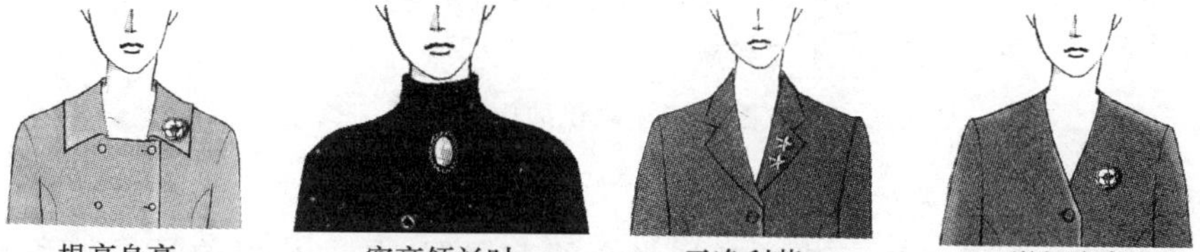

图 2-26　胸针胸花的佩戴

5. 眼镜

眼镜分矫正视力用镜和太阳镜两种。眼镜不只是保护眼睛的作用，还是一种很重要的服饰品。例如，眼镜除了正常佩戴外；还可以把它用金链挂在前胸，或挂在衣服上，或戴在头上等。选择眼镜就是要根据自己的肤色、发型、眼睛的颜色，考虑想表现的整体风格，还要根据自己的眉型、眼睛的形状、脸型选择合适的眼镜形状。选择方法见图 2-27。

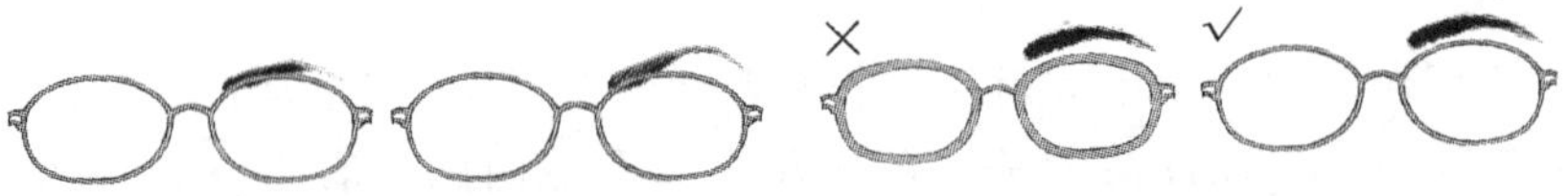

正常眉型和镜框的关系　高挑眉型和镜框的关系　　　眉毛粗大要选细边镜框

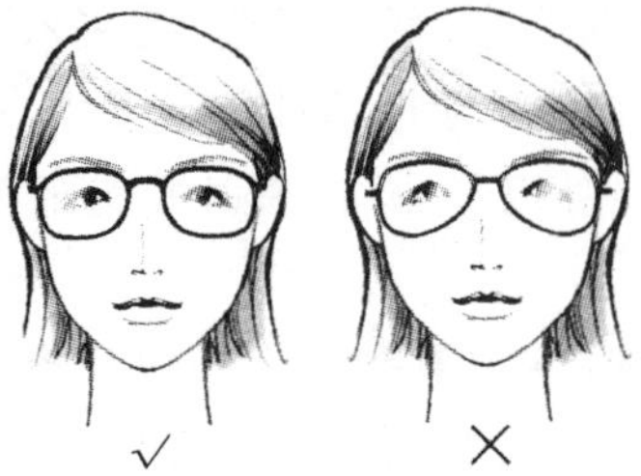

眼角向下的眼型，选择镜片的方法

眼睛在镜片中的位置

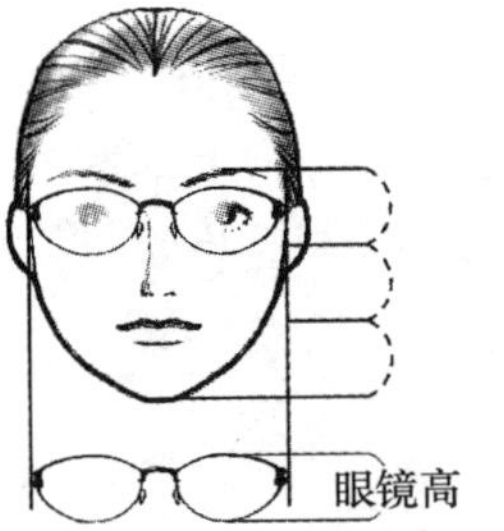

选择眼镜的方法：把眉毛至下颚的距离三等分，其中的一等分即是合适的眼镜高。眼镜宽一般不超过脸的宽度。

眼镜宽

图 2-27　眼镜的佩戴

6. 几种领带的结法

男装里有上班穿的西装和参加晚会的燕尾服，与之相配的是领带和蝴蝶结。在日常生活中领带是男式常用的饰品，这里，我们介绍三种常见的领带结法（见图 2-28）。

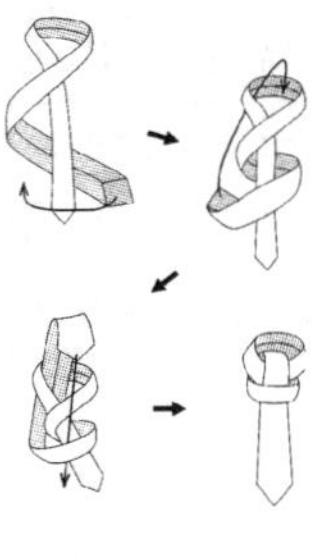

基本式

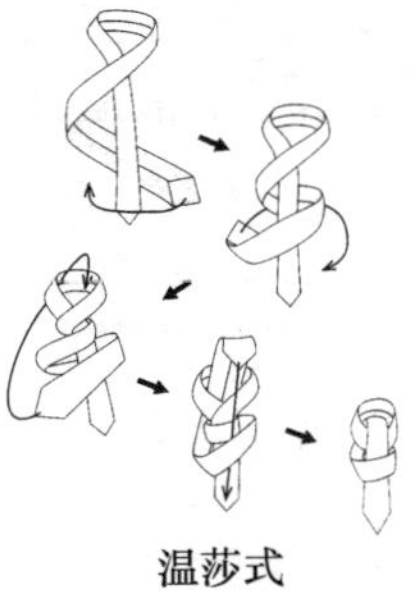

温莎式

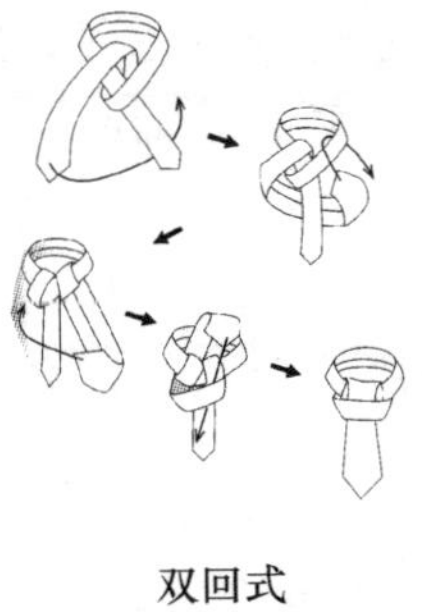

双回式

图 2-28　领带的结法

案例分析

中文系的王丽同学今年大四毕业。在大学期间,王丽同学在著名刊物上发表了3万多字的作品;她还为一些公司策划过周年庆典;英语通过六级。性格活泼开朗,五官端正,各方面条件都很出众。

毕业前她看到一家公司招聘行政文秘人员,待遇非常优厚,就充满信心地前去应聘。面试时,招聘者拿着她的材料等她进来。王丽穿着迷你裙,上身是短吊带,涂着鲜红的唇膏,染着红色的指甲,顶着一头金发,走着标准的模特步到考官面前坐下,随后跷起了二郎腿,笑眯眯地等着问话。孰料,三位招聘者互相交换了一下眼色,没有向她提任何问题,只是主考官说:"王小姐,请回去等通知吧。"她喜形于色:"太好了!"挎起小包飞跑出门。

从个人礼仪的角度分析:小王能等到录用通知吗?为什么?请你为小王设计得体的面试形象。

本章小结

1. 个人礼仪是指个人在社会交往活动中,通过礼节、礼貌等表现的个人形象。个人礼仪不仅体现一个人的学识、教养和文明程度,而且也体现一个人对他人、对社会的认知水平和尊敬程度。

2. 仪容礼仪的原则主要包括整洁、自然、和谐、个性、礼貌等五方面内容。这些原则,规范了人们在参加社交活动时的修饰水准。

3. 举止是指人的身体姿态,它包括站、行、坐、手势、面部表情等举止行为。在社会交往中优雅的举止行为,潇洒的气质风度,是一个人道德水准和文化素养的体现。

4. 言谈是人际交往中表达思想感情的主要手段。言谈是一门艺术,在社会交往中,加强语言方面的学习,掌握语言表达的礼仪,达到最佳的言谈效果是学习言谈礼仪的目的。言谈礼仪的原则包括真诚原则、礼貌原则和准确原则。

5. 服饰是指服装和其上的装饰物。如衣服上佩戴的胸针、与衣服搭配的丝巾、项链、戒指、胸针、手链,男式的领带、腰带、帽子、手帕、手杖、眼镜、鞋等属于这一范畴之内。在日常生活中,要根据场合正确穿着服装,注意服饰的配饰问题。

6. 职业女性不仅要在工作和社会中努力拼搏,而且还要学会如何装扮自己。一套美丽、合体的装束既可以增加女性的自信,也能增添女性的魅力。掌握不同场合的不同穿着方式将有助于提升你的个人形象,促进事业发展。

7. 男装不像女装那样种类繁多,但男装对其面料、工艺、着装效果要求却非常高。根据社会活动的内容,男装可以分为礼服、职业装、休闲装。

8. 掌握各种饰品的种类以及佩戴原则和方法,可以使装扮锦上添花,提升个人风度和魅力。

复习思考题

1. 什么是仪容? 仪容礼仪的原则有哪些?
2. 大学生的仪容美应注意什么?
3. 什么是举止礼仪? 基本举止礼仪包括哪些内容?
4. 言谈礼仪的基本原则是什么?
5. 在交谈的时候要注意哪些礼仪?
6. 简述着装的基本原则。
7. 叙述职业女性的着装礼仪。
8. 叙述男士的着装礼仪。
9. 简述饰品的种类的佩戴方法。

第三章　家庭礼仪

本章提要

家庭礼仪是家庭和睦幸福的必要条件,也是社会和谐进步的重要因素。本章从家庭礼仪的概述,家庭成员礼仪、家庭仪式礼仪、家庭交往礼仪等方面论述了家庭礼仪的具体内容和操作规范。

本章学习目标

- 理解家庭的含义和功能
- 充分认识家庭礼仪的特点和社会价值
- 掌握家庭成员之间的礼仪
- 掌握家庭仪式礼仪的具体规范
- 掌握家庭交往礼仪的具体规范

第一节　家庭礼仪概述

家庭是人们生活的重要领域,为人们提供社会生活的最基本的环境和条件。同时,家庭也是社会的基础和不可缺少的组成部分,是家庭成员对外联系、社会交往的重要枢纽和场所。因此,家庭无论对于个人还是社会,都有极为重要的价值,而家庭幸福和谐的关键条件就是要有良好的家庭礼仪。

一、家庭的含义

家庭是以人们的婚姻关系为基础，以血缘关系或收养关系为纽带所组成的社会生活的基本单位，是适应人类自身生产和发展需要的社会生活组织形式。

1. 家庭以婚姻关系为基础

婚姻是以男女两性的结合为特征，为当时的社会制度所确认的夫妻关系。就其本质来说，婚姻是以两性结合为特征的一种社会关系。婚姻和家庭是统一的，婚姻是产生家庭关系的前提，缔结婚姻的男女双方构成了最初的家庭，由此又使家庭关系的范围扩大，产生出父母、子女等其他家庭成员之间的关系。可见，家庭是存在于一定范围内的亲属之间的共同组织，不仅包括夫妻关系，还包括父母、子女及其他近亲之间的关系。家庭是家庭成员之间的思想感情的、经济的、文化和道德的诸方面因素的结合。

2. 家庭以血缘关系为纽带

家庭是以人们的婚姻关系为起点，以血缘关系为纽带的社会生活的组织形式。它是存在于一定的范围内的亲属之间组成的天然的关系网络，是基于血缘关系而发生的，表现为同辈人或几辈人之间的思想感情的交流和传递。家庭成员之间的关系，尤其是父母子女、兄弟姐妹之间的直系血缘关系，是社会关系中最稳定、最基本、最持久、最亲密的关系。

3. 家庭是个人生活和发展的基本环境

家庭是个人最直接、最密切的生存环境，家庭中的任何变化都对家庭成员的生活有直接影响，家庭的经济状况、文化氛围、境况顺逆、条件优劣都直接影响家庭成员的成长、人生质量及其发展前途。如果家庭上述情况良好，家庭成员就会身心健康、知书达理、行为文明、积极向上，就会得到比较全面、理想的发展，就会有幸福的生活，高质量的人生。

4. 家庭与社会息息相关

家庭以“缩影”和“细胞”的形式反映着社会的变化和文明发展，整个社会的经济、政治、文化、生态等状况能渗透、制约家庭的状况和发展。同时，家庭还以其自身的特殊形式对社会文明起着独特的作用，如果家庭的存在是健康的、稳定的，它对社会现状和发展就起到积极促进作用，反之，就会起破坏作用。

二、家庭礼仪的特点

所谓家庭礼仪，就是指人们在长期的家庭生活中，用以沟通思想、联络感情、相依相恋、增进亲情而逐渐形成的约定俗成的行为准则和礼节、仪式的总称。家庭礼仪与其他礼仪相比,具有自己的特点。

1. 以相互关爱为原则

家庭是人们情感的寄托,是维系家庭和谐的纽带。家庭成员之间的关爱是无私的奉献、无微不至的关怀。不论家庭的成员在事业上受到多大的挫折、工作中受到多少委屈,家庭都是给予他最真挚关怀的场所。这里包括了母爱的无私、父爱的含蓄、兄弟的真诚和姊妹的温柔等。要衡量一件事或某一行为是否符合家庭礼仪要求,应该首先分析一下双方之间是否存在相互关爱的情感。

2. 以增进亲情为目的

家庭礼仪的主要职能,并非以个人形象的塑造为侧重点,而是通过种种习惯形成的礼节、仪式来进一步沟通感情,以增进家庭成员之间的亲情。例如,婚嫁喜庆、乔迁新居、寿诞生日等家庭仪式,就是通过礼仪的传播,可以使更多的人体会和享受快乐,这一传播过程的最终目的就是加强感情联系。因此,家庭礼仪是在长期的社会生活中,逐渐形成的一系列家庭生活准则,它以家庭生活的传统习惯、内心信念等力量把家庭成员联系起来,增进亲情,促进家庭的和睦和幸福。

3. 以社会效益为标准

家庭是社会的细胞,是社会生活的基础和必不可少的组成部分。家庭以社会为背景,必然受当时社会历史条件的影响,而家庭礼仪也必然受当时各种社会习俗、规范的制约。不同的时代环境、不同的区域条件、不同的风俗习惯,使礼仪存在着很大的差异性。而且家庭活动中的许多礼节、礼仪规范也是变化发展的,例如,封建社会的婚礼有拜堂入洞房等繁文缛节,而当今社会的婚礼改革从简了许多繁琐情节,并出现了集体婚礼、旅游结婚等一些新的婚礼程序。说明家庭礼仪随社会物质生活条件的变化而变化。同时,家庭作为社会的组成部分,对社会也有重要影响,家庭的文明和睦影响社会的和谐和稳定。要评判某一种家庭礼节、仪式是否是进步的、合乎礼仪规范的,要看它对社会是否产生积极影响,以社会效益作为评价家庭礼仪的标准。

三、家庭礼仪的社会价值

家庭是社会生活的基础,为人们提供社会生活的最基本的环境和条件。家庭礼仪可以使家庭文明、和睦、幸福,使家庭成员心身健康、热爱生活、努力进取,从而促进社会向和谐进步的方向发展。

1. 家庭礼仪是维持家庭美满幸福的纽带

良好的家庭礼仪,是联系家庭成员情感、增进亲情关系的纽带。通过礼仪行为的表达，使家庭成员相亲相爱、和谐相处，为家庭的幸福和美满奠定了稳定的基础。特别是夫妻之间遵守一定的礼仪规范，可以减少双方的摩擦，增进夫妻之间的感情，互相关心、理解宽容、相依相恋，并用这种情感渗透和影响家庭其他成员。俗语说“相敬如宾，白头偕老”、“家和万事兴”表达的就是这个道理。所以，家庭礼仪是创造和谐的家庭氛围，维系家庭幸福的基础。

2. 家庭礼仪是促进家庭成员健康成长的重要条件

家庭礼仪是提高个人素质，提高家庭成员人生质量的保障。良好的个人素质受到家庭环境，特别是家庭礼仪的影响和熏陶，对个人的品质和思想的形成起着重要的作用，甚至影响家庭成员的人生道路和理想。家庭礼仪促进家庭成员个人素质的提高，有利于他们对人生观、价值观都有较高程度的认识，以及对未来生活的选择更加趋于合理和科学。所以，每个人的一生都离不开家庭，人生质量的高低、好坏都与家庭环境密切相关，而家庭礼仪是家庭环境的重要因素。

3. 家庭礼仪是社会和谐进步的基础

家庭是社会的细胞，只有家庭的和睦，才有社会的和谐。家庭礼仪促进家庭美德建设，使家庭美满幸福，使其成员都会有健康、进取、积极的生活态度和较强的自我约束能力以及关心他人和集体的奉献精神。带着这样的道德观、人生观和价值观投入到社会工作中，必然会有良好的职业道德；在社会公共生活中，必然体现良好的社会公德。从而形成文明、向上的社会风气，促进社会的稳定和进步。

第二节　家庭成员礼仪

家庭的每一个成员对家庭都有一定的责任和义务，家庭礼仪的功能就在于调节家庭成员之间的关系，使之明确自己的家庭责任，承担家庭义务，互相关爱，增进亲情。这既是家庭美德建设的重要内容，也是家庭成员幸福成长、健康发展的必须条件。

一、夫妻之间的礼仪

夫妻是原本没有任何血缘关系的相对独立的“社会人”，通过一定的法律程序，缔结成具有婚姻关系的“亲密爱人”。缔结婚姻后，双方的角色、生活空间都发生了改变，夫妻关系成了家庭生活的主体和核心。要营造和谐美满的家庭生活，双方都需要遵守夫妻之间的礼仪。

1. 夫妻之间应互相尊重

互相尊重是夫妻感情不断加深、爱情不断升华的前提条件，也是家庭和睦幸福、家庭成员心身健康的基础。

夫妻之间相互尊重的前提，应该是双方处在平等的位置上。家庭生活是夫妻双方共同努力经营的，双方都为美好的家庭生活而努力奔波，所付出的努力值是同样的，因此双方在家庭具有平等的权利和义务。不论双方是什么职业、什么地位、什么学历、挣多少工资，都应尊重对方的思想、爱好、生活习惯、人格和尊严。双方有共同承担家务劳动的义务，要尊重对方的劳动，赞扬和珍惜对方的劳动成果。在生活中多看对方的优点和长处，不要说有损对方自尊的话，也不要做出有损对方尊严的举止，更不能拿自己丈夫（妻子）的缺点与别人的丈夫（妻子）的优点相比。要尊重对方内心的情感，对于双方各自曾经经历的人生困境、痛苦，甚至隐私，要利用一切机会给予宽慰，尽力帮助对方抚平心中的创伤，不要追问对方不愿回忆的往事，更不能刨根问底揭伤疤。有事互相商量，不要把个人的意愿强加给对方。双方共有家政决定权，共同支配家庭收入，互相尊重对方的亲戚和朋友。

2. 夫妻之间要相互爱护

真正恩爱的夫妻，其爱情的模式应该是相互爱护的。夫妻是因为爱而组建家庭，也是因为爱，愿意彼此给予对方无私的呵护。在工作上、事业上互相关心和互相帮助，有了成绩互相鼓励，共同分享，遇到困难共同承担和解决。为了支持对方的事业，双方都要主动承担家务劳动，还要主动关心对方的劳动，有条件时“出手相助”，辅之一句“你辛苦了”、“你做的菜真好吃”等简单的赞誉。足以表达夫妻之间绵绵的爱意，使对方感到夫妻之间“不分彼此”。当然，爱护不应该只局限在言语上，一个拥抱、一个眼神、一个细微的爱抚，足以表达夫妻之间相濡以沫的情感。天凉了，嘱咐对方添加衣服；阴雨天，把雨伞送到即将出门的爱人手里，等等，时刻都能流露着夫妻之间细致的爱护和体贴。互相爱护要懂得迁就对方，了解对方的喜好，培养双方共同的兴趣和爱好，让对方感到爱人不仅爱护自己，而且志同道合。这样才会让双方得到精神上的愉悦，感受到家庭的温暖和幸福。

3. 夫妻之间要相互理解

夫妻之间最难得的是能够相互理解，俗语说“金无足赤，人无完人”，每个人都有自己的缺点和不足。作为妻子或丈夫，必须多看对方的优点，对对方的缺点和不足予以包容，达成双方的相互理解，尽量减少夫妻之间的摩擦。夫妻二人要共同承担一定的社会责任，担任一定的社会工作；为充实自己的人际关系，参加聚会以获得友谊和受人尊重的心理需要等社会活动,双方都要给予理解和支持,不能互相阻拦、指责,甚至怀疑对方。同时,为理解和支持对方,还要在家庭中扮演好自己的家庭角色:做个好丈夫或好妻子、好儿女、好父亲或好母亲等。在社会和家庭的双重压力下,难免会因为一些琐事而情绪低落甚至发脾气,对此夫妻之间都要冷静,要坦诚相见,交流思想,多做自我批评,求得妥善解决。不能说"过头的话"或做"过头的事",不能简单粗暴地刺激对方,更不能翻旧账或将"战火"波及双方的家庭和父母。

人的一生不可能事事完美时时顺意,生活所带来的困难是需要夫妻双方共同面对的。夫妻是彼此的精神支柱,遇到挫折时应给予对方最大的鼓励。不论什么时候,都要做对方最坚强的后盾,永远都要是最懂得欣赏对方才华的人。

4. 夫妻共同勤俭持家

勤俭持家是我国传统道德中传播最久的美德之一,也是家庭礼仪的重要内容。勤俭,即勤劳与节俭。勤劳指的是人们对待劳动的态度与品质,它要求人们热爱劳动,用自己的劳动为家人创造温馨幸福的环境。节俭指的是人们对待生活消费的态度,它要求人们约束自己的消费行为,俭约财力,为家庭生活和子女成长积累财富,奠定经济基础。

家庭的幸福和发展需要家庭成员的共同付出,特别是夫妻双方辛勤的劳动付出。家务劳动是家庭生活的重要内容和必备条件,夫妻之间对家务劳动有共同承担的义务,做饭、买菜、洗衣、打扫卫生、接送孩子及其他家务,双方都要主动去做。丈夫要多承担一些比较繁重的体力劳动,妻子也要尽量为丈夫减少一些负担,双方互谅互让,体贴入微。不能把家务劳动的相对分工绝对化,认为这是"你的活","你应该干"。不但不伸手相助,反而挑毛病,甚至指责对方,这样做只会伤害互相之间的感情。因此,夫妻双方只有积极主动的承担家务,把家务劳动看做是自己必须承担的责任,把自己的劳动成果奉献给家庭成员共享,从心里感到轻松愉快。这样,不仅不会感到家务劳动繁琐是负担,而且会把家务劳动变成增强夫妻感情的纽带和家庭幸福的源泉。

勤俭节约是珍惜劳动果实的美德。勤俭持家首先要管理好家庭消费,做到量力而行。在家庭消费水平上,一切要从实际出发,不要片面地去追求高消费。衣食住行,要合理消费。俗话说得好:"吃不穷,穿不穷,不会打算一世穷。"先核算一下家庭的收入,然后按轻重缓急统筹安排。做到节俭而不吝啬,大方而不浪费。在家庭消费中,每个家庭都会遇到婚丧嫁娶的开支,我们应提倡节约,做到文明简朴,大操大办、挥霍浪费的作法是不可取的。在家庭消费上,盲目攀比,向生活水平高的家庭看齐,势必会严重脱离家庭生活的实际,造成经济紧张,使家庭生活陷入困境。

5. 夫妻协力赡养老人

对待父母的态度是表现和增进夫妻感情的关键问题,也是家庭礼仪的重要内容。尊敬父母赡养老人,重视他们的物质生活,让父母吃好穿好,这是保证他们晚年幸福的基础条件。同时,还要关心父母的精神生活。随着老人年龄的增长,身体的衰老,心理上变化很大,不同程度的存在孤独和失落感,如果儿女多给一些感情的回报,即了解他们的想法,多听他们的倾诉,征求他们的意见,经常进行交谈,多带各种信息回家等,他们就十分欣慰和幸福。对于自己的父母做到这一点并不难,关键在于对对方父母的态度。夫妻双方如果真的互敬互爱就应该尊敬对方的父母,因为你爱人的父母不仅给了你爱人的生命,也为他(她)的成长付出了辛苦,没有爱人的父母,就没有爱人的今天。所以如果真心对爱人好,就要对他(她)的父母好。

夫妻之间上述做法,既可以使父母喜悦又可以使爱人欢心,也会使爱人更加尊重你的父母。这样不仅加倍增进夫妻感情,也为子女树立了敬老养老的榜样,使家庭更和睦,更美满。

6. 夫妻齐心抚养子女

子女不仅是夫妻爱情的结晶,也是夫妻感情的纽带。父母对子女的培养、教育,不仅表现在物质生活上的关心、照顾,而且应该重视对子女思想品德的教育和培养。要从小就教育他们认识与他人与集体的密切关系,培养他们关心集体、关心他人、热爱祖国、热爱劳动、遵守法纪等优秀品质。鼓励他们自信、自立、自强,积极向上,树立远大人生目标,做一个有理想、有道德、有文化、有纪律的社会主义新人。在孩子的人生道路上,可以从事各种职业,但不能没有道德,让孩子先学会做人,才能更好地做事。

对于子女,养而不教不对,教而不当也不对。家庭教育不仅要有正确的指导思想,高尚的健康教育内容,还应该有科学的教育方法。父母对子女要做到正确施爱,即父母应当开明公正,及要你对子女的言行有所制约,又要鼓励他们参加集体活动和社会活动;既要在生活上关心爱护他们,又要注意培养子女的自立意识和独立生活能力;既要严格要求子女,又要民主平等地对待子女。应该坚决避免溺爱、封闭式的爱、自私的爱、偏爱等错误的施爱方式。

子女是父母人生的延续,父母会为孩子的成功而自豪,因为这里倾注了他们共同的感情和心血。

二、子女与父母相处的礼仪

在现代家庭里，无论儿子还是女儿对家庭承担的责任、义务和权利是同等的，这是社会提倡男女平等的原则在家庭中的反映。子女与父母相处的礼仪既要批判地继承中国传统的家庭礼仪，又要根据时代的发展，增添新内容。

1. 尊重父母

尊重父母是我们中华民族的传统美德，主要是尊重父母的人格，尊重父母的劳动，尊重父母的教诲，尊重父母的情感。

父母为家庭幸福和儿女成长付出的心血，难以用语言表达和衡量。因此，不管他们的社会地位高低，经济收入多少，身体状况如何，都有自己的人格和尊严，都应受到儿女的尊重。儿女在成长过程中，消费的都是父母用辛勤劳动换来的成果，每一分钱都凝聚着父母的血汗，能勤俭节约，不追求高消费，就是对父母劳动的尊重。同时，要主动帮助父母承担家务劳动，不能躺在父母的劳动成果里“衣来伸手，饭来张口”。父母有人生阅历，有人生经验，他们都希望儿女能走正路，能顺利成才。所以在面对人生的重大决策时，应与父母商议，认真征求他们的意见，尊重他们的教诲。倾听父母的教诲要有一个谦恭的态度，不可以漫不经心，也不可表现出不耐烦的样子。即使父母教育中有不足取的部分或过于严厉，也不应顶撞、吵闹，应该在事后大家都心平气和时，再向父母解释以消除误会。要了解父母的良苦用心，体谅他们的感受，尊重他们的情感，珍惜他们的心血，学习他们的美德。

2. 理解父母

对父母的理解主要是对父母的言行进行“设身处地”、“将心比心”的换位思考。有一句社会名言“理解万岁”足以说明“理解”问题的重要性。

父母总是希望儿女健康成长，顺利成才。因此，希望儿女接受他们的人生经验，常常用自己的亲身经历、今昔对比、榜样的力量等方式来教育儿女，为了让儿女牢牢记住，他们会反复地、不厌其烦地讲述。此时，儿女一定要理解父母的良苦用心，不要认为他们啰唆而产生厌倦情绪，更不要掩耳逃避。

有些父母有许多业余爱好或者特长，年轻时由于工作太忙，无法展现，现在儿女长大了，闲暇时间多了，就很想表现自己的业余爱好，例如：跳舞、唱歌、绘画等。儿女对父母理解和尊重就要支持父母参加上述活动，同时帮助准备各种“备品”。有条件时，还要参与或欣赏父母的业余活动，创造条件让父母展现自己的才华。要理解父母的生活方式，谅解父母的心理定势是历史条件形成的，他们有权利按自己适应的方式生活。儿女不能随意改变和干涉父母的生活，不能简单地以“僵化、保守”给予贬低或否定。

对于失去老伴的父亲或母亲，要关心他们的情感生活。如果他们有再找老伴的愿望，应根据情况了解事情真相，认真分析帮助父母解决问题，尽量支持他们的“黄昏恋”。即使对方条件不合适，也要爱心听父母的倾诉，关注他们的想法，动之以情，晓之以理，爱心说服引导，让他们心服口服。千万不要横加指责，更不能讽刺挖苦，恶语相加。要理解父母孤独处境和失落情绪，为父母的幸福晚年生活创造条件。

3. 孝敬父母

“百善孝为先”，孝敬父母和长辈是中华民族的传统美德。早在元代我国就有“24 孝”，是叙述 24 个孝子从不同角度、不同环境、不同遭遇对父母行孝的故事。随着社会的发展和进步，对孝文化的理解也要与时俱进，既要传承又要创新。由全国妇联老龄协调办、全国老龄办等共同发布的新版“24 孝”行动标准，比传统的“24 孝”更简洁易懂，是与现代社会生活紧密相结合的行动标准(见表 3-1)。

表 3-1　新“24 孝”行动标准

1. 经常带着爱人、子女回家	2. 节假日尽量与父母共度
3. 为父母举办生日宴会	4. 亲自给父母做饭
5. 每周给父母打个电话	6. 父母的零花钱不能少
7. 为父母建立“关爱卡”	8. 仔细聆听父母的往事
9. 教父母学会上网	10. 经常为父母拍照
11. 对父母的爱要说出口	12. 打开父母的心结
13. 支持父母的业余爱好	14. 支持单身父母再婚
15. 定期带父母做体验	16. 为父母购买合适的保险
17. 常跟父母做交心的沟通	18. 带父母一起出席重要的活动
19. 带父母参观你工作的地方	20. 带父母去旅行或故地重游
21. 和父母一起锻炼身体	22. 适当参与父母的活动
23. 陪父母拜访他们的老朋友	24. 陪父母看一场老电影

三、父母与子女相处的礼仪

父母是家庭的核心，是子女依靠的“主心骨”，父母对家庭的一切责任都是为了子女的成长和发展。在此过程中，父母必须要遵循一定的礼仪规范，才能与子女和谐相处，以达到自己尽家庭责任的目的。

1. 父母要以身作则

一个家庭家风的好坏，首先取决于父母的礼仪修养，父母是孩子人生的第一任“老师”。身教胜于言教，榜样的力量是无穷的，作为父母要以身作则，做儿女的好榜样。在家庭中，家长经常告诫子女尊敬父母，自己就要孝敬老人；让孩子刻苦学习、注意听讲，自己就要勤奋工作、钻研业务；对子女说“吸烟有害健康。”自己就不能吸烟；教育子女不要乱花钱，自己就要艰苦朴素、勤俭持家，等等。因此，家长教育子女不是居高临下以老子自居，不能以“家长”身份压制子女，也不能用打骂的暴力方式对待子女，更不可以因工作上的不顺心，将子女作为“出气筒”。对待子女要讲平等，要注意自己是否具备教育子女的条件，是否能为子女做出表率，让子女心服口服，达到好的教育效果。这就要求家长必须时时事事以身作则，在生活、学习、工作、劳动、待人接物等方面都要为子女作出好的榜样。

2. 尊重爱护和严格要求

并按子女的特点把他培养成具有独立人格的人；要细心观察和研究子女在各个发展阶段的生理与心理的变化，因势利导，施之以教；还要在子女需要得到帮助时，无论是因疾病、学习、思想、精神、心理，都能给予无条件、无保留的关怀和鼓励。

父母作为长辈既要严格要求儿女，也要懂得如何尊重子女。要避免两种倾向，一是家长为了达到“望子成龙”、“望女成凤”的目的，对子女要求过于严格，不给孩子自由，甚至使用暴力走向“专制”。二是有的家长只强调爱护，对子女百依百顺，放任自流，使孩子形成任性和唯我独尊的毛病。这两种态度是常见的，也都是错误的。正确的做法是把两者结合起来。在教育过程中，有严有宽，宽严结合。教育孩子人生有理想，学习有目标，行为有规范，生活有规律。为了达到这些要求，必须经过艰苦的努力，做到严格要求、严格教育、严格训练，让孩子有一定的制约和压力。同时，又要尊重和爱护，根据子女的特点把他们培养成具有独立人格的人；要细心观察和研究子女在各个发展阶段的生理与心理的变化，因势利导，施之以教；还要在子女需要得到帮助时，无论是因疾病、学习、思想、精神、心理，都能给予无条件、无保留的关怀和鼓励。要让孩子有一定的自由，让他们感觉到生活虽然有压力也有轻松。父母对他们的严格要求，是对他们的人生负责，是对他们最深沉的爱。所以，对子女教育要做到爱而不骄，严而有格，掌握分寸。

要做到对儿女尊重爱护和严格要求，还必须辅之以表扬奖励和及时批评相结合的方法。这种方法是对子女的优良品质和不良品质进行肯定与否定的道德评价方法，应以表扬、奖励为主，对孩子好的行为和品质应及时肯定、表扬、鼓励他再接再厉，对不良思想和行为要及时批评，以便及时纠正，起到鼓舞和鞭策作用。

3. 父母对子女的教育要求一致

家庭对后代的教育，既有父母的责任，也有祖父母及其他家庭成员的责任，所有的教育者都应该统一起来，要求一致。尤其是父母要承担对子女教育的主要责任，起主导作用，在教育态度、教育要求、教育目的等方面都应该是统一的。不能一方批评，一方袒护，一方严格，一方放纵，这样会造成不良后果。一是会使子女总是不能正确认识自己的缺点。因为孩子在家长面前，总是希望得到表扬。当受到父母一方批评时，特别希望有人庇护自己，而另一方的袒护正好迎合了孩子的这种心理。长期下去，孩子不但不会认识和改正缺点，反而会产生对袒护一方的依赖，对批评一方的反感，给家庭教育带来更大的麻烦。二是造成孩子无所适从、左右为难，最后可能形成看人行事、看脸色行事的不良个性。

只有家长对子女的教育要求必须一致，才能形成一种强势的教育合力。让孩子感到父母二人是铁板一块，没有空子可钻，父母双方都不会为自己辩护，有了错误必须改正。这样，自然会明显提高教育效果。

四、公婆与儿媳相处之礼

公婆与儿媳的关系是一种没有血缘联系的特殊关系，是通过儿子的婚姻而形成的亲属关系，这种关系决定于互相之间的心理和情感方面的距离。要想处理好这种关系，互相之间的理解，礼让，宽容就非常重要，这就必须依靠家庭礼仪的调节和约束。

1. 公婆与儿媳都要把对方看作是自家人

公公婆婆与儿媳关系的重要性，就在于他(她)们是因为儿子或丈夫的婚姻关系而走到一起，是儿子或丈夫最亲最爱的人。他(她)们的关系影响家庭关系的“全局”。

儿媳既然进了婆家门，就是一家人。公婆应该主动沟通、真诚的欢迎，必须尽快接受对方。家里多了成员，无论做什么事，都要考虑儿媳感受和态度。有的事情以前与儿子商量，现在必须还要与儿媳商量，征求她的意见。即使儿媳的态度与公婆不一致，也要认真倾听，互相商量，坦诚以待，互相说服，争取达到互相理解或一致。切忌凡事瞒着儿媳，把儿媳当外人。这样不仅不利于正常交往，也会伤害感情。对儿媳称呼尽量用“爱称”，用称呼儿女的方式称呼儿媳，让儿媳感到亲切，温馨。

儿媳对待公婆要像对自己的父母一样，感情上尽量消除隔阂，生活方面多体贴，关照，经济方面主动多付出。对公婆的称呼，自“进门”起，就叫“爸爸”，

"妈妈"。每到节日或生日"主动"赠送礼物或准备家宴，让公婆感受到儿媳进家后，自己多了一个女儿，儿子的孝敬有增无减，甚至弥补了儿子在细小事情上的不周。

总之，公婆与儿媳应主动消除彼此之间的戒备心理，拉近互相之间的情感距离，自觉做一些有利于增进感情和交往的事情。

2. 公婆与儿媳之间要互相理解逐渐适应

由于公婆和儿媳原来生活在两个不同的家庭，各自形成了自己的生活观念和习惯。现在相聚在一个家庭，必然有一个互相了解和适应的过程。

双方应互相观察对方的行为习惯，尝试着接受。公婆不能要求媳妇完全按自己家的一套行事，要多了解儿媳的生活习惯，尽量给予理解，不要总觉得别扭，或者这也看不惯，那也不顺眼。儿媳要仔细了解婆家的处事规矩，尽量地适应，不要总是挑剔，甚至用自己娘家的规矩来"对抗"，这样必然会加深矛盾，甚至引起争吵。

既然是一家人，有事应全家商量。在经济开支，家庭消费，教育后代，家务安排，亲朋来往等问题上，尽可能经常交流，彼此信任，求同存异，协商解决。即使有分歧，也在预料之中，要恳切地了解事情的首尾，尽量多考虑对方的想法，关注对方的处境。不要轻视对方，总想着改变对方，更不要随意指责对方。

总之，公婆和儿媳在互相了解，适应的过程中，尽量尝试适应对方，不要只想改造对方，强制对方附和自己的意愿。

3. 公婆与儿媳之间要互相尊重和宽容

公婆与儿媳之间相处，要多一些尊重和宽容，少一些挑剔和强势。要尊重对方的人格，情感和劳动。无论在家里家外，儿媳都要尊重长辈，对于公婆为事业和家庭的付出，给予赞扬，对公婆对于家庭成员的关心爱护，要给予足够的回报。例如，常常夸奖公婆做的饭菜可口，肯定公婆对子女，儿孙的关怀和教育，感谢公婆为家里清理卫生，夸奖公婆洗的衣服干净，经常为公婆买些礼物来表示敬意，在日常生活中，主动做家务，让公婆多休息等。

公婆对于儿媳也不要苛求，尽量减少儿媳的家务负担，多出时间来干事业。对于儿媳对自己或家里的关照，要给予及时的肯定和表扬，即使儿媳存在一些缺点，公婆也要以长辈的姿态，给予宽容。或者采取适当方式，心平气和的沟通交谈，或者通过儿子，间接地做媳妇工作，达到互相理解。当公婆和儿媳有矛盾时，双方不能一味强调自己正确，让对方认错以至"屈服"。特别是公婆不能站在同一"战壕"里对待儿媳，公公或婆婆应站在中间立场，尽量做对方工作，缓和矛盾，调节情绪。这种中间者的特殊关系，对双方会更有说服力和影响力。说话特别要注意语气，不要在公共场合或背后互相说对方的缺点，容易造成误解，产生隔阂。

总之，双方都要大度宽容，要有忍让的气度，不随意批评，不生硬顶撞。要互相把对方放在眼里，放在心上，互相尊敬，互相爱护。

五、岳父岳母与女婿相处之礼

岳父岳母与女婿的关系同样是一种没有血缘联系的特殊关系。他们的关系礼仪与公婆儿媳相处之礼基本相同，但是，相对于公婆与儿媳的关系，他们的关系处理显得单纯得多。

1. 摆正双方位置，互相尊重体贴

这是讲双方要客观正确地看待彼此。岳父岳母作为长辈，要爱护女婿，把女婿当儿子看待，女婿也要把老人作为父母一样孝敬。在家庭里，女婿要称岳父母为“爸爸”，“妈妈”，显得亲切、亲近。一些家庭问题的处理方面，要多考虑对方的意向，即使有分歧，也要以互敬互爱的心态，彼此之间不伤和气，共同商量探讨解决。

在现实生活中，有些年轻人让父母娇惯的不会做饭，不会洗衣，更不会做家务。过着“衣来伸手，饭来张口”的生活，即使成家立业，也很难改掉不良习惯。岳父母对这样的女婿，不要嫌弃，不要讽刺挖苦，以免伤其自尊。应该像对儿子一样去关心他，帮助他学会从简单的家务做起，开导他要做家庭的顶梁柱，用自己的亲情去感染他，用自己的行为去影响他。逐渐成为能独立生活，热爱家庭，重视亲情的男子汉。

女婿对待岳父岳母像父母一样并不难，除了对老人的尊敬和关心，还有一张缓和关系的“王牌”——爱人。她作为自己的妻子，岳父岳母的女儿，深爱着双方，是双方沟通的“天使”。所以女婿尽量做到敬老爱老，万一有了矛盾，不要直接“对抗”，通过妻子去做工作，肯定会成功。让岳父岳母不仅会理解自己，谅解自己，还会像对“儿子”一样爱护自己。

2. 岳父岳母与女婿要互相关心与支持

岳父岳母与女婿应该在生活中互相关心，事业上互相支持，在关心与支持中加深情感，升华亲情。

老年人退休在家，尽管有老伴陪同，也会产生孤独寂寞之感。随着年龄的增长，身体逐渐会出现一些老年病症。女婿应该与妻子一道带着孩子，常回家看看，有时间多陪陪老人，唠唠家常，谈谈亲朋故友，听老人讲讲人生经历，陪老人下棋等。还要关注老人身体，经常给老人讲讲保健知识，一旦发现老人身体出现不适,要陪着他们去医院及时检查和治疗。让老人体验到儿孙绕膝的快乐,儿女关心的满足,以及家庭的温馨,晚年生活的幸福。

老年在刚刚退休的时,从社会岗位回归家庭有个适应的过程,最好在家或在社会有事做,使精神上有寄托。女婿要在体量岳父岳母的心情,对岳父岳母的第二次"就业"不要持否定态度,更不能为了让老人多照顾自己的"小家",而把他们"管"在家中。要积极鼓励他们走出家庭,广交朋友,多参加社会公益活动,甚至主动帮他们找事做,发挥余热,得到社会的重新认可。使老人从工作岗位回归家庭"软着陆",有利于他们的心身健康。

俗话说"活到老,学到老",老年人退休后,坚持看报读书,写写文章或回忆录,上网看看新闻,不仅增长知识开阔视野,跟上时代的步伐,还会从中找到乐趣,保持自己积极和热爱生活的心态。女婿要积极支持岳父母的"充电"学习,鼓励他们上老年大学,学习自己感兴趣的知识和技能。经常给老人带回各种信息和资料,教老人学习电脑操作等,使老人陶冶情操,丰富生活。

岳父母不仅在生活上像关心自己儿女一样对待女婿,问寒问暖,体贴入微。还要关心和支持女婿的事业,鼓励女婿,作为家庭的顶梁柱,社会的男子汉,要有成功的事业。要经常关心女婿所从事工作的内涵和进展,当好参谋出好主意,取得成就就要及时鼓励和庆贺,受到挫折要及时安慰和关怀。还要给女婿做好后勤工作,尽可能的帮助他们减轻家务负担,减轻生活压力,让女婿和女儿无后顾之忧,轻装上阵。

总之,岳父母与女婿之间要真诚的关心体贴,以礼相待,就会有和谐的家庭关系,较高的人生质量。

第三节　家庭仪式礼仪

家庭生活与社会生活密切相关,离不开某些仪式。这些仪式都有一套活动规范和行为准则,约束着家庭生活必须遵循仪式礼仪的要求。

一、结婚庆典礼仪

结婚庆典是人生重要经历,也是家庭的重要礼仪。每个家庭和当事人都希望婚礼庆典喜气美满,给家庭带来吉祥安康。

(一) 婚庆前准备工作

1. 要确定婚礼庆典的时间,地点和规模

当事人和家长要根据双方及亲友的情况,确定婚庆的具体时间。从社会的整体情况看，在城市，多在节假日举行婚礼，方便客人有时间参加庆典。在农村，还要考虑农闲季节和食品丰裕的季节。婚礼的地点，在城市，多选择饭店酒楼，也有在教堂举行的。在农村，除饭店外，也有在自家庭院举行的。双方当事人还要拟定参加婚礼的宾客名单，主要包括各自父母及本人的亲属，朋友以及与本婚姻有关的人，例如左邻右舍。邀请父母和子女的领导参加婚礼，并作为证婚人或祝福讲话，也是时下比较流行的做法。对于有些亲朋由于各种原因不能来参加，也要"明知故请"，表示对他的重视和尊敬。参加婚礼的人数决定婚礼的规模，尽量把该来参加的人都通知到，名单一旦确定下来，就要正式发出请柬或口头通知。

2. 认真研究婚庆的礼仪细节

完美的婚礼不能在细节上失误。例如迎亲车队的数量、路线，伴郎伴娘的选择，婚礼的摄像工作，婚礼主持人的邀请，男女双方家族的婚俗要求，参加婚礼宾客的迎送及座位安排，婚宴的菜谱，酒水的选择，包括婚礼上的乐曲或乐队，主要招待和迎送人员以及给有关人员的礼品都应有详细安排计划。

3. 婚礼会场的布置

婚礼会场要弘扬喜庆气氛，以红色为主调，还要挂彩带，摆鲜花，贴大红双喜字。在婚礼台的背景墙上，写上结婚当事人的名字"××小姐和××先生的结婚庆典"。当前还流行在婚庆场地门口或场内摆放当事人的艺术照片，以突出主人形象和烘托喜庆气氛。为规范婚礼秩序，还应在婚宴桌上标示"娘家客人"，"新娘（新郎）同事"等牌位，以引导客人按顺序就座。

4. 新人的准备

到了结婚年龄的男女，经过恋爱的阶段后要缔结婚姻，成为社会制度所确认的夫妻关系。双方都要离开自己的父母，重新建立新的家庭，开始新的生活，所以称为"新人"。这标志着两人的家庭角色发生根本变化，面临这个变化，必须有各方面的充分准备。

对于新人来讲，原来在各自的家庭里有父母等亲人的照顾、呵护，生活、工作、交际等都有一定规律，并且"吃粮不管事"，不用操心个人生活之外的具体事务。面临结婚后的新家庭，由原来的被呵护对象变为家庭的主角。从柴米油酱的小事到住房，子女培养及其他生活问题，都要俩人筹划和实施。所以新人必须有充足的心理准备，才能以积极的心态，顺应家庭角色的转变。

在众多准备之中，非常现实的是应对"结婚仪式"。重要的一项是结婚照，这是现代青年比较在意的仪式。随着经济的发展，生活水平的提高，结婚照也叫"婚纱摄影"，形式越来越多，价格也越来越贵。要根据俩人的经济状况及其他条件选择适合自己的结婚照,作为永久的纪念。

还要特别注意婚礼时的修饰打扮。新郎应有两套服装,一套是西装,举行结婚仪式时穿,要配红色领带。正式仪式结束后,要给亲朋敬酒,最好换上便装,例如唐装。新娘也需两套服装,一套是举行仪式的婚纱装,之后为亲朋敬酒时换旗袍,又漂亮又方便。新娘的发型也要精心设计。

新房的装饰也要新人认真策划。因为新房不仅给亲朋"参观",更重要的是两个人的"新巢",一定要温馨浪漫。从新房的整体设计到各种家具及用品,即要考虑到时尚,也要考虑品位,同时也要考虑经济条件。例如,床上用品可以用红,粉色为主调,其他就不能全用红色,因为红色刺激性强,满屋红色不利于心身放松和休息。特别是窗帘最好用淡绿,淡蓝或其他浅花色,不仅有利于视觉,而且也会显得淡雅温馨。

(二) 婚礼仪式

1. 传统婚礼

传统婚礼即采用迎娶的方式,新郎亲自去新娘家里迎接新娘,而且将婚礼仪式与婚宴结合。一般婚礼程序是,主持人宣布仪式开始,请出新郎新娘及陪伴人员,新娘挽着新郎,从入口缓缓入场,向大家挥手致意。新郎新娘到婚礼台后,陪伴人员下场,由主持人邀请大家向新人祝福,双方来员代表讲话,双方家长讲话。新人要给双方父母鞠躬,感谢父母的养育之恩,接着新人互拜,新郎为新娘戴戒指、新娘向新郎赠送手表作为结婚纪念礼品等仪式结束后,新人换装为到会亲朋敬酒,婚宴正式开始。

2. 旅游婚礼

旅游结婚是近年来比较时尚的结婚方式,主要是新郎新娘以旅游的方式代替传统的结婚仪式。这种方式大多是新婚男女选择独立自由的"两人世界",既可以相依相恋的度蜜月,又可以游览观光,放松休闲。也有家人陪同新人共同去旅游结婚的,但要给新婚夫妇充足的自由空间,不要"形影不离"的跟随陪伴。

旅游路线最好选择双方都感兴趣,而且没有去过的"名景"区,不要选偏僻的地方,也不要选的景点过多。这样才能以度蜜月为主,身心充分放松,避免过于紧张和疲劳,影响情绪,影响健康。

在新人出发前及返回时,双方的家庭及好友都要举行适当的欢送和迎接仪式,到机场或车站送行和迎接,表示家人和好友对他们的真诚关爱和美好的祝福。

新人在旅游中以轻松愉快的心态度婚假,要用录像、照片的方式留下永久的美好的回忆。同时不要忘记给家里等待你们的亲人买些有纪念意义的小纪念品。

3. 集体婚礼

集体婚礼是我国近年来倡导婚事新办而出现的新事物。这种婚礼有自发组织的,但更多的是群众组织,特别是一些大的单位的工会、共青团、妇联组织的婚礼。婚礼一般由发起的群众团体的领导主持,来宾也大多数是双方的同事和单位领导。

集体婚礼仪式没有一定之规,除了新娘披戴婚纱和新郎的婚服外,其他内容丰富多彩,各有特色。而且还会避免铺张浪费的奢华,以及繁琐复杂的程序。由于众人的关注,会更隆重、庄严、气派、欢快。集体婚礼具有更广泛的、更重要的影响和纪念意义,在我国的婚俗改革和建设方面起到了重要的积极作用。

4. 特色婚礼

随着社会的发展,人们的生活方式包括婚礼观念都发生了巨大变化,随之出现了各种新颖形式的婚庆仪式,特别表现在"迎亲"仪礼方面。目前,婚礼的迎亲方式一般都用轿车车队,但是,有些年轻人却别出心裁,用自行车队或新郎骑马迎亲,新娘坐新郎的自行车,或传统的"花轿"赴婚礼场地。这种形式的婚礼,即节俭节能又有特色,让人们耳目一新,更有吸引力,也更具有特殊纪念意义。

5. 西式婚礼

随着我国对外开放和中外文化交流的发展,西方国家的婚礼形式也在我国出现。西式婚礼一般的礼仪流程是:

(1) 宾客入席落座。

(2) 奏结婚进行曲、亲友点蜡烛,表示祝福。

(3) 主席(牧师)宣布婚礼开始。

(4) 新人登场,有两种形式:一是新郎新娘携手和证婚人登场;二是伴郎、伴娘、花童进场,然后新娘身披白色婚纱、手捧鲜花和父亲挽臂进场。

(5) 全场起立,唱歌班吟唱有关婚姻的歌曲。

(6) 祷告、献诗:祝福新人。

(7) 主席(牧师)证婚,意愿确认:你愿意与这位男士(女士)结为夫妇吗?

(8) 新郎、新娘签写婚约,证婚人致辞并颁发结婚证书、签字祝愿;主婚人、父母分别致辞、签字祝愿。为了不影响婚礼的连续性,也可以在婚礼前或婚礼后签署。

(9) 新郎新娘互致结婚誓词,许下终生相守的诺言。

(10) 互戴戒指。新郎为新娘揭开面纱,拥抱,亲吻。

(11) 宣布成婚,献诗(祝福的话)。

（12）新人谢恩（向双方家长献花或三鞠躬礼，向来宾致谢）。

（13）香槟酒仪式，新郎新娘喝交杯酒。

（14）父母上台和新人共同举杯，婚宴开始。新人在人们的起立鼓掌中，重新走过婚礼甬道，走出婚礼场地。

（三）婚宴仪式

由于传统习俗的影响，人们向来比较重视婚宴，以喜酒、喜糖相伴的丰盛佳肴，是凝聚亲朋，展示喜庆气氛的重要仪礼。

1. 婚宴来宾的座次安排

婚宴的座次安排有讲究，一般把参加婚宴的单位领导安排在贵宾席，要在婚礼台前的中间位置。如果没有领导参加，就安排双方的长辈。以此席为中心，面向亲朋，右侧是女方亲属及客人，左侧是男方亲属及客人。还要适当安排同事或其他朋友，在餐桌上写明：新郎（新娘）同事，新郎（新娘）校友等，这样做，既显得亲切，又细致周到。

2. 新人敬酒

由新人给来宾敬酒是婚宴的重要环节。一般情况下，由伴郎或伴娘陪同，新人要先从主桌开始，先女方，后男方，依次给来宾敬酒。伴郎伴娘这时还要担负引导、斟酒等职责，新人只双手拿杯，微笑文明地敬酒即可。被敬的人要回敬"新婚幸福"、"白头偕老"等祝颂之词。在新人敬酒过程中，常常有宾客特别是比较熟悉的同龄人，与新郎新娘开玩笑。这时新人应忍耐，总是微笑为之"服务"，直到满意为止。伴郎伴娘此时还要担负保护新人，为新人解围的职责。当然，来宾为新人出难题也要适可而止，不要无止无休，更不要过分为难。

3. 婚宴结束

婚宴持续时间一般在 2 个小时左右。来宾要在主持人宣布宴会开始再动筷子，切记在新人婚礼仪式进行中进餐。进餐时要文明礼貌，不要大声喧闹，及过量饮酒等。来宾等重要节目过后，可以提前退席，但是一定要与主人打招呼。主人应依次为退席的客人送行，关系较为密切的重要客人，新人与家庭成员一同送行，表示尊重和敬意。直到将最后客人送走，婚宴结束。

（四）婚后答谢礼仪

婚礼举行之后，新人及家长对与本次婚礼有关系的人进行答谢及走访亲朋，是必须重视的礼仪。

1. 答谢为婚礼做出贡献的人

"婚礼大家办"，婚礼的举行有一个策划准备，进行过程。虽然参加的人很多，但其中参与重要环节，出力，帮忙，作贡献的人却不是普遍的。例如婚姻的介绍人,婚礼仪式的主持者,伴郎伴娘,主要接待人员及其他重要参与人员。对这些人的付出和辛苦,新人及家庭要表示答谢,答谢的形式并没有统一的模式,有的可以再宴请一次,有的送些纪念品等。无论哪种形式,都是必要的,表达对他们及其劳动的尊重。这样,既可以加深友谊,又可以表现新人及家庭的重情重义的人品和家风。

2. 答谢婚礼的参加者

新人对婚礼的参加者、祝贺者,特别是送了礼品的人进行答谢,也是婚后礼仪的重要内容。其中,对"礼尚往来"的客人,即新人或家长以前对他们"有礼"在先,或者以后有机会"还礼"的客人,要心中有数。一般表示谢意就可以面对有些无法"还礼"的客人,最好要回赠一些礼品。至于用电话答谢还是登门拜访取决于客人与新人及家庭的关系。

对没有参加婚宴的同事或比较熟悉的邻居等,送发喜糖,也是现代婚庆活动的常见礼节。

3. 拜访双方的至亲好友

新人的至亲好友都是与其关系密切的人,他们关注新人的婚礼,参与其婚礼。都比一般朋友迫切,甚至出力最大,帮助最多。祝愿新人的婚姻美满和家庭幸福也是他们的共同心愿。新人在婚后对他们进行走亲访友礼节性的拜访表示了对他们的敬重,体现了对他们的特殊的亲近关系。这样,会很快拉近互相之间的情感距离,使他们很快接纳新郎或新娘,为今后的亲情来往,友谊发展奠定了良好的感情基础。

这种拜访没有固定模式,是礼节性的,根据具体对象可以采取灵活的形式。只要礼数到位,亲友都会高兴。亲友对于来访的新人,要热情接待并给予美好的衷心祝福。

二、家庭成员生日

每个人的生日标志此人的家族"添人进口",意示子孙后代兴旺,是家族喜庆之事。传统的生日纪念,主要给过生日的人吃鸡蛋寿面,表示"滚"运气,吉祥如意。随着经济的发展,人们越来越重视生日的庆贺,形式也越来越多样化。

1. 给长辈过生日

一般的家庭,给长辈过生日,全家人要聚在一起庆祝。吃蛋糕,点蜡烛。在蛋糕上插蜡烛并点燃,每个成员都说些感谢长辈的养育之恩,祝愿他们健康长寿的祝福语。然后由生日主人吹灭蜡烛,并主刀切开蛋糕,家庭成员每人一份,体会长辈的恩泽,共享家庭的美满幸福。接着,还要给长辈吃"长寿面",里面除了长长的宽心面还要有“荷包”鸡蛋，表示吉祥如意，安康长寿。特别是赶上长辈的六十，七十……的大寿，还要请一些亲朋共同来庆贺。这种形式有的在家举行，有的在饭店举行。

除庆贺仪式外，有的家庭成员还要送给长辈生日礼物。送给老人的生日礼物，要让他们高兴满意。因此，要考虑老人的实际需要，要征求他们的意见，要以物美价廉实用为主。

2. 给晚辈过生日

给家里的晚辈过生日，虽然没有长辈的生日庆贺那么庄重，但形式也是丰富多彩的。

晚辈的生日，意味着这一天父母给了他们生命，没有父母的孕育、呵护、扶养，就没有他们的一切。因此，在庆祝自己生日时，首先要向父母和长辈谢恩，向他们鞠躬，敬酒，感谢他们给了自己生命，哺育自己成长，抚育自己成才，并表示要以最大的努力回报父母及长辈。此时，要把对父母和长辈的爱充分说出来、讲出来，展现自己的感恩情怀。

一般情况下，要准备生日蛋糕，送礼物，随着生活条件的提高，有些家长还给孩子生日礼金。当今有些年青人，包括大学生、中学生，都喜欢和朋友、同学一起庆生日，常常拿着长辈给的生日礼金去聚会，显得热闹、时尚。至于赠送生日礼物，要根据具体情况而定。一般情况下，送一些本人喜欢的小礼品。特殊情况下，可赠送令本人惊喜的盼望已久的礼品，例如：孩子上大学了，家里条件允许，生日礼品可以送电脑，方便在大学学习。

生日庆贺礼仪是值得重视的，但要根据家庭的具体情况而定，对于年龄很小的孩子，最好不要送“大礼品”、“大礼金”。即使年龄大一些的孩子，也不能攀比，避免造成不必要的负担和浪费，甚至对孩子成长造成不良后果。

三、丧葬礼仪

人的死亡是生命的结束，对家庭和亲属都是重大的心灵痛击。如何处理死者，使之有尊严的告别人世、入土为安，既有社会习俗的特点，又有家庭及亲属对死者的敬仰和尊重的情感。因此，丧葬礼仪是家庭隆重、严肃的重要礼仪。

1. 陪亲人走完人生的最后时刻

丧葬的礼仪都是从亲人的死亡时刻开始的，在亲人病危的弥留之际，要有家人陪伴。直系亲属最好都能在此刻守护在亲人身边，直到其生命结束，向死者诀别。

在亲人停止呼吸后，要把事先准备好的“寿衣”给死者穿好，让其干净整洁、有尊严的离开人世。同时要及时和丧葬部门联系，有序地安排“后事”。

此时，死者直系亲属要身着素装、臂戴黑纱，以示庄严、肃穆，寄托哀思。

2. 告知亲朋参加悼念活动

按传统习惯，死者在死后第三天入葬。在此期间，要通知亲属、死者生前好友以及相关人员参加悼念活动。通知的方式有多种，最常用的方式是通过电话，还可以捎口信，拍电报等，具体方式视情况而定。通知的内容主要包括死者去世的时间，丧礼的日期、具体时间、地点、联系方式等。

亲友接到通知后，应该立刻打电话或亲自登门表示哀悼和慰问。送花圈、花篮、挽联、挽幛也在此时进行。送花圈、花篮都要缀以白纸或白绢（布）的标志，上写“××千古”，落款为“××敬挽”等。挽联或挽幛是中国传统的哀礼方式，由当事人自拟文字并自书，或自拟文字请人书写。联语应对死者的人生高度概括，给予高风亮节的评价，写得情真意切，感人至深。

3. 遗体告别仪式

遗体告别仪式即追悼会一般由死者告别所在的单位、团体或社区进行组织安排。现代丧葬提倡火葬，遗体告别仪式一般情况都在公墓举行，还可以由公墓管理部门安排专人组织悼念仪式。

在悼念厅里，正面悬挂死者遗像，遗像要加黑边，还要挽上黑纱结成的挽带。大厅内外要摆上亲友送的花圈、花篮、挽联、挽幛，用黄色、白色的鲜花和松柏把遗体环绕起来。亲属要站在遗体的右侧，恭候亲朋与遗体告别和接受慰问。

参加葬礼的亲友在进入告别大厅前，每人领一朵小白花佩戴胸前，依次进入大厅，排队在哀乐声中向死者三鞠躬，此时神情要庄严、肃穆，举止要沉稳端庄，严禁多言多语，更不能轻松谈笑。有许多家庭还安排有主持人和致悼词的内容，悼词要概括死者的生平，评价其人生事迹。然后，大家在哀乐中要依次绕行遗体，与死者告别，并与死者亲属握手慰问，可轻声说“请节哀”、“要珍重”等简明扼要的安慰语。

四、家庭节日礼仪

家庭节日是一个家庭值得纪念和庆贺的活动。家庭是社会的细胞，社会的节日必然渗透和反映在家庭中，甚至成为家庭主要庆贺的节日。在我国有一些传统节日或现代节日，是全民性的节日。

(一) 春节

春节是我国各族人民最为重视的共同庆贺的传统节日。按传统习俗,从腊月二十四日到新年正月十五都称为春节。现代春节的庆贺活动一般从本年的最后一天即大年三十开始到新年的正月十五结束。

1. 吃团圆饭

每年农历十二月最后一天,即大年三十,全家团聚在一起吃一顿最丰盛,具有象征意义的“年饭”。餐桌上要有鱼,象征年年有余;有鸡,象征年年吉利等。这顿饭是每年的最后一餐,寄托着全家人对生活幸福、吉祥安康、家族兴旺的美好愿望和憧憬。餐桌上的菜都以双数出现,即四、六、八、十等,分别象征着四喜临门、六六大顺、恭喜发财、十全十美等寓意。家庭的全体成员无论在外地学习还是工作,都尽可能在除夕赶回家,吃团聚年饭。

2. 吃年夜饺子

吃过团圆饭,全家人还要通宵围坐在一起享受欢聚的喜悦,或玩各种游戏,或一起看春节晚会,久别重聚的一家人会相互交流这一年的生活情况。到午夜12点,即将迎来新年的“元旦”,全家人还要吃年夜饺子,预示来年家庭兴旺,丰衣足食,万事如意等。

3. 鞭炮辞旧迎新

为了表示人们喜悦欢乐心情,还要在吃年夜饺子前后放鞭炮,现代的鞭炮也丰富多彩。人们在鞭炮的鸣放中辞旧迎新,炸掉晦气,迎来吉祥。但是放鞭炮也会污染空气,影响公共卫生,对一些需要安静,惧怕响声的人也是一种烦恼。所以我国多数城市规定不准随意放鞭炮,只允许在大年三十到新年正月十五日之内燃放。这种做法已被越来越多的公民接受。

一般情况下,在大年三十晚,新年初一早晨和初五,初十五等日子,是人们放鞭炮的高潮期。

4. 祝福拜年

春节拜年是人们互致祝福,联络感情,共享节日快乐的礼仪习俗。传统的拜年习惯,是人们走亲访友,登门祝贺。许多基层单位领导集体走访员工家庭,有关部门慰问军烈家属,还有的单位组织“团拜”,即全体职工聚会庆贺,免去了每家走访的“麻烦”。近年来,拜年的习俗有很大变化,人们越来越多地通过电话、发短信等形式拜年,这些形式使人们感到方便、简洁、亲切,越来越受到欢迎。

(二) 元宵节

元宵节是农历正月十五日这一天,是新的一年的第一个团圆日,也是春节活动的最后一天。元宵节民间有许多礼俗活动,作为每个家庭也很重视这个节日。

1. 吃元宵

元宵也叫“汤圆”,在我国正月十五吃元宵已经有一千多年的历史了。各地区元宵的做法、风味各有特色,但是吃元宵的象征意义都是相同的,即代表团团圆圆、和和美美、红红火火,寄托着人们对生活、对事业、对家庭美好的企盼和祝福。元宵之夜,每个家庭都洋溢着团圆的喜悦、浓浓的亲情。

2. 观灯放焰火

元宵节家家户户有挂灯笼的习俗,人们以挂灯、观灯为喜为乐。同时为了表示喜悦,许多家庭还燃放焰火或鞭炮,庆祝春节假日的结束,祝贺新的生活节奏开始。有的地方组织灯会,制灯谜,有的地方扭秧歌,踩高跷。我国北方在元宵节还举办冰灯、冰雕展览,全家人一起观灯、猜谜、游玩,沉浸在节日的欢乐中。

(三) 清明节

清明是农业生产中二十四节气之一,大约每年的阳历 4 月 5 日,是中国传统的祭祀节日,是祭祖和扫墓的日子。祭扫活动既是表达对祖先的感恩,对故人的怀念,也表达了对家族的尊崇。

1. 祭祀故去亲人

传统的扫墓活动中,人们要带酒食果品、纸钱等物品到墓地,供奉在亲人墓前,将纸钱烧掉,然后叩头行礼拜祭。近年来,清明祭扫活动发生了很大变化,许多家庭到亲人墓前默哀,用献鲜花的形式代替了烧纸钱,这是移风易俗的变革,将会被越来越多的家庭接受。有些家庭借清明节家人祭祀故去亲人的机会,举行追悼仪式,由家庭成员宣读悼词,共同缅怀亲人的生前的高尚品质及对家庭的贡献,以寄托哀思,同时勉励后人要以其为榜样,继承遗志。

2. 为烈士扫墓

清明节时许多单位、学校都会组织职工、学生给为国捐躯的烈士们扫墓,到烈士碑前进行哀悼和缅怀活动。一般情况下,悼念烈士要献花圈或鲜花,在墓前肃穆默哀,缅怀他们的英雄事迹,以继承他们的遗志。这种活动是对人们最好的感恩教育和爱国主义教育。有些家长为了教育子女健康成长,也带着子女为烈士扫墓,向孩子讲述烈士的功绩,鼓励孩子学习他们为了祖国和人民不怕牺牲的精神。这种现实的正面教育值得在全社会提倡。

无论为故去亲人扫墓,还是为烈士扫墓,都是庄严、肃穆的行为,是一种怀念和敬慕情感的表达。所以要遵守礼仪,自始至终保持严肃态度,不能心不在焉,更不能嬉笑打闹、轻松哼歌。

（四）端午节

端午节又称端阳节、五月节等，最初是夏季驱除瘟疫的节日。后来，爱国诗人屈原于此日投汨罗江自尽，人们对他的爱国精神和感人诗词非常敬佩，对他的死非常痛惜，就把端午节的龙舟竞渡和吃粽子都和纪念屈原连在一起，使端午节成为纪念屈原的节日。

1. 悬艾蒿佩香囊

传统的端午节，人们要起早在门楣挂上艾蒿。艾蒿是一种植物，有挥发性芳香味，可以杀菌防病，净化空气。除悬艾蒿外，人们还佩香囊，特别是小孩子和妇女。传说，胸佩香囊、用五色丝线环绕于手腕，有避邪驱瘟之意。随着社会的发展，传统的迷信色彩已经少见，但是悬艾蒿、佩香囊的习俗还延续着，表达人们希望平安吉祥的意愿。

2. 浸糯米包粽子

粽子古代称“角黍”，是端午节的食品。也是中国历史上文化淀积深厚的传统食品。据说屈原投江之后，百姓怕屈原的尸体被鱼吃掉，就包了粽子投入江中喂鱼。因此，从南北朝以后，粽子源自百姓祭奠屈原的说法，至今广泛传颂。

许多家庭自己动手包粽子，先把做粽子“皮”的粽叶用水泡软（大约泡半天）再用开水烫一下，这样处理后好用又卫生。把做馅的主料糯米或粘黄米用水泡十小时以上，如果有条件，再加些辅料，如豆沙、枣、蛋黄、或肉馅等，包好之后用水煮 40 分左右，即可食用，可热吃、也可冷吃。

3. 观龙舟赛

赛龙舟也是端午节的主要习俗，用刻成龙形的独木舟，在击鼓声中做竞渡游戏。相传当年爱国诗人屈原投江后，人们敬重他，就划船追赶拯救，人们争先恐后，追至洞庭湖时不见踪迹。之后每年五月初五划龙舟以纪念之，借划龙舟和抛洒粽子驱赶江中之鱼，以免吃掉屈原的尸体。随着社会的发展，赛龙舟除纪念屈原外，还赋予了不同的意义。1980 年赛龙舟被列入中国国家体育项目，每年都举行“屈原杯”龙舟赛，使赛龙舟盛传于世。

在端午节的假日里，可以全家出行观龙舟赛，为家庭节日增添快乐。

（五）中秋节

每年农历八月十五日，是我国传统的节日，由于八月十五日是在秋季的中间，故称中秋节。“八月十五月儿圆”，古人把圆月称为团圆的象征，因此中秋节也称团圆节。

1. 共赏明月

中秋赏月是节日的重要风俗。人们把明月视为团圆美满的象征，中秋赏月体现了人们对家庭幸福的渴望以及人与自然和谐的向往。每当中秋之夜月亮升起，皎洁的月光洒满大地。人们在露天摆上桌椅，把圆形的食品月饼和圆形的西瓜、苹果、葡萄等水果摆在桌上，全家人围桌而坐，边吃边谈，共赏明月清辉，共享全家团聚的天伦之乐。由于各种原因，不能回来团聚的家庭成员，会望月生情，李白的“举头望明月，低头思故乡”的诗句，此时最能引起他们的心灵共鸣。

2. 品尝月饼

吃月饼是中秋节的又一重要习俗。月饼又称胡饼、宫饼、月团、团圆饼等，是古代中秋祭拜月神的供品，沿传下来，成为中秋节吃月饼的礼俗。

月饼以圆的形状居多，馅以甜味为主，象征着人们对家庭团圆、生活甜美的向往。从传统的节日食品发展至今，月饼品种更加繁多，风味也丰富多彩，其中京式、广式、苏式、潮式等月饼为我国南北各地的人们所喜爱。

（六）母亲节、父亲节

随着我国对外交往的不断扩大和发展，父亲节、母亲节也在我国流行开来，并成为家庭的重要节日。

1. 母亲节

母亲节是子女专门为感谢母亲的养育之恩而进行的仪礼。世界上大多数国家把每年的5月的第二个星期日定为母亲节。

母亲是和子女接触最多、最受子女尊敬、对子女成长影响最大的人，她的思想品德、性格乃至言行举止都潜移默化地影响着子女。母亲不仅给了儿女珍贵的生命，更重要的是以勤劳节俭的品德为家庭幸福付出了辛劳，以慈祥善良的温情为儿女的成长付出了心血，她对子女的无私的爱像瀑布一样倾注，却不要任何回报。因此，子女对母亲的爱是炽热而发自内心的。

一般情况下，子女在母亲节之前就应做准备，可以根据具体情况举行家庭聚会或聚餐，歌颂无私的母爱，赞赏母亲的品德，全家人都要为母亲评功摆好。还应该为母亲送礼物，可以为母亲买她喜欢的衣服，各种饰品，保健食品等。还可以带母亲和父亲出游观光赏景，节日当天可以给母亲送贺卡，写上对母亲的感恩、祝福之言，或者送康乃馨鲜花。红色、粉色、黄色的康乃馨都是“母爱之花”，都可以献给母亲。还可以让母亲和父亲在这一天“放假”，彻底放松享受，从早到晚由子女做家务。

2. 父亲节

父亲节是子女为表示父亲对家庭的贡献和对子女付出的心血而进行的感恩礼仪。世界上大多数国家把每年6月的第三个星期日定为父亲节。

父亲是家庭的顶梁柱,他对子女的思想、学习、生活的成长,在一定程度上起决定性的影响。同时,对家庭经济收入、家庭消费、家庭的对外交往等方面都起主导作用。父亲的爱相对母亲对子女慈祥、温柔的爱显得深沉和严肃,他和母亲共同支撑和建设着家庭,他的责任和负担甚至比母亲更重。因此,在父亲节来临时表达对父亲的尊重和孝敬是子女的自觉心愿。

父亲节要充分赞赏父亲对家庭的贡献,敬佩他是儿女心中的强者,为父亲歌功颂德。给父亲送礼物,要选择日常需要、实用的物品,如手机、剃须刀、领带、衬衣等。还可以写信发贺卡,把平时对父亲没有说出的感恩之情写出来,把爱"寄"给父亲。在节日当天可以送鲜花给父亲,最好把红色玫瑰献给父亲,这是公认的"父爱之花",表示永恒的爱。有些国家或地区用白玫瑰纪念故去的父亲。也有送其他表示"爱"意的鲜花。

(七) 老年节

农历九月九日是老年节,也是我国的传统节日重阳节,它蕴含深厚的文化底蕴,有广泛的社会影响力。全国人大常委会2012年12月28日通过新修改的老年人权益保护法,明确规定每年农历九月初九为老年节,老年节入法更加凸显敬老爱老尊老助老的重要性。

根据我国传统的养老观念,90%以上的老人选择家庭养老。家庭必须尊重和关注老年人,履行为老年人经济上供养,生活上照料和精神上慰藉的义务。与老年人分开住的家庭成员,应当"常回家看看",经常探望、关心、问候老人。用人单位应按国家有关规定保障赡养人探亲休假的权力。给老年人过节,家庭成员不仅要给老人买礼物,最好全家带老人出游赏景,临水玩乐,登高远眺,观赏菊花等,举行各种家庭礼仪形式。不仅让老人享受全家欢聚的天伦之乐,也感受到沐浴在大自然之中的愉悦。各个单位也要开展敬老尊老的活动,可以为老人办联欢会,组织退休老人,参观游览活动等。敬老活动不仅在九月九日节日当天,重要的是在平时也要尊敬、关怀、爱护老人,全社会都要为老人创造一个良好的社会环境和生存环境。这既是家庭礼仪的重要内容,也是中华民族的家庭美德,而且具有充分的法律保障。

(八)"六一"国际儿童节

"六一"国际儿童节是社会和家庭都十分重视的节日。儿童是祖国的花朵,民族的未来,家庭的希望,全社会包括学校和家庭都特别重视儿童节的安排,因此,儿童节也是家庭的重要节日。

儿童节是儿童企盼的节日,因为这一天他们会得到社会及家庭的特殊关注。平时家长工作忙,可能顾不上陪孩子娱乐,但在"六一"这一天都要放下许多事情,来陪伴孩子愉快过节。一般情况下,家长都会提前承诺和安排节日的内容,有游园,游戏娱乐,赠送礼物等。还可以带孩子"回家看看",祖孙相聚其乐融融,让孩子渡过最轻松、愉快的一天。

第四节 家庭交往礼仪

家庭除了家庭成员之间的关系之外,还必须有广泛的对外的社会交往,例如,请客、待客、赴宴、出访、探视等一系列的活动都在家庭的日常生活中进行,是家庭交往的重要内容。由于上述礼仪与社会交往礼仪大致相同,因此本节内容只讲述家庭间的邻里关系礼仪和亲朋交往礼仪。

一、邻里关系礼仪

邻里是一种家庭地域位置相近、生活空间相邻的家庭与家庭之间的社会关系。邻里之间朝夕相处,彼此交织着多方面的生活联系,邻里关系的好坏,对每个家庭生活都有直接影响。而邻里之间以礼相待是调解邻里关系,使之和睦团结的关键因素。

1. 邻里之间要互相尊重

邻里之间相处,要互相尊重人格、民族习惯、生活方式、兴趣爱好和职业等。因为邻里之间最密切,"抬头不见低头见",相互之间比较了解。应该以尊重对方为前提,不要轻视他人,妄加评论和指手画脚,以及背后议论,更不能以自己的意愿强加对方,"以势压人"。即使邻居的某些习惯比较落后,甚至影响了自己的正常生活,也要设法寻找妥善的、使对方能接受的解决办法,使其感到对方是理解和尊重自己的,自己也应该做出让步,以表示本人对邻居的尊重。这样,在互相尊重的基础上,互相理解,互相学习,取长补短,必然越处越好。

2. 邻里之间要团结互助

在现代社会中,任何一个家庭都不可能孤立存在,而是处于双向的、复杂的交际网络之中,不可避免地互相往来共处,相求相助。当家中遇到困难或发生危机情况时,往往是邻居首先伸出援助之手,互帮互济的及时和程度常常胜过亲朋好友,俗话说"远亲不如近邻","不是一家,亲如一家"讲的就是这个道理。

每个家庭都有自己的长处或者弱点,通过邻里之间的团结互助,可以优势互补。例如,老年人有生活经验,又有闲暇时间,可以力所能及地帮助邻居,特别是帮助年轻夫妇解决生活中的某些需要。而年轻人有朝气,有体力,可以帮助邻居特别是老年人解决生活中的某些困难。两个家庭互相帮助,既解决了对方的困难,也给自己带来了很大方便。邻里之间你来我往,以礼相待,天长日久,必然形成团结和睦、文明融洽,亲如一家良好风气。

3. 邻里之间要互让互谅

邻里之间距离最近,长年累月,难免会出现这样或那样的纠纷和矛盾,问题发生后,应该做互让互谅。

邻里相处要尽量为对方着想,例如对于公共空间的使用,应合理安排,各得其所,不要抢占位置,“寸土必争”。每家的生活习惯,兴趣爱好等各有特点,不要过于张扬,影响邻居的生活和休息等。即使发生矛盾,双方都要礼让,有理者要宽容,要理解对方,要宽以待人、让人。无理者要“见好就收”,主动认错,赔礼道歉,一句“对不起”,就可能让对方谅解,达到双方和解。邻里之间就是在互让互谅中和睦相处,守望相助,做到“不是一家,亲如一家”。

二、亲朋关系礼仪

一个家庭的和睦幸福,兴旺发达离不开亲戚朋友的关怀和帮助。如何与亲戚朋友以礼相待,携手发展是家庭交往礼仪的重要内容。

1. 亲朋之间要真诚相处

亲朋的关系是建立在亲情、友情基础之上的。无论亲情和友情,都必须是出于共同的利益、共同的目的联系起来的互相喜欢、互相依赖的真诚情感。没有真诚相处的感情,就不会互相信任,互相喜欢,就不会有亲朋之间的交往。

亲朋之间的交往是建立在真情基础上的,真情是家庭与亲朋交往的前提。这种真情体现在交往中没有谎言,没有假话,没有虚伪,没有欺骗,互相之间坦诚相见、真心相处。只有这样才能体现浓浓的亲情,深深的友情,才有继续交往的可能,才能有亲情和友情的延续和发展。

2. 亲朋之间要平等相待

对亲朋平等相待是相互交往的前提,也是延续亲情友情的关键。平等相待包括对亲朋地位的认可、人格的尊重、感情的接受、处境的体谅、地位的维护等。

亲朋之间由于家庭条件、个人经历、受教育程度、从事的职业、社会地位的不同,在性格、能力、经济条件等方面都会存在差异。不能因为上述方面的差异,就把他们分成不同等级“另眼相看”。应该平等地对待他们,不论地位的高低,贫富差距,能力大小,不分亲疏薄厚,不分贵贱高低,不自傲不自卑,都有同样的尊严。都“一视同仁”的尊重他们,尊重他们的人格,尊重他们的感情,做到“只要遇亲朋,礼仪都到位”。

3. 亲朋之间要互相关照

人与人之间要相互关心、相互爱护、相互关照,亲朋之间更需这种情感。只有这样,才能营造一个充满亲情和友情的空间。

在现实社会中,人们不可避免地会遇到各种困难,经济拮据,事业遇困,身体患病,情感受挫等,无论那种情况,都需要他人的关注和帮助。亲朋之间要比一般人关系密切,此时,就应及时伸出援助之手,给予安慰,并力所能及的帮助他们解决问题,渡过难关。这不仅会让他们感到宽慰、温暖,而且更体会到亲情友情的可贵,会更加珍惜这种情谊,并用实际行动给予回报。

亲朋之间的相互关照不仅表现在有困难时相互关心和帮助。同时也表现在顺利时或遇到喜事、好事时,也要与亲朋共同分享。不能以此沾沾自喜,孤傲自赏,疏远亲朋。越是在顺利和吉利之时,越要有自知之明,越要看到亲朋的重要价值。让大家共同分享成果和喜悦,做到相互关照,互相提携。

案例分析

李明是大三的学生,昨天回家取生活费,不但没有取回,还生了一肚子气。原来,李明的爸爸公出回来在家休息两天,上班前要换衣服,发现公出前换下的内衣没有洗,就很生气,大声对李明的妈妈说:"为什么还没有给我洗衣服?这些天你都干什么了!"妈妈回答:"孩子姥姥,奶奶都有病了,这几天我去护理姥姥了,奶奶那里我还没去呢!哪有时间洗衣服呀!"爸爸大声说:"她们身体不好也不是一天两天了,有什么大惊小怪的?洗两件衣服能用多少时间呀!"妈妈也生气地回答:"你的衣服为什么一定要让我洗?你休息这两天不会洗啊!你这两天上哪里去了?"爸爸大声呵斥:"这是你应该干的!我去哪里你管得着吗?"妈妈更生气了。这时,李明对妈妈说:"你们别吵了,给我生活费!我回学校!"妈妈生气地说:"向你爸要!"爸爸马上说:"我没有钱,你向她要!"李明面对爸妈的态度,也生气了,"你们吵吧!",说完摔门而去。

从家庭礼仪的角度,分析李明及爸爸、妈妈的言行有哪些不妥的地方?帮助他们学会用家庭礼仪解决互相之间的矛盾。

本章小结

1. 家庭是以人们的婚姻关系为基础,以血缘关系或收养关系为纽带所组成的社会生活的基本单位,是适应人类自身生产和发展需要的社会生活组织形式。

2. 家庭礼仪的特点是:以相互关爱为原则,以增进亲情为目的,以社会效益为标准。

3. 家庭礼仪的社会价值是:维持家庭和睦幸福的纽带,是促进家庭成员健康成长的重要条件,是社会和谐进步的基础。

4. 家庭成员礼仪表现为夫妻之间,父母与子女之间,公婆与儿媳之间,岳父岳母与女婿之间关系的礼仪。

5. 家庭仪式礼仪包括结婚庆典、家庭成员生日礼仪、丧葬礼仪、家庭节日礼仪等内容。

6. 家庭交往礼仪主要包括邻里关系、亲朋关系、请客、待客、赴宴、出访、探视等活动规范。

复习思考题

1. 如何理解家庭的含义和功能?
2. 如何理解家庭礼仪的特点和社会价值?
3. 夫妻之间的关系礼仪应该是怎样的?
4. 父母与子女相互之间相处的礼仪应该是怎样的?
5. 公婆与儿媳、岳父母与女婿应该如何相处?
6. 简述结婚庆典礼仪。
7. 常见的家庭成员生日礼仪应该是怎样的?
8. 怎样理解社会中的丧葬礼仪?
9. 我国春节礼仪的具体内容有哪些?
10. 如何理解元宵节、清明节、端午节、中秋节的礼仪内容?
11. 简要说出父亲节、母亲节、老年节的礼仪内容。
12. 邻里之间相处的礼仪有哪些?
13. 如何与亲戚朋友以礼相待?

第四章　日常交往礼仪

本章提要

提倡日常交往礼仪是个人修养的重要内容,也是提高民族综合素质的迫切需要。本章从介绍礼仪、名片礼仪、会面礼仪、称呼礼仪以及公共场所礼仪等方面论述了日常交往礼仪的具体内容和操作规范。

本章学习目标

- 了解日常交往礼仪的类型及其内涵
- 掌握介绍礼仪、名片礼仪、会面礼仪和称呼礼仪等基本交往礼仪规范
- 在日常生活中灵活地运用交往礼仪的具体规范

第一节　介绍礼仪

介绍是人与人之间的沟通、引见并使双方或多方相识的活动方式。它是初次见面的双方开始交往的起点。介绍实际上是人际沟通之桥,人和人打交道如果没有介绍环节,彼此无法建立联系,就失去了沟通交流的机会和基础。

一、介绍的基本规则

介绍是公务、交际活动中的基本礼节之一,主要分为自我介绍和他人介绍。在人们的日常交往中,介绍和被介绍是经常遇到的事情,其中介绍的次序非常

重要，这是介绍礼仪的基本规则。介绍次序的基本原则只有一个，就是尊者居后。需要注意的是在不同场合如何正确地运用这一原则。

1. 将男士介绍给女士

在社交场合中，介绍的先后次序是以性别为基本的判断标准。一般需要先将男士介绍给女士，以表示对女士的尊重。例如，介绍王先生与李小姐认识，介绍人应当引导王先生到李小姐面前，然后说："李小姐，我来给您介绍一下，这位是王先生。"注意在介绍的过程中，被介绍者的名字总是后提。

2. 将年轻者介绍给年长者

把年轻者引见给年长者，是表示对前辈、长者的尊敬。例如："王教授，让我来介绍一下，这位是我的同学王丽。""李阿姨，这位是我的表妹夏雪。""刘伯伯，我请您认识一下我的同事李强。"在介绍时，对长者要使用尊称。

3. 先将未婚者介绍给已婚者

当双方性别相同，年龄相仿，地位相当时，应将未婚者介绍给已婚者。例如："张太太，让我来介绍一下，这位是李小姐。"当被介绍者无法辨别对方是已婚还是未婚时，则不存在先介绍谁的问题。但是，当未婚女子要比已婚的女子大很多的时候，则应该将已婚女子介绍给未婚女子。

4. 先将职位低者介绍给职位高者

在公务场合，介绍的先后次序是以职务的高低为基本的判断标准。一般需要将职务低的介绍给职务高的。例如："王总，这位是××公司的总经理助理刘女士。"这里我们先提到的是王总，这是因为王总的职位要比刘女士高，尽管王总是一位男士，但是还是先介绍刘女士。这点与日常交往中的介绍次序正好相反，所以一定要把握好介绍的次序。

5. 先把家庭成员介绍给对方

在有家庭成员参加的聚会的时候，要先把家庭成员介绍给对方，以表示对客人的尊重。在向别人介绍自己的家庭成员时，应谦虚地说出家人的名字。这不仅是出于礼貌，而且对介绍自己的家庭成员也比较方便。例如："张先生，我想请你认识一下我的女儿晓芳。""张先生，请允许我介绍一下我的妻子杨兰。"

二、自我介绍

自我介绍是交际场合中常用的介绍方式，就是把自己的情况向别人说明。在这种情况下，做自我介绍时间的长短、具体内容的选择以及如何和交往对象互动的问题，都由自己来把握了，所以相对自由度、宽松度比较大。在生活中，我们经常需要向别人介绍自己，因此，自我介绍得体与否就非常重要。

（一）自我介绍的时机

自我介绍的目的就是要让对方记住自己，并为以后的进一步交流奠定基础。因此在自我介绍中，时机的选择就显得特别的重要，在恰当的时间介绍自己会起到事半功倍的效果。

1. 适合自我介绍的时机

一般来说，在人际交往中以下几种情况比较适合做自我介绍：一是当别人需要了解自己的时候是自我介绍的最好时机。在交往中如应聘求职时需首先自我介绍；二是需要别人了解自己的时候有必要主动推销自己做自我介绍，如当遇到一位你知晓或久仰的人士，他不认识你，你可自我介绍："×××（先生或女士），您好！我是××××（公司）的×××（姓名），久仰您的大名，很荣幸与您相识"；三是在特定场合和特殊身份下有必要自我介绍，如因业务关系需要进行接洽时可自我介绍。

2. 不适合自我介绍的时机

自我介绍的目的就是要让对方留意自己，但是，在下面的场合不适宜做自我介绍。一是不要在对方正专注于某件事情时，做自我介绍。例如，对方正在看电影、用餐、谈话时，不做喋喋不休的自我介绍。二是对方正在接待其他人时，不要上前做自我介绍。三是不要在环境嘈杂、人员流动较大、较为隐私的地方做自我介绍。例如，火车的过道上、洗手间里、更衣室中等地方，都不适宜做自我介绍。

（二）自我介绍的内容

自我介绍的内容选择也是非常重要的，因为介绍内容是自我介绍的核心问题，即说什么。一般来说，自我介绍因内容不同，大体上可以分为应酬式、公务式、社交式、礼仪式，还有寒暄式等各种各样的具体形式。

1. 应酬式自我介绍

最为常见的一种就是应酬式自我介绍。应酬式自我介绍是面对泛泛之交而又不愿意深交者时，所使用的一种自我介绍。面对泛泛之交做自我介绍，内容上就是姓名，也就是给别人一个称呼就足够了，没有必要向他人提供过多的个人资料。这是用的最广的一种自我介绍。

2. 公务式自我介绍

公务式自我介绍，又叫商务式自我介绍，是在工作场合必须使用的，是要说明你的工作性质，说明你的职务，说明你的地位、权力和身份的一种自我介绍。实际上公务式自我介绍，就说明你的工作性质和具体身份，包括单位，部门、职务、姓名，四个要素要一气呵成且要连贯，实际上就是一个最基本的联络和沟通的方式。

3. 社交式自我介绍

社交式自我介绍就是在非公务活动中所使用的介绍方式。它是一种刻意寻求与交往对象进一步交流与沟通,希望对方认识自己、了解自己、与自己建立联系的自我介绍方式。实际上就是缩短人际距离,找彼此之间关系的共同点,在一般的非正式场合自我介绍中用的比较多。通过双方的共性,可以迅速拉近交流的距离,密切彼此关系。

4. 礼仪性自我介绍

礼仪性的自我介绍是表达尊重的一种介绍形式,即向别人做自我介绍时,注意借机在适当的时候适当的角度,向交往对象表现尊敬。礼仪性自我介绍适应于讲座、报告、演出、庆典、仪式等一些正规而隆重的场合。礼仪性自我介绍时应注意谦虚谨慎,不要夸大,要恰到好处、适可而止。

(三) 自我介绍的技巧

在做自我介绍时,一定是要注意具体的分寸,即自我介绍时的一些具体技巧。

1. 先报姓名和身份

在做自我介绍的时候,要及时、清楚地报出自己的姓名和身份,如果有可能,要先递名片,再做自我介绍,方便交往对象选择正确的交流方式。这样不但会让别人对自己先有一个大概的了解,而且会随着你后面的自我介绍,加深印象。递上自己的名片,至少有三个好处,一是自我介绍可以少说好多话;二是可以加深印象,产生重复效应,即同样一个头衔,同样一个单词,在较短时间内,一而再,再而三地出现,对方就印象深了;三是首先见面时给对方名片,而且表示对对方的尊重,这个也是非常重要的。

2. 内容真实准确

做自我介绍时,要注意介绍内容的真实准确性,所介绍的内容不能夸大,一定要实事求是,但是也没有必要过分的谦虚,贬低自己讨好别人。在初次自我介绍时,切记不要使用简称,给对方带来理解上的困扰。

3. 态度认真自然

在进行自我介绍时,态度要自然、友善、亲切、随和,要面带微笑,正视对方的双眼,语速要正常,吐字要清晰,要说普通话。

4. 时间把握适度

进行自我介绍时,时间掌握上要注意适可而止。可以先以“您好!”作为开篇语,引起对方的注意,然后报出自己的姓名身份,内容要力求简洁,以半分钟为最佳。介绍的时间过长,内容的有效性就会降低。

三、他人介绍

他人介绍即交际中的第三者介绍，也就是自己作为第三者，替不相识的双方做介绍。在实际生活中，需要第三者介绍或者是介绍别人的情况大体分为两类：一是双方彼此不相识，即两个人肯定是不认识的；二是其中一方不认识另外一方。

（一）他人介绍应注意的问题

1. 介绍人

在社交礼仪中需要替别人做介绍时，首先要考虑的问题是谁来充当介绍人，这个问题非常重要。因为介绍人不到位，或者没有介绍人，非常容易出现一些尴尬的社交状况。在日常生活中，场合不同有不同的礼仪规则。在家庭聚会中，女主人一般是介绍人。而公务交往中大概有三种情况：一是专业人员，包括秘书、公关人员和礼宾人员；二是对口人员，即最初负责接洽的人员；第三种是本单位职务最高者，主要用于团体性商务活动。

2. 介绍顺序

礼仪讲尊卑有序，前后有序，礼仪从某种程度上讲就是排序。介绍他人的顺序就是尊者在后，即地位较高者，有优先知情权。

他人介绍的基本规则就是把双方之中地位较低的一方，首先介绍给地位较高的一方。一般情况下，先介绍晚辈后介绍长辈；先介绍下级，后介绍上级；先介绍学生，后介绍老师；先介绍男士，后介绍女士；介绍主人和客人时，务必记住要先介绍主人，后介绍客人。

什么场合讲女士优先呢？严格讲是在私人交往场合，如下班之后朋友聚会、同学聚会、家人聚会、亲朋好友聚会，这个时候保护妇女、尊重妇女，既是社会公德也是一种礼仪。

3. 介绍内容

在他人介绍时，介绍的内容不能一概而论，应该根据不同场合而定。大体上可以把他人介绍分为三种。第一种为社交式，也称为应酬式，就是介绍名字即可。第二种为公务式的，是在正式场合的介绍，比较正规，除了说明对方的姓名之外，还要说单位、部门、职务，尽可能要介绍的全面具体。第三种为简略式，比如甲认识乙，而乙不认识甲，这个时候就需要单向取舍，重点将甲介绍给乙。因为乙的情况甲已经了解了，再做介绍就有点画蛇添足了。

此外，在为他人做介绍时，一定要口齿清楚发音准确，把易混的字咬准，例如，不要把“沈四海先生”介绍成了“沈世海先生”；介绍者对介绍的内容应当字斟句酌，慎之又慎，例如，"这位是段阳，他刚从监狱里出来。"这样的介绍不仅给被介绍者造成尴尬、自卑，而且听者在心理上也会有恐慌，产生不好的印象；正式场合，内容以双方的姓名、单位、职务等为主。例如，"我来给两位介绍一下，这位是A公司的人力总监李丽女士，这位是B公司的市场营销部总经理刘海洋先生。"在一般的社交场合，其内容往往只有双方姓名一项，甚至可以只提到双方姓氏为止。例如，"我来介绍一下，这位是老王，这位是小张，你们认识一下吧。"值得注意的是给双方做介绍时，最好要征得双方的同意，不要在原本相识或有过节等情况下做介绍。

（二）集体介绍

集体介绍是按一定顺序，对多数人给予介绍，多用于宴会、会议上。

1．集体介绍的形式

集体介绍可分为两种基本形式：一是单向式。介绍的双方一方为一个人，另一方为由多个人组成的集体时，往往可以只把个人介绍给集体。二是双向式。介绍的双方由多人所组成的集体，由主方负责人首先出面，依照主方在场者具体职务的高低，自高而低地依次对其进行介绍。再由客方负责人出面，依照客方在场者具体职务的高低，自高而低地依次对其进行介绍。

2．集体介绍的顺序

集体介绍中被介绍者双方地位、身份大致相同，或者难以确定时，先介绍人数较少的一方或个人，后介绍人数较多的一方或多数人；若被介绍者在地位、身份之间存在明显差异，特别是当这些差异表现为年龄、性别、婚否、师生以及职务有别时，则地位、身份为尊的一方即使人数较少，甚至仅为一人，仍然被置于尊贵的位置，最后加以介绍；若需要介绍的一方人数不止一人，可采取笼统的方法进行介绍，例如，"这是我的同学"，"他们都是我的朋友"等。但是最好还是逐一介绍。介绍时可比照主次、尊卑的顺序进行；若被介绍双方人数都很多，则可依照礼规，先介绍位卑的一方，后介绍位尊的一方。在介绍各方人员时，应遵照由尊到卑的顺序，例如先长后幼，先女后男等。

第二节　名片礼仪

名片产生历史比较久远。根据清代学者赵翼在《陔馀丛考》"名帖"中说："古人通名，本用削木书字，汉时谓之谒，汉末谓之刺。汉以后虽则用纸，而仍相沿曰刺。”[①]按照他的说法，汉代的名片是木质的，有字，名称叫做“谒”，汉末改叫为“刺”，汉以后则用纸代替木，仍然叫做“刺”。现代社交中使用的名片，最早产生于英国、法国、俄罗斯等封建国家的宫廷社会中。文艺复兴时代，上流社会的社交活动日益频繁，那些有身份、有地位的贵族，为了结识更多的达官贵人便制作了名片，并在工业文明和资本主义时期得到了广泛的应用和传播。名片是人们在社会交往中的一种介绍性媒介物，人们交换名片常常在见面之初。因此，也被称为见面时的致意礼仪。

一、名片的格式

现代社会制作名片是有格式的。

（一）名片的规格

最早的名片要比我们现在使用的名片要大很多，目前，我国通用的名片长为9厘米，宽为5.5厘米，是很规则的长方形。还有一种常见的规格，是长10厘米，宽6厘米，多为境外人士使用。至于其他形状名片，例如，树叶型、心型、苹果型或者开合式、折叠式等虽具有标新立异的个性特色，但是不适合在比较严肃的社交活动中普遍使用。在颜色的选择上可以多种多样，一般男士的名片要比女士的名片颜色素雅一些。

（二）名片质材与色彩

在材料的选择上，应采用抗折、耐磨、利于环保的纸制名片，不需要采用昂贵的材料作名片。印制名片的纸张，应该以白色、米色、淡蓝色、淡灰色为宜，并且一张名片以一种颜色为宜。如果用多种颜色以不超过三种为宜，三种颜色之内包括图案、公司、标志、徽记等。

（三）名片的文字

名片要用铅印或打印的为宜，即使自己的字体很漂亮，也不要用手写。商务名片中可提供办公电话、邮箱地址、手机电话等，私宅电话可以不写，注意保护隐私。当自己的电话号码有变动，不要用笔涂改，应重新制作名片。头衔要主次分明，不可罗列太多。当然，如果真有许多的头衔，而且社交时都有与他人交换名片的必要，可以将头衔分开来印，根据自己参加的何种社交场合而决定带哪种名片。名片要方便携带，尽量不要做成折叠的。

---

① 赵翼：《陔馀丛考》，中华书局，1963年1月。

(四) 名片的版式

名片一般分为横式和竖式两种版式。在现代的礼仪交往中,中文名片往往采用横式版本的名片。

1. 横式

横式版式是采用行序由上到下,字序由左到右的书写方式。主要分三个部分:第一部分为名片持有者的工作单位,一般在第一行的顶格位置书写。有的名片则将本公司的标志放在第一行的顶格后面再接单位名称。第二部分为持片人的姓名,用较大的字号书写在名片中部较为显眼的位置,有职务、职称的通常用小字标在名字后面。第三部分为持片人的详细地址和电话、传真、邮编等,如图 4-1 所示。

图 4-1　横式名片

2. 竖式

竖式版式是采用行序由右到左,字序由上到下的书写方式。主要分三个部分:第一部分为名片持有者的工作单位,一般在右侧第一行的顶格位置书写。有的名片则将本公司的标志放在第一行的顶格后面再接单位名称。第二部分为持片人的姓名,用较大的字号书写在名片正中,有职务、职称的通常用小字标在名字下面。第三部分持片人的详细地址、电话、传真和邮编等,在名片的右侧位置,如图 4-2 所示。

二、名片的使用

在现代交往中,名片已不仅仅用于拜访。人们用它做自我介绍,介绍友人相识或托人取物,也可以作为简单的礼节性通信往来,表示祝贺、感谢、劝慰、吊唁等。随着社会文明的发展,小小的名片在人们之间的信息传递中,扮演了一个不可缺少的角色。

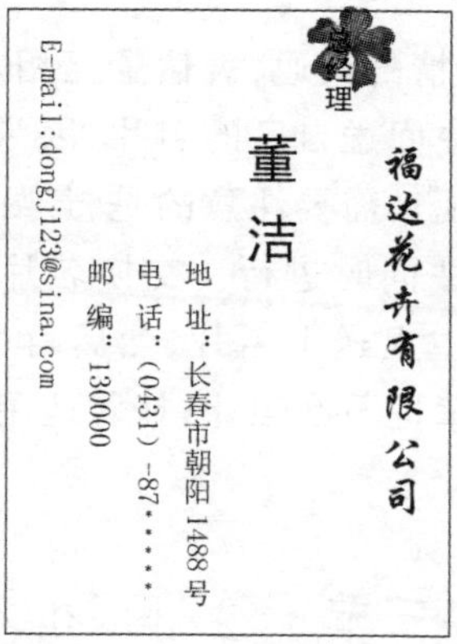

图 4-2　竖式名片

1．递交名片

递交名片给他人时，名片的持有者在递交名片时动作要洒脱、大方，态度要从容、自然，表情要亲切、谦恭。应事先将名片放在身上易于掏出的位置，取出名片后郑重地拿在手里，然后再得体地交给对方。递交名片时，要起身站立双手递过，以示尊重对方。用拇指夹住名片，其余四指托住名片反面，将名字正对对方，以便对方观看。若对方是外宾，则将印有对方认得的文字的那一面面向对方，同时讲些“请多联系”、“请多关照”、“我们认识一下吧”、“有事可以找我”之类友好客气的话。递交名片的时间，一般在见面之初，但是也有特殊情况，如果名片持有者与他人事先有约，一般可在告辞时再递上名片。如果双方只是偶然相遇，则可在相互问候，得知对方有与你交往的意向时，再递交名片。与多人交换名片时，要注意讲究先后次序，或由近而远，或由尊而卑，一定要依次进行，切勿采取“跳跃式”。

2．接受名片

接受他人名片时，应恭恭敬敬双手捧接，面带微笑并道感谢。接受之后应当首先认真地看名片上所显示的内容，必要时可以从上到下，从正面到反面重复看一遍。有时可把名片上的姓名、职务读出声来，再加上谦词敬语，例如“您就是张总啊。”以表示对赠送名片者的尊重，同时也加深了对名片的印象，然后把名片细心地放进名片夹、笔记本或工作证里夹好。

在接受别人的名片后，如有不认识或读不准的字要虚心请教。请教他人的姓名，丝毫不会降低自己的身份，反而会使人觉得你是一个对待事情很认真的人，增加对你的信任。同时，须将自己的名片回敬对方，表示有来有往。切忌接过他人名片后一言不发，看也不看就装入衣袋或弃之一旁，这是失礼的行为。

3. 交换名片

交换名片体现了双方感情的沟通,表达了互相友好交往下去的意愿。在收到了别人的名片后,也要记住回送自己的名片,因为只收别人的名片,而不拿出自己的名片,是不礼貌的表现。需要注意的是,最好在收到对方的名片之后,再递自己的名片,不要一来一往同时进行。交换名片时一般是地位低者、晚辈或客人先向地位高者、长辈或主人送上名片,然后再由后者予以回赠。若上级或长辈先递上名片,下级或晚辈也不必谦让,礼貌地用双手接过,道声“谢谢”再予以回赠。

第三节 会面礼仪

会面通常是指在较为正式的场合与别人相见,会面礼仪是人们在会面时约定俗成互行的礼节。人们在交往中,起初与他人见面时,常以一定的礼貌动作和姿势来表示对他人的欢迎、尊敬、感谢、友好。正确地、合乎规范地施行见面礼节,有助于交际双方加深印象,增进感情,有利于以后交往的正常开展。

一、问候礼

问候亦称问好、打招呼,是社交场合中不可缺少的一个重要的环节。礼貌而得体的问候,能够增加别人对自己的好感,做起事来也就会事半功倍。在正式会面时,宾主之间的问候在具体的次序上有一定的规则。

1. 问候次序

一个人问候另一个人,通常应是职位、地位较低者先向职位、地位较高者问候。一个人问候多人,既可以笼统地加以问候,也可以逐个加以问候。当一个人逐一问候许多人时,既可以由“尊”而“卑”、由长而幼地依次而进行,也可以由近而远地依次而进行。

2. 问候态度

问候是敬意的一种表现,当问候他人时,要主动、真诚、自然、专注,应当面含笑意,以双目注视对方的两眼,以示专心。尽量用热情简洁地语言表示致意,用谦恭的态度打破双方的陌生感,缩短情感距离,这是人际关系发生和发展的起点。

3. 问候内容

问候他人应以对方的状态为前提,采用的语言也很重要。现实生活中,“您好”、“早上好”、“早安”、“晚安”等已经越来越普遍被使用,这是礼貌问候的发展方向。在国际交往中,要根据各个地区、国家、民族的风俗习惯表达自己的敬意。例如,在伊斯兰教的国家里,人们见面的第一句话就是“真主保佑”,在东南亚信奉佛教的国度里,第一句话是“愿菩萨保佑”等。

二、握手礼

握手礼是在人们日常生活中和社交活动中使用频率最高、适用范围最普遍的一种礼仪,握手礼具有最广泛的社会基础。践行握手礼仪,主要应该掌握相握的方式、伸手顺序和握手的禁忌等。

1. 握手方式

与他人握手时,应当神态专注、认真、友好,目视对方的眼睛,面含笑容并且问候对方。握手时一般均应起身站立的姿势,迎向对方,在距握手对象约一米左右伸出右手,上身略向前倾,握住对方的右手手掌,稍许上下晃动三四次,再松开手恢复原状。握手的时候,用力既不可过轻,也不可过重,若用力过轻有怠慢对方之嫌,不看对象而用力过重,则会使对方难以接受而生反感。一般来讲,在普通场合与别人握手所用的时间以 3 秒钟左右为宜。

2. 伸手顺序

在握手时双方握手的先后顺序,即由谁首先伸出手来是很有讲究的。一般情况是“尊者居前”,即通常应由握手双方之中的身份较高者首先伸出手来,反之则是失礼的。女士同男士握手时,应由女士首先伸手;长辈同晚辈握手时,应由长辈首先伸手;上司同下级握手时,应由上司首先伸手;老师与学生握手,应由老师首先伸手;若家中有来访客时,客人抵达时应由主人首先伸手,以示欢迎之意;客人告辞时,则应由客人首先伸手,以示“再见”之意,表示主人可就此留步。

3. 握手的禁忌

践行握手礼仪,应该掌握的握手禁忌主要包括以下几点:

(1) 不要用左手与人相握。普遍认为,右手为尊,在与人握手的时候,应用右手。尤其在与阿拉伯人、印度人交往时,更忌左手相握,因为他们认为左手是不洁净的。

(2) 不要戴手套和墨镜与人握手。握手前务必要脱下手套,只有女士在社交场合戴着薄纱手套与人握手,才是被允许的。在握手时一定要摘下墨镜,不然就有防人之嫌。

(3) 与初识者或异性不宜用双手相握,只有在熟人之间才用双手相握,用以表达自己的深情厚谊。与初识之人握手,尤其当对方是一位异性时,两手紧握对方的一只手是不妥当的,有可能被误解为失态或讨好。

(4) 握手时不要与他人交叉,让别人握完之后再握。不要用脏手与人相握,在一般情况下,用以与人相握的手理应干干净净,以脏手、病手与人相握,都是失礼的。握手时不可让目光移向别处,握手后不要当着对方的面擦手。

(5) 不要只握对方的手指尖或只递给对方手指尖。握手时要握住整个手掌,不要仅仅握住对方的手指尖,也不要像迫于无奈的样了递给对方手指尖,容易让他人感到漫不经心、敷衍了事或者有意与对方保持距离、傲慢冷淡。

三、鞠躬礼

鞠躬礼是人们在交往中表示对他人恭敬而普遍使用的礼节。在我国、日本、朝鲜及世界上其他国家或地区,见面的主要礼节就是鞠躬,以此来表达对对方的尊重。

(一) 鞠躬礼的类型

行鞠躬礼上身的倾斜角度可以在15°—90°之间。一般来说,角度越大表示越谦恭,对被问候人的尊敬程度越高。根据鞠躬角度的不同,可将鞠躬礼分为两种类型:三鞠躬和一鞠躬。

1. 三鞠躬

三鞠躬,也称最敬礼。行礼之前,应摘下帽子、围巾等饰物,身体立正,手自然垂直放在裤线两侧,目光平视,身体上部向前下弯90度,然后恢复原样,动作有节奏的连续3次重复。

2. 一鞠躬

一鞠躬,适用于一般社交场合。行鞠躬礼时行礼者在距受礼者2米左右进行,身体采取立正姿势,目视受礼者面带微笑,身体上部向前倾斜15度,视线也随之相应下降,随即恢复原态,动作只做一次即可。受礼者应随即行鞠躬礼相还,在一般社交场合长者、贤者、宾客、女士,还礼时可不鞠躬,欠身点头还礼即可。男性行鞠躬礼时双手放在裤线的稍前处,女性则将双手放在身前下端,端庄地搭在一起。戴帽者应用右手握住帽檐中央脱帽,左手下垂,鞠躬行礼。

(二) 鞠躬礼的场合

鞠躬礼的应用范围很广,既适用于庄严肃穆和欢庆喜乐的场合,也适用于一般的社交场合。主要的场合有:演员谢幕,在演出之前或结束时,观众常以热烈的掌声鼓励演职人员,这时演员都要以鞠躬来还礼答谢观众;在颁奖活动中受奖者领取奖状或奖品之后,在场观众常会报以热烈的掌声表示祝贺,此时受奖者应鞠躬表示致意;拜见师长,在与师长见面或再见时,晚辈或学生常常以鞠躬礼表示对师长的敬重;在结婚仪式上,一对新人要三鞠躬向父母、亲朋以及自己的爱人表示不同的情感;在悼念活动中与会者以三鞠躬表示对死者的无限哀思和永别之意,家属也以鞠躬还礼。

四、致意礼

致意礼是人们在社交活动中,不需要做言语表达,但需要用动作表达的一种礼节,是适用于公共场合或比较随便轻松的场合运用的基本礼节。这种礼节常采用行礼者向受礼者点头微笑或挥手微笑等方式,向受礼者表达友好与尊重。

1. 致意礼的时机

在比较随便的场合,例如,在路上行走或在公共场所与熟人相遇,或双方距离稍有些远而又无须驻足谈话,或是在工作场合与同事一天中多次见面等情况,可以行点头礼,即面带微笑向受礼人轻轻点头或举右手打招呼示意。在音乐会、表彰大会等多人聚会中,鼓掌也可作为致敬的一种礼节。在迎送客人需要招手时,一般情况下应举起手掌,轻轻挥动致意。但是,与亲人或重要客人告别时,当被送者渐渐远去又不能同行时,可以挥动帽子、手帕、纱巾等物,既显得情深意切难舍难分,又使礼节鲜明易见。

2. 致意礼的注意事项

一般来说男性应先向女性致意,年轻人应先向年长者致意,下级应首先向上级致意。在行致意礼时,如果男性戴帽子应施脱帽礼,当两人相遇可脱帽点头致意。遇见相识者并擦肩而过不需停留时,点头示意的同时应将帽檐向上轻掀一下以示致意。当然长者或上级也可能主动向晚辈、下级致意以示谦虚随和,这样反而会使受礼者对行礼者更加尊重与接近。在行致意礼时,不可做将手插在衣裤袋中、叼香烟、吃口香糖等不尊重对方的动作。

第四节　称 呼 礼 仪

称呼是人们在日常交往中的彼此之间的称号语。称呼礼仪是在对亲属、朋友、同事或其他有关人员称呼时所使用的一种规范性礼貌语,它能恰当地体现出当事人之间的隶属关系。由于各国、各民族的历史文化不同,风俗习惯各异,因而人们的姓名结构和称呼习惯有许多的不同。

一、姓名称呼

姓名即一个人的姓氏和名字。姓名是使用比较普遍的一种称呼形式。各国人民的姓名有很大的不同,除文字的区别外,在姓名的构成、排列的顺序、名字的意义等方面都不一样。用法大致有以下几种情况。

1. 姓名称呼

即直呼其姓和名,例如:"刘芳芳"、"李立华"等。全姓名称谓有一种庄严感、严肃感,一般用于学校、部队或其他等郑重场合。一般情况,在人们的日常交往中,指名道姓地称呼对方是不礼貌的,甚至是粗鲁的。但是长辈对晚辈可以这么做,晚辈对长辈却不能直呼姓名。

2. 名字称呼

即省去姓氏只呼其名字,例如"芳芳"、"立华"等,这样称呼显得既礼貌又亲切,主要运用场合于家庭成员之间或者关系极为密切的朋友、同学、同事之间。对于一般的异性朋友,不适用只呼其名字。

3. 姓氏加修饰称呼

即在姓之前加一修饰字。例如"老李"、"小刘"、"大陈"等,这种称呼亲切、真挚。一般用于在一起工作、劳动和生活中相互比较熟悉的同事之间。

二、亲属称呼

亲属称呼是对有亲缘关系的人的称呼。自古以来,人们在生活交流中逐渐形成了既定的关系称谓,其中亲属称谓是家属和亲戚之间称呼的名称,靠姻亲或血缘为纽带,从中可以反映出其相互关系。

1. 传统称呼方式

我国在亲属称呼上尤为讲究,传统家庭人口较多,所以在称呼也比较复杂。有些称号在现代已经不用了,这里主要介绍以下几种:对亲属的长辈、平辈决不称呼姓名、字号,而按与自己的关系予以称呼。例如祖父、父亲、母亲、胞兄、胞妹等;称别人的亲属时,加"令"或"尊",称对方的女儿为"令爱"或"令千金""令公子"等;称辈分或年龄高于自己的亲属时,前面加"家",例如"家父""家母""家兄";称辈分或年龄低于自己的亲属,可在其称呼前加"舍"字,如"舍弟"、"舍侄"等。

2. 现代称呼方式

随着社会的进步,人与人的关系发生了巨大变化,原有的亲属、家庭观念也发生了很大的改变。在亲属称呼上已没有那么多讲究,只是书面语言上偶然使用。日常生活中，使用亲属称呼时，一般都是称自己与亲属的关系，十分简洁明了，例如爸爸、妈妈、哥哥、弟弟、姐姐、妹妹等。有姻缘关系的，在当面称呼时为表示亲切，也有了改变。例如称岳父为爸，称岳母为妈，称姻兄为哥哥，称姻妹为妹妹等。不过在书面语言上，文化修养高的人还是比较讲究的，不少仍沿袭传统的称呼方法，显得高雅、礼貌。

三、职务职衔称呼

在工作岗位上，人们彼此的称呼是有特殊规则的，总的要求是严肃、庄重、正式、规范。

1．职务称呼

职务称谓就是用所担任的职务作称呼。在我国，职务的称谓主要有三种形式。

（1）用职务称呼。如“李局长”、“张科长”、“刘经理”、“赵院长”、“李书记”等，也可以在职务之前加姓名，例如“胡锦涛总书记”、“温家宝总理”、“××校长”等等。

（2）用专业技术职务称呼。例如，“李教授”、“张工程师”、“刘医师”，对工程师、总工程师还可称“张工”、“刘总”等。

（3）职业尊称，即用其从事的职业工作当作称谓。例如，称教员为“老师”，称教练员为“指导”等等。还可以在称呼前加姓氏，例如“李老师”、“赵大夫”、“刘会计”，不少行业可以用“师傅”相称。

2．职衔称呼

交往的对象拥有社会上备受尊重的学位的可以用学衔称呼，以增加被称呼者的学术权威性，例如“博士”、“硕士”等。这些职衔性称呼还可以同姓名、姓氏和泛尊称分别组合在一起在正式场合使用，例如：“张博士”、“周特博士”、“工学博士王刚”、“史学硕士李强”等等。

四、交往中称呼应注意的事项

称呼的使用是否规范，是否表现出尊重，是否符合彼此的身份和社会习惯，这是一个十分重要的问题。在社会活动中，人们之间互相接触，称呼问题必然频繁地出现，尤其是一些称呼禁忌的事项一定要引起重视。

1．要分清年龄特点

不能因为对方的年龄比自己大，就将对方称为“叔叔”或“阿姨”，也不能见到男性就管人家叫“师傅”等，因为在社交场合，许多人从心理上不愿意他人把自己看得很“老”，也不愿意给别人当长辈。

2. 避免使用错误称呼

在称呼他人时，要避免将对方的姓名念错，对于把握不准的字，要事先请教，不要凭自己的主观想象，贸然称呼对方。如将“查”、“盖”等这些姓氏望字猜音，发生错误。对于交往对象的年龄、辈分、婚否、职务等情况拿不准时，千万不要想当然地去称呼，而要摸准情况，再选择合适的称呼。

3. 称呼要与时俱进

称呼有一定的历史时代性，有些称呼会随时代的变化而被淘汰，也有些称呼会随时代变化应运而生。因此，称呼一定要合乎时宜，否则会闹出笑话。如现在再称呼领导为“长官”、“大人”，一定会贻笑大方的。

4. 避免使用低级庸俗的称呼

在职场交往的场合中，不要将私下个人之间交往的称呼搬出来。诸如“哥们儿”、“兄弟”、“姐们儿”、“老兄”之类的称呼，是不适宜正式社交场合的。

总之，称谓的选择应根据不同的对象，不同的环境场合，谦恭礼貌的运用。姓名虽然只是人的一个代号，但是代号的背后则代表着一个人的尊严，尊重一个人首先就要尊重他的姓名，重视对他的称呼。礼貌的、友好的称呼，对形成良好的人际关系和社会风气是十分重要的。

第五节　公共场所礼仪

一、公共交通礼仪

交通工具是人们生活中不可缺少的重要组成部分。遵守公共交通礼仪最能体现一个人的知礼程度和个人素养，也是社会精神文明程度的重要体现。

（一）坐飞机

乘坐飞机已经成为现代生活中人们外出时越来越多的选择。但是，必须遵守有关的乘机礼仪，才能体现出文明素质并使旅行畅行愉快。

1. 起飞准备

按飞机起飞时间，应提前一小时到达机场，办理登机手续。旅行以轻装简行为主要的原则，行李的大小要按照机场的有关规定严格遵守（长 100 厘米、宽 60 厘米、高 40 厘米，重量 20 公斤以内），手提的物品也不能太多、太大。要接受机场的安全检查，主动、自觉地配合机场安检人员的工作，不携带易燃易爆等危险物品上机。起飞前系好安全带，配合空乘人员工作，关掉手机。如果有晕机症状，应提前向空乘人员索要晕机药物，避免起飞后给周围的乘客带来不便。

2. 飞机上的注意事项

在飞行中要遵守机舱内的一切规章制度。要坐在自己的位置上，注意保护环境卫生，不要乱动和使用违禁物品，不要大声聊天，以免影响他人休息。飞行途中坐累了，可以将座位倾斜，但是把座位倾斜之前，要先向后坐的乘客打声招呼。用餐时要将坐椅恢复原样，吃东西的时候尽量不要发出声音，最好不要喝酒。要尊重乘务人员，支持他们的工作，服从他们的管理。

3. 离机时的注意事项

待飞机停稳之后，再站起来拿行李，防止摔倒或伤到他人。下飞机的时候不要拥挤着冲出机舱，应该排队按顺序走出去。对乘务员站在机舱门口的送行要给予回应，微笑点头并说“再见”或“谢谢您周到的服务”等等。

（二）乘坐列车

火车是很古老的交通工具，在现代生活中也是普遍的、不可缺少的人们经常乘坐的交通工具。乘坐火车也要遵守一定的规则，才能安全和顺利。

1. 上车时不要拥挤

要排队，按顺序进入车厢。行李以轻便的、可以拉动的为宜。较大的行李要放在行李架上，要顺着行李架放好，不要超出行李架之外。要对号入座，不要占着别人的座位。

2. 乘车时自觉保持车厢的安静

不要大声聊天，以免打扰周围乘客的正常休息。阅读后的杂志或者报纸要整理好，不要随处乱扔。

3. 不要乱扔垃圾

食物的残渣要放在垃圾袋中或放在列车指定的垃圾堆放处，要自觉保持车厢内的卫生。不要在列车上脱鞋子，更不要把脚搁在对面的座位上，因为这样做不但不雅观，还是对其他旅客的不尊重。

4. 主动让座

如果车上旅客很多，身旁有些长途旅行的人没有座位，应该主动让他们轮流坐下休息，这不仅表现本人的修养和道德境界，也会使周围环境温馨和谐。

5. 要注意安全

不携带易燃易爆等危险物品上火车，注意防火防盗。发现可疑物体和可疑人物，要及时与列车长或乘警取得联系，把隐患消灭在萌芽状态。

（三）乘坐公共汽车

公共汽车是最普遍、最常见的交通工具，是人们使用频率最高、涉及人数最多的交通工具。所以乘坐公共汽车的行为规范具有广泛的群众基础。

1. 应排队上车

不要拥挤，不要抢座、占座。乘长途车时看见后面有人奋力追赶，应该提醒司机注意，并让司机尽可能等一等。

2. 要保持车厢肃静

接打手机时应低声细语，尽量缩短通话时间，不要旁若无人的大声说话。车上人多的时候，遇到熟人点头示意就好，不要硬挤过去交谈，更不要远距离大声交谈。

3. 要扶好站稳

站在车厢里要扶好站稳，以免刹车时碰着、踩着别人，万一碰了别人要主动道歉。如果遇到老人小孩及其他需要让座的人，应尽量给予帮助。

4. 注意自身卫生

乘车时尽量不要穿油污的衣服，不带脏的东西，以免弄脏别人。必须带上车的，要招呼别人注意并且放到适当的地方。下雨天乘车在上车前应该把雨伞折拢，雨衣脱下叠好，不要把别人的衣服弄湿。

5. 按次序下车

不要拥挤，快要到站之前，应提前向车门移动。万一遇到车子熄火要帮助推车的时候，如果有能力要主动下车去帮助推车，如果不能推车的应该下车以减少车厢重量。在别人推车的时候还坐在车里是很一种很没有礼貌的行为。

（四）乘坐地铁

从进入地铁车站到买票进站，都有规范的指示牌和秩序，一般不容易发生冲突和不礼貌的现象。所以，每一个坐地铁的人只要遵守秩序就可以了，并不需要你有很高的礼仪标准。需要注意的是：上车的时候要有秩序，不要争先恐后。在车厢里应该主动让出座位给老人和妇女儿童。不要大声讲话谈笑，要注意车门旁边的安全，保持车厢内的清洁和安静。

（五）乘坐轿车和出租车

无论是西方发达国家还是我国正在蓬勃发展的国家，在外事场合、公务场合、社交场合以及日常生活，乘坐轿车已经是日常生活中比较普遍的行为，但是乘坐轿车必须遵循一些基本的礼节。

1. 上车

如果陪同客人同乘一辆轿车，上车前主人应先打开轿车的右侧后门，以手挡住车篷上框,提醒客人防止碰头。待客人坐好后再关车门。特别注意不要夹到客人的手或衣服,然后主人从左侧后门上车。

若同亲友一同乘车,应请女士与长辈先上车,并为之开关车门。倘若女士裙子太短或太紧不宜先上车,应请男士先上。女士上车的方法是:先轻轻坐在座位上,然后再把双腿一同收进车内。

2. 下车

到达目的地时,主人应首先下车,绕过车体为客人打开车门,以手挡住车篷上框,协助客人下车。女士下车的方法是:下车时,要双脚同时着地,不可一先一后。

3. 乘坐轿车的座位安排及礼宾次序

一般认为,车上最尊贵的位置是后排与司机的座位成对角线的座位,简而言之,即右尊左卑,后尊前卑。(如图 4-3 所示, ▇ 代表司机)

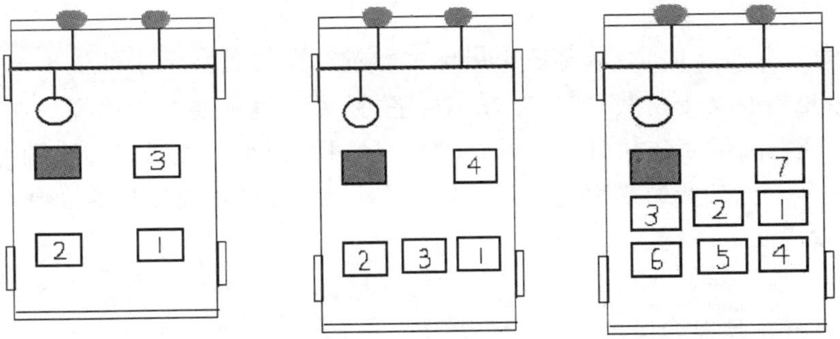

(两排四人座)　(两排五人座)　(三排八人座)

图 4-3　由司机驾驶的座位次序图

如果由主人亲自驾车,在车上的位置应本着前尊后卑,右尊左卑的原则。具体情况(如图 4-4 所示, ▇ 代表主人)

若一人乘车,可坐在后排。若三人乘车,且为同性,可前排坐一位,后排坐两位。若三人中男女皆有,那么可以全部坐在后排。一男二女的话,女士坐在一侧,男士坐另一侧。二男一女的话,请女士居中、男士分坐于两侧。轿车行驶过程中,主人可向客人介绍一下活动的安排,沿途的名胜。如果客人显得有些疲乏,则不宜交谈,可听任他休息一会。不宜在车内吸烟.一般也不听收音机或播放音乐。

4. 与司机的礼仪

在无特殊情况下,不应当催促司机加快车速。在乘车时,尽量不要与司机

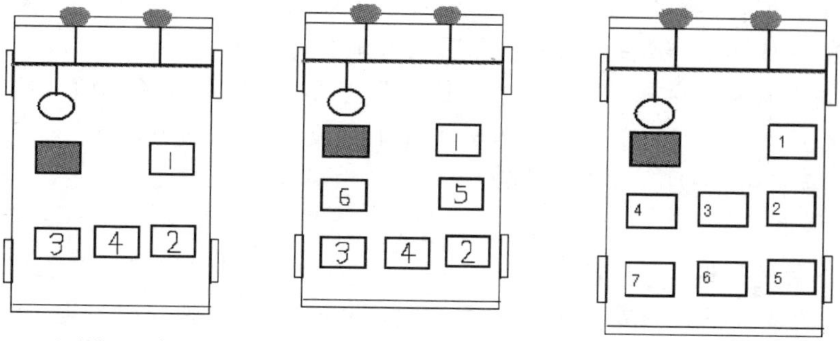

（两排五人座）　　（三排七人座）　　（三排八人座）

图 4-4　由主人驾驶的座位次序图

闲谈，以免分散司机的注意造成交通事故。如有事情需要询问司机时，要有礼貌的询问，不可质问或摇晃司机。

5. 付费

在乘坐计程车时，一般都应由男士付车费。即使是女士主动提出来自己承担，尽量也不要女士付费，如果对方一再坚持，男士也不要过于执拗。在发达国家乘坐计程车，除了支付计程费外，还要支付司机的小费表示对司机的感谢，因此，若乘客支付车费的票额比实际费用略多一些，最好不要取回多余部分，特别是在朋友或女士同行的时候。

（六）骑自行车礼仪

骑自行车是很多居民重要的代步工具。因此，怎样文明乘自行车，便自然成了交通礼仪中的应有之义。

1. 要严格遵守交通规则

不要多人并排骑车，不勾肩搭背。不要在无任何手势示意的情况下突然拐弯，不要撑伞或单手持物骑车，不闯红灯，不互相追逐或曲折竞驶，不在市区骑车带人。

2. 礼让行人

不要在行人背后猛然按铃，在过路口时，自行车要主动礼让行人。有些老年人动作迟缓，骑车人要给予谅解，不要动辄厉声呵斥恶语相加，应该放慢车速，让老人先过马路。

假如不小心撞了他人，要主动道歉。如果对方被撞倒，要赶快下车搀扶。如已致伤应立即陪送就医，必要时还应尽快通知伤者的家属或其工作单位。伤了人不负责任甚至溜走，是极不道德的行为。

二、公共场合遵守礼仪的原则

公共场所是人们共同生活和共同劳动的地方，为了保证人们的正常生活和良好的社会秩序，人们必须了解和掌握公共场所的礼仪规范。

（1）要尊老爱幼尊重他人。在公共场所遇到老人、儿童要主动给他们让座，尽力帮助他们。不大声喧哗，要注意使用礼貌用语。在办公室等公共场所，女士要尽量减少高跟鞋的噪音。

（2）衣服要整洁大方。不要穿掉了纽扣或有污渍的衣服；不要为了引起他人的注意而穿奇装异服；女士在出席正式场合的时候，也不要穿着领口过低的性感服装，会让人觉得不够庄重。

（3）保持身体没有特殊异味。不要洒刺鼻的香水，对方还没走到自己身边就闻到异味，这样会让人觉得俗不可耐甚至反感。例如在公共场合打嗝儿、吧唧嘴或散发脚臭、狐臭等，也不要吃生蒜、生葱、生韭菜等。曾经就有这样的例子，接待员小张是位能干且漂亮的姑娘，可是在一次接待中，客人却拂袖而去。小张感到很奇怪，后来经过多方打听，终于知道了事情的真相。原来中午用餐时小张吃了韭菜，在接待中为了能让客人听得清楚，小张与客人的距离比较近，口气难闻，客人当然受不了，而且也觉得小张很不尊重他们。所以在公共场合中，我们要尽量少食带有刺激性气味的菜肴。

（4）在公共场所中，不要吸烟，不要随意吃零食，更不要胡乱丢弃果皮核，不要随地吐痰或槟榔水。上厕所之后，一定要冲水等。

（5）不在公共场所乱涂乱画，例如，“××到此一游”等字样不仅造成景观的破坏，而且也是一种不文明的表现。在公共场所乱涂乱画不仅不道德，在某些国家也是违法的。例如，1994 年美国青年到新加坡旅游，在公共汽车上涂抹涂料，被判处 4 次鞭刑。

（6）在男女共处的公共场所里，男士要照顾、优待女士，例如上下车、进出房门等，男士要为女士开门，就餐时男士可照顾女士先入座。但女士也一定要自重，不要有轻浮的举动出现。青年男女在公共场所里也不要勾肩搭背，搂搂抱抱，更不要在众目睽睽之下有过于亲密的举动。

案例分析 >>>

某外国公司总经理史密斯先生在得知与某知名公司的合作很顺利时，便决定携带夫人一同前来中方公司进一步的考察和观光。小李陪同公司的张总理到机场迎接，在机场出口见面时，小李对张经理说："这位是某外国公司总经理史密斯先生，这位漂亮的女士是史密斯夫人凯特小姐"。经介绍后张经理热情地与史密斯先生及夫人握手问好。而后小李告诉史密斯："今天晚上七点公司为欢迎您的到来，在您下榻的酒店特意安排了酒会"。

刘工负责公司与该外国公司某个项目的合作，对一些技术问题存在疑问，想利用这个机会请教史密斯先生。酒会上他们终于见面了，刘工彬彬有礼地走上前去，"史密斯先生，您好，我是某公司的高级工程师，我叫刘刚，这是我的名片。"说着，便从随身带的公文包中拿出名片，递给了对方。史密斯先生显然还没有从与他人谈话中反应过来，他顺水接过了刘刚的名片，"你好"，将名片放到旁边的桌子上，刘工在一旁等了一会，并未见史密斯先生有交换名片的意思，便失望地走开……

问题：

（1）在小李介绍过程存在哪些礼仪上的问题？

（2）在交往过程中应如何避免刘工和史密斯先生这种尴尬情况？

本章小结

1. 介绍是人与人之间的沟通、引见并使双方或多方相识的活动方式，是社交活动最常见也是最重要的礼节之一，它是初次见面的双方开始交往的起点。在人们的交往中，介绍和被介绍是经常的事情，因此必须遵循一定的介绍规则。按照介绍方式的不同，介绍分为自我介绍、他人介绍和集体介绍，不同介绍方式有不同的礼仪要求。

2. 名片是人们在社会交往中的一种介绍性媒介物。在现代交往中，名片在人们之间的信息传递中，扮演了一个不可缺少的角色。在交往过程中，必须注意名片的规格、制作名片质材与色彩、名片的文字和名片的版式，并掌握递交名片、接受名片、交换名片等基本礼仪。

3. 会面通常是指在较为正式的场合与别人相见。会面礼仪是人们在会面时约定俗成互行的礼节，主要包括问候礼、握手礼、鞠躬礼、致意礼等。

4. 称呼是人们在日常交往中的彼此之间的称号语。称呼礼仪是在对亲属、朋友、同志或其他有关人员称呼时所使用的一种规范性礼貌语。包括姓名称呼、亲属称呼、职务职衔称呼等。在使用过程中，要重视一些称呼禁忌的事项。

5. 交通工具是人们生活中不可缺少的重要组成部分。遵守公共交通礼仪最能体现一个人的知礼程度和个人素养，也是社会精神文明程度的重要体现。

公共交通礼仪主要包括坐飞机礼仪,乘坐列车、公共汽车、地铁、小轿车和出租车以及骑自行车等礼仪。公共场所是人们共同生活和共同劳动的地方,为了保证人们的正常生活和良好的社会秩序,人们必须了解和掌握公共场所的礼仪规范。

复习思考题

1. 简述介绍时应遵循的基本规则?
2. 介绍的类型有哪些? 介绍时应注意些什么问题?
3. 在日常生活中如何正确使用名片?
4. 社交中如何正确运用问候礼仪?
5. 怎样践行握手礼仪?
6. 根据自己的生活实践,总结称呼的使用方法和技巧?
7. 主人驾车时,主宾的次序应怎样安排?
8. 公共场所遵守礼仪的原则有哪些?

第五章　学校礼仪

本章提要

学校礼仪是学校全体成员调节相互关系的行为准则，是构建和谐校园的基础。本章从学校礼仪概述、教师礼仪、学生礼仪、学生人际交往礼仪等方面论述了学校礼仪的具体内容和操作规范。

本章学习目标

- 了解学校礼仪的基本内涵
- 掌握教师礼仪、学生礼仪、学校人际关系礼仪等
- 掌握学校礼仪并能在实践中灵活应用

第一节　学校礼仪概述

学校不同于一般的公司、企业，更不同于娱乐场所，是一个既严肃又亲切，既庄严又活泼的地方。学校担负着教育人和培养人的神圣使命，在各种礼仪教育中，学校礼仪尤为重要。

一、学校礼仪的含义

学校礼仪是指学校师生员工之间在和睦相处时待人接物的礼貌行为及应有仪表仪态和仪式的总称。

1. 学校礼仪是学校师生员工在交往中的行为规范

学校礼仪是学校全体成员调节相互关系的行为准则,它已成为学校各成员间必须共同遵守的准则。师生员工间相互来往,要讲究礼节,注意礼貌,遵循一定的礼仪规范行为,从而形成师生员工之间良好的人际关系,使学校生活有秩序地、和谐地进行。为了这一目标,要求所有师生员工学礼仪、行礼仪。在美好的礼仪氛围中,学校全体成员和睦相处,成为和谐社会的重要组成部分。

2. 学校礼仪是学校文明校风的显著性标志

学校礼仪是整个学校文明发展程度的反映和标志,同时学校礼仪也反作用于校园文明。校园里讲礼仪的人越多,学校环境就会越和谐。在维护学校秩序方面,礼仪有着校规所起不到的作用。学校礼仪通过评价、劝阻、示范等教育形式来纠正师生员工的不正确行为习惯,倡导人们按礼仪规范的要求去协调人际关系,维护校园正常生活。遵守学校礼仪的人客观上也起着榜样的作用,无声地影响着周围的人。大家互相影响互相促进,形成良好的校风,共同加强校园精神文明建设。

3. 学校礼仪是培养理想人格的本质要求

一个合格的人才需要掌握一定的专业理论知识,具有高超的操作技能,同时还应该有非凡的人格魅力和高尚的道德品质。而礼仪修养则是培养理想人格的必备条件,因为从业者在工作和其他社会活动中,其言谈行为举止反映了他的文化素养和综合素质。每位学生都应该为将来的发展做好准备,都要有一定理想人格的追求,一方面要学习专业知识和专业技能,另一方面应具有良好的道德品质,还要有文明端庄的气质和风度。这就必须认真学习礼仪,在学校的学习和生活中践行礼仪。

二、学校礼仪的特点

学校礼仪在长期的发展过程中受着社会生活的影响和社会文化的熏陶,同时也受着社会历史条件的制约。学校礼仪是社会特有的一种文化现象,具有鲜明的特点。

1. 学校礼仪的共同性

学校是学生学习和成长的重要场所,也是教职员工育人的重要场所。学校师生员工在交往中都需要运用礼仪,体现文明,因此,任何一个学校都必须重视礼仪。礼仪是全人类共同需要的,它早已跨越国家和民族的界限,不分国别、性别、年龄、阶层。学校礼仪是同一学校中全体成员调节相互关系的行为规范,是大家必须共同遵守的行为准则。正因为如此,学校礼仪作为人类文明的一种表现和象征,具有极其明显的共同性。不论学校、地域、民族、国家有多大的区别,都包含丰富的人际交往礼仪、场合礼仪、个人礼仪等内容,讲文明、懂礼貌、相互友好和尊重的礼仪原则已经成为学校教育的重要组成部分,这就是学校礼仪的共同性。

2. 学校礼仪的地域性

学校礼仪虽具有共同性的特点,但是不同地域不同国家,由于其历史文化传统、风俗习惯、语言、文字、地理特征,以及长期历史发展过程中形成的心理素质特征不同,使各国的学校礼仪具有地域性色彩。例如,美国的学校一般没有院墙,是开放式的校园环境,学校的教室布置各有特色,不拘一格,教师上课所采取的分组合作学习是最多的形式。德国大学实行“学术自由”,拒绝“保姆式教育”模式,在课程设置上除少数必修课外,学生完全可以根据专业要求和自己的志趣,安排学习计划和选修课程。日本和韩国的学校礼仪相对比较复杂,上学见到老师要主动行礼问安,就是学弟学妹遇见师兄师姐也要鞠躬问好。我们应该把握学校礼仪地域性特点,熟悉掌握其他国家或地区学校礼仪的程序、方式、方法,并运用和借鉴这些知识开展对外活动,以获得更多机会,促进我国文教事业的发展。

3. 学校礼仪的继承性

学校礼仪规范是将学校各成员交往中的习惯,以准则的形式固定下来并沿袭下去,甚至形成某些学校礼仪的传统性,这就形成了继承性的特点。学校礼仪的继承性是学校在不断发展中逐渐积累形成的,是维护正常学校生活秩序的经验结晶,是文明进步的表现。

学校礼仪继承了社会和学校传统礼仪,这种继承不是全盘接受,而是吸收其积极内容,摒弃消极成分。礼仪的发展不能脱离历史而进行,同样,学校礼仪的发展也具有历史继承性。它根植于传统学校礼仪,在很大程度上受民族传统学校礼仪的影响,任何学校都不能超脱于传统学校礼仪之外。同时它还要继承本校优秀传统校园文化,它是学校在长期礼仪实践中逐渐发展形成,凝聚了学校几代人的心血,并成为学校全体成员引以为豪和值得弘扬的一种文化。

4. 学校礼仪对象的特定性

学校礼仪有其特定的对象,主要是指同学之间、师生之间以及与学校员工间的礼仪。在学校中的学生、教师是一个特殊的群体。教师礼仪具有不同于其他行业的特性,担任教育下一代、传承文明礼仪的重任。学生是社会的未来,需要培养文明礼仪,形成良好的习惯。因此在学校礼仪中更多了一些人文性。教师不仅要以教育、感染、影响学生,还要让学生学有所悟的展示出来。而学生也需要培养自己的人际交往能力,注意增强自己各方面的修养。学校礼仪的主体不单是在校师生的个体,又是学校组织的整体。学校是有组织、有计划、有目的地利用一定设施和规范的场所,进行系统教育和培养人才的机构。因此,全校的师生员工都要遵守学校礼仪。

三、学校礼仪的作用

学校礼仪作为一种应用科学来讲,其内容非常丰富,它所发挥的功能作用也相当广泛。学校礼仪的重要作用可以体现在以下三个方面。

1. 学校礼仪有助于塑造学生的文明形象

要使学生健康成长和全面发展,礼仪教育是不可缺少的内容。然而,现在相当一部分学校在礼仪教育方面还十分欠缺。一些学生对师长出言不逊,对同学态度粗暴,行为野蛮无理,处处盛气凌人,毫无礼仪修养,这不能不引起我们每一个教育工作者的关注。而学校礼仪则培养学生讲究礼貌,注意个人的仪表,衣着打扮方面得体整洁,朝气蓬勃、积极向上,或活泼,或典雅秀气、朴素大方,塑造一个知书识礼的良好形象,会使学校这块教育圣地显得更加神圣。一个人的礼貌是照出他的肖像的镜子,学生在日常生活中注意学习礼仪,应用礼仪,使自己举止得体、表现不俗、温文尔雅,自然会塑造出自己的美好形象。

2. 学校礼仪有助于提高学生自身综合素质

一个人日常生活中的一言一行、一举一动都会被他人与他的个人素质联系起来。如果在社会生活中表现得中规中矩,往往会获得积极肯定的评价。所以学校不仅要学习科学知识,还要培养道德素质讲究文明,这就必须学习礼仪,将其用之于生活、用之于社会,塑造完美的自我。因此,加强礼仪教育,不仅能有效地加强学校管理工作,促进学校德育工作的升华,而且更重要的是能够继承和发扬优良传统文化,培养学生具有理解、宽容、谦让、诚实的待人态度和庄重大方、热情友好、谈吐文明、讲究卫生的举止行为,成为德智体美全面发展的人。

3. 学校礼仪是建设和谐校园的基础

和谐校园是和谐社会的重要组成部分,而构建和谐校园的基础是和谐的人际关系。学校礼仪是学校师生员工交往过程中的润滑剂、调节器,是协调交际关系的纽带和桥梁。在同学或师生之间发生了不快、误会或摩擦时,通过一句礼貌用语、一种礼貌行为,便会化干戈为玉帛,重新获得彼此的理解和尊重。通过学校礼仪教育能使师生互相尊重谦让,完善自己,教育他人,形成和谐的校园人际关系,创建有利于学生成长、教师发展的环境和氛围,实现人的全面发展和学校的和谐发展。

四、学校礼仪的原则

学校礼仪的原则是学校内部处理人际关系的出发点和指导原则。

1. 规范原则

学校礼仪是学校成员在长期交往活动中,逐步形成的用来协调学校成员相互交往关系的行为准则,因而规范原则是学校礼仪的基本原则。学校礼仪的规范性,主要表现在对本校成员的行为有一定标准要求,也有一定的制约性。但是对违反了学校礼仪规范的学校成员,不能用强制性的方法让他执行,特别是中小学学生属于未成年人,说服教育是基础。此外,学校对规范所开展的宣传教育的广泛、深入的程度,学校成员对规范接受的状况,以及校园风尚、校园舆论等,都是影响规范是否能够被遵守的重要因素。

2. 尊重原则

在教师、学生和员工之间的人际交往活动中必须尊重对方的人格尊严,尊重是学校礼仪的情感基础。人与人之间只有彼此互相尊重,才能保持和谐愉快的人际关系。真诚和尊重是相辅相成的,只有真诚待人才是尊重他人,只有真诚尊重,方能创造和谐愉快的人际关系。真诚是对人对事的一种实事求是的态度,是真心实意待人的友善表现。真诚和尊重,首先表现为对人不说谎、不虚伪、不骗人、不侮辱人。其次表现为对于他人的正确认识,相信他人、尊重他人。

3. 平等原则

平等是建立良好人际关系的必要条件。在学校礼仪面前学校成员人人平等,不论职务高低,不论家资贫富,人格总是平等的,应当一视同仁平等交往。讲究学校礼仪,就不能嫌贫爱富。在礼仪上,只有辈分、长幼、主宾的不同,而无贫富之别。讲究学校礼仪,也不能以权取人,不要对学校领导阿谀逢迎、献媚取宠,对学生趾高气扬、不屑一顾。孔子早就告诫人们要“上交不谄,下交不渎”。否则,就成了“势利眼”、“巴结脸”,被人所不齿。

4. 适度原则

要获得校园社交的成功,必须讲究礼仪,明晰交往中的基本礼貌、礼节等。把握其中的技巧和艺术,以增进交际双方的友谊,交流思想,加深感情,特别是要把握与特定环境相适应的人们彼此间的感情尺度。在校园社交中,无论是见面时的称呼、介绍,还是相互间的交谈等,都要遵循一定的礼节,恰到好处地营造出交际中友好、亲切、和谐的气氛。要做到不失礼,必须顾及各种技巧、表现方式与表现手段。

第二节　教师礼仪

教师应为人之楷模，教师所显示的自身的礼仪修养是一种“隐性礼仪修养”，通过耳濡目染，潜移默化，使学生产生一种学习和模仿老师的意向。因此，教师礼仪具有示范性。

一、教师礼仪的具体要求

对教师的礼仪要求应该是两方面的。一是内在的素质要求；二是外在的仪表要求。相比之下，内在的素质要求更高。

（一）教师的内在素质

对教师的内在素质要求主要包括以下几个方面：

1. 要有正确的政治立场

价值观对于人的思想行为起着统领和主导作用，价值观不同必然导致思想认识和行为方式的差别。学生正处于生理心理趋向成熟，不断接受新的知识，由被动的受外在世界观、价值观影响逐渐形成个性的关键时期。因此，教师必须有正确的政治立场，才能教育和引导学生形成科学的价值观。首先，表现为热情投入的情绪，这种情绪具有强劲的带动力，它洋溢于表、闪亮于言、展现于行，能够使人始终保持旺盛的工作热情，百倍投入工作之中，也能够影响和带动周围更多的人去创造、去奉献。其次，表现为积极向上的态度。在日常工作和生活中，遇事要平心静气，不心烦气躁，更不轻易动怒；要克服偏激狭隘、斤斤计较的不良心态，涵养豁达大度、从善如流的宽阔胸怀；要淡泊低调，工作有了成绩不争功，出了问题不诿过，受了委屈不自卑。始终保持一种昂扬向上、埋头苦干、默默奉献的满腔热忱。最后，表现为高尚珍贵的精神。人生道路不管是顺境还是逆境，都要拥有永不言弃的信念和热忱。

2. 专精的业务素质

“教师有一桶水，才能给学生一碗水。”教师精通本专业的基本知识和基本技能是提高教学质量的前提条件。教师只有具备厚实的知识功底，才能在教学中游刃有余；教师对专业知识不仅要知其然，而且要知其所以然。首先要精通所教学科的知识，对自己所教学科的全部内容有深入的了解。一个教师要是死啃教材，不注重补充鲜活的血液，连自己也变得陈旧了。作为教师始终要有知识的紧迫感，无论教材怎么编，无论课程怎么变，你必须是一个知识的拥有者，这样你才无愧于自己，无愧于学生。其次，教师还必须跟上社会、科技的发展，了解相关的新技术、新知识，跟踪本专业在当今社会国内外的最新发展，及时调整教学内容，力求把最新的理论和知识渗透到教学中，使教学内容富有新意，激发学生的求知欲和创造力。最后，学习是教师发展进步的第一要务。教师终身学习是时代的要求，也是教师自身发展的需要。随着课堂教学改革的深入，教师要熟悉和掌握的东西越来越多。如果不加强学习，不主动地去掌握新的知识技能，就无法胜任本职工作。教师拥有“一桶水”已远远不够了，教师应该是“一条奔腾不息的河流”！所以，教师要学为人先，与时俱进，生命不息，学习不止，做适应时代要求的学习型教师。

3. 要具备广博的文化知识

教师的基本职能和任务，就是教书育人。教师的知识和能力，是教师素质的重要方面，即才为礼之内核。具体说来，教师的才表现为丰富的知识内容和合理的知识结构，较高的教学水平和科研能力，并且在本专业领域内有一定的理论造诣。只有这样，教师的礼仪才会表现出一种理性的完美，而不仅仅是外在的虚饰。因此，教师要想体现出良好的礼仪修养、礼仪风度、礼仪举止，就必须不断充实自己、完善自己，丰富知识，培养能力，提高业务素质，增长业务才干，使礼仪表现出一种内涵丰富的美。

4. 要具备高尚的道德情操

教师本人是学校里最重要的师表，是直观的最有教益的模范，是学生活生生的榜样。教师的师德素养是教师素质的核心、灵魂。因此，教师作为育人的主体，首先要具有完善的人格，要在思想境界、道德情操上堪为师表，以良好的师德风范去影响学生。以人格影响人格，以素质造就素质。正如孔子所说：“其身正，不令而行；其身不正，虽令不从。”教师的师德素养对学生有着潜移默化的熏陶感染的教化作用，高尚的思想情操和美德，不仅是人民教师应有的品格，而且作为“人师”、“表率”，它本身就是一种教育、感染、激励学生奋发向上、锐意进取的力量和手段。从某种意义上讲，教师的道德和智慧，比他的学问更有价值。教师的礼仪应基于对交往对象的相互尊重、以诚相待、表里如一，应以高尚的道德修养为内在理念，应有忠诚于教师事业，学而不厌、诲人不倦、热爱学生、甘为人梯的乐业敬业精神。

5. 要爱护学生诲人不倦

教师的工作对象是学生，目的是要把学生培养成为国家的有用之材。因此，教师对教育工作的热爱，就是对学生的热爱。爱护学生，要做到对学生循循善诱，诲人不倦。教师应善于向学生揭示疑点，启发他们积极思考，鼓励他们具有创新精神。

（二）教师的外在仪表

教师仪表是教师整个风范的重要组成部分。教师是人类灵魂的工程师，承担着教书育人、为人师表的光荣职责。教师的音容笑貌，举止文明端庄、作风正派、知识渊博、风度儒雅、衣着发式，都无形中成为学生和社会上学习的楷模。教师仪表的好坏，对于学生审美观的形成起着重要的示范作用。因此，教师的仪表对学生的成长有着重要的作用。

1．职业美

教师的职业要求衣着、发式要整洁、端庄和大方。所谓整洁，即整齐和清洁。教师的衣服不论其质量好差，新旧如何，都要做到端庄、妥帖、干净，每粒扣子都应扣好，不要披衣散扣。这样，即使衣着朴素、款式陈旧、质料一般，但仍会给人以清新、高雅之感，会使学生感到尊敬可亲，无形中成为学生学习的榜样。如果衣冠不整，甚至穿着短裤和背心、拖鞋去上课，就会给学生留下不修边幅、修养素质差的印象。所谓端庄大方，就是服饰、发式方面不要过分追求时尚美。一般说来，教师的服装式样宜庄重、明快和自然。衣服色彩不宜太鲜明太刺眼，应以素雅、含蓄为好。如果教师经常打扮得油头粉面、花枝招展，不仅不端庄还会分散学生学习上的注意力，并有可能成为一部分学生议论的话题，这样会影响教学的效果和自己威信，所以是不可取的。

2．风度美

风度美表现为气质、举止，稳重、姿态落落大方。所谓风度，是指一个人的精神气质、举止行为以及姿态等方面的外在表现，即美好的举止、姿态。教师的举止姿态，应是稳重、端庄。稳重即言语、举动沉着而有分寸；端庄即举止、神情端正庄重、落落大方，即人的行为潇洒自然不拘谨，又不矫揉造作。例如，要求学生遵守课堂纪律自己就不能迟到、早退。讲课时不能抽烟，也不能打开手机接听电话。又如在公众场合，要十分注意自己的谈吐和动作，不能一面讲话一面抠鼻子，不能随地吐痰和乱扔烟蒂，否则，就会影响自己的教师形象。

总之，教师在任何场合都应自觉地保持良好的仪表，这样才能得到学生的好感与社会的敬重。

二、课堂教学礼仪

教师在课堂教学中要注意礼仪，礼仪的恰当运用就可折射出教师的内在气质和风度。对于激发学生的求知欲，启迪学生智慧，都具有非凡的意义。

1. 流畅精炼的语言

语言表达是教师劳动的特殊工具,教师要靠语言把书本知识、科学信息和教学要求传达给学生。流畅精炼的语言,可以增强学生学习的兴趣,启迪学生的智慧。因此,作为一名教师,要注意表达语言时应遵守的礼仪礼节。① 表达要准确,学校中设置的每一门课程都是一门科学,有其严谨性、科学性,老师在教授时应严格遵循学科的要求,必须准确。② 语言要精练,讲课要抓中心,不说废话和多余的话,给学生干净利索的感觉。也可以适时插入一些风趣、幽默的话,以活跃课堂气氛,提高学生学习的兴趣。③ 音量要适当,讲课不是喊口号,声音不宜过大,否则,会给学生以声嘶力竭之感。如果声音太低又很难听清,也会影响教学效果。教师在提问时,要采用启发的方式,使学生积极思维,开发智力;对学生正确的回答,应及时给予肯定;当学生回答不出问题时,应让其坐下来进一步思考,切忌用讽刺挖苦的语言去伤害学生的自尊心,以致挫伤学生的学习积极性。

2. 工整简洁的板书

简洁工整的板书是教学内容的概括化、图表化,是课堂教学的有机组成部分。它包括书写、绘画等,既有直观性又具形象性,以诉诸学生的视觉,从而传递信息,配合语言、态势等完成教学任务。好的板书展现出教师的教学思路,凝聚着教材的精华。语言概括而精炼,具有内容美的板书,要服从教学内容的需要,服从教学目的和要求;要因义制宜,形式新颖;要图文并茂,脉络清晰。美的板书,可以使说话变得明确、简洁;可以弥补语音的不准,避免发生歧义;可以突出重点,加深印象;可以引起注意,激发兴趣;甚至可以活跃课堂气氛,强化教学效果。工整简洁的板书应充分表现规范悦目的整洁美,引人入胜的曲折美,层次井然的条理美和组合巧妙的图案美等。

3. 丰富的教学内容

教学内容体现着教师对教材的把握。教师应该通过深入分析教材内容和研究学生的实际认知水平,对教材所呈现的教学内容进行重新组织和整合。准确把握教学内容的深度和广度。课程内容应为学生的终身学习、将来参与社会生活奠定必要的基础,使其具备发展的能力。同时,教师应注重课程内容的基础性,严格筛选课程的核心内容,舍弃旧教材中某些偏难的内容。教师在教学过程中不要一味地追求知识点全精细,而是要准确把握教学内容的深度和广度,明确哪些知识点必须讲,哪些知识点不必讲,哪些知识点要多讲,哪些知识点该少讲,在有限的课时中,确保完成学生必须掌握的教学内容。在此基础上,再谈课外内容的援引,处理好“教与不教、教多教少”的问题。此外,要增强教学内容与时代发展、社会与技术进步、学生生活经验等的联系，拓展学生的视野。教师应深刻体会所讲授课程与自然、社会、科学技术的相互关系并体现在教学中。

4. 现代化教学手段

由于我们处在一个知识膨胀和信息爆炸的时代，传统的教育手段发生了革命性的变化，以信息技术为核心的现代教育技术对教育教学改革产生重大影响。现代教育技术在教学中的运用成为教育教学方式的一次重大变革，它为教育信息化的实现提供技术平台，使教育思想、教育观念转变落到实处。现代教育技术可以综合调动各种教育要素，极大的突破时空的限制，不仅提高了教师的劳动效率，还引发了一系列新型的教育模式。如：远程教育、交互式教学等等。所以，不积极主动地学习新技术和吸取大量新的信息，就将成为新的“文盲”，逐渐失去与未来教育“接轨”的机会。

三、课外师生交谈礼仪

无论出于什么原因，当教师决定找学生谈话时，都应该注意必要的礼仪，做到举止恰当、语言妥帖。具体地说，要注意以下几点。

（1）教师找学生谈话要选择合适的地点。

如果找学生谈话是为了商计教学或工作方面的问题，可以在办公室进行，有其他人在场也无妨碍。但如果是对学生进行批评、教育，或向其了解不宜公开的事情，则应选择没有其他人在场的地点进行交谈，以便尽量不使学生感到为难。大学生都有比较强的自尊心，采用这种说“悄悄话”的方式进行交谈，便于学生更易于接受意见，也更能畅所欲言。

（2）教师找学生谈话要做到平等相待。

当学生应召来到时，教师要热情招呼，谈话前先请学生坐下，谈话后教师也应送学生离去。特别是对那些犯有“越轨行为”的学生，更要做到平等相待，这是做好学生引导工作的重要保证。经验证明，用严厉训斥、厌烦、嘲讽的方式对待越轨者，只能扩大教育者与被教育者之间的感情距离，形成人为的心理鸿沟。只有以浓厚的情感和平等的态度给越轨的大学生以人格上的尊重，才能消除彼此间的心理隔阂，使越轨者消除抵触情绪和逆反心理，收到较好的教育效果。

（3）教师找学生谈话前一定要有充分准备。

教师找学生谈话，对谈话内容、方法及效果都要有充分准备，特别是有批评学生的内容，谈话前一定要认真地调查研究。在谈话过程中，更应仔细、虚心地听取学生的意见。即使意见是与教师的想法是相反的或错误的,也应该让学生把话说完。对问题的处理一定要客观和公正,教师的言谈要真诚和恳切。如果一次谈得不理想,还可以耐心地再约第二次或第三次,直到双方思想沟通和问题解决为止。

四、构建和谐的师生关系

师生关系是学校的基本矛盾之一,"师"是这个矛盾的主要方面。所以,健康师生关系的形成,离不开教师的努力,教师应该放下架子亲近学生,主动调整师生关系,形成互助互爱的师生关系。

1. 平等相待,尊重学生

培养和尊重学生的自尊心是教师重要的道德要求,也是教师和学生相处与交往的礼仪要求。教师要尊重学生,尊重学生的自尊心,尊重学生的人格,尊重学生的个性,建立起民主、平等、无私的师生关系,教师应当把学生看作是与自己地位完全平等的人。把学生当成是有思想、有情感、有意志,不容别人忽视自我的人加以尊重,要像对朋友一样加以理解和爱护。这是社会主义、人道主义伦理道德原则在教师职业活动中的体现。

教师要平等地对待每一个学生。对不同相貌、不同性别、不同民族、不同智力、不同个性、不同关系的学生要一视同仁,不偏心、不偏爱、不偏袒、不歧视。要尊重学生人格、人身不受侵犯的权利,无论在什么情况下,都不能用刻薄、粗俗的语言讽刺、挖苦、嘲笑和鄙视学生,尤其是体罚和变相体罚学生。教师与学生要建立起一种平等民主与友谊合作的关系,要经常与学生平等交换意见,采纳他们合理的意见、建议和要求。真正融洽的师生关系应该是教师尊重学生,学生尊重教师,教师善于教,学生乐于学,教学相长各得其所的一种和谐的关系。

2. 倾注爱心,关爱学生

倾注爱心,关爱学生,是建立良好师生关系的直接因素,是师生产生感情的基础。热爱学生是教师处理与学生之间关系的准则。热爱学生、诲人不倦是教师职业道德的核心。作为一名人民教师,必须把热爱事业、热爱未来的强烈感情,全身心地倾注到自己的教育对象——学生身上。以深情地爱、无私地爱教育、引导学生学会学习、学会生活、学会做人。

关爱学生,必须是爱与严相结合。爱与严相辅相成,都是教育的条件、手段和功力。爱,不是出于个人的狭隘感情或"自然好恶",而是出于教师对祖国和民族未来的热爱,对教育事业的热爱,出于一种高尚的道德感,责任感。严,也不是随心所欲，而是严中有爱，严中有理，严中有方，严中有度。只有把爱与严相结合才能建立和谐的师生关系。

3．公正地对待学生，公平地评价学生

教师尊重学生，重要的是，要公平合理地评价学生。如何对学生的知识、能力、品质和长进程度给予恰当评价，这是一个极为复杂的问题。根据教育职业的特点，“教育公正”不仅仅限于在“分数”面前“一律平等”的“外表公正”，而是更注重以追求最大限度地全面提高学生素质和创新能力为根本目标的“实质公正”，评价学生既要看学习分数高低，更应看道德品质、协调组织等多方面的能力。恰当地处理好“外表公正”与“实质公正”的相互关系，是一个需要教师不断探索和实践的重要课题。

第三节　学生礼仪

学生是学校工作的主体，因此，学生应具有的礼仪常识是学校教育特别是学校礼仪教育重要的组成部分。

一、课堂礼仪

课堂是教师授课的主要场所，也是集中展示教师风采的重要阵地，所以教师在课堂的言行举止对学生的影响甚为深刻。课堂教学又是教师和学生双方的互动过程，学生的体态言行对老师讲课也有影响。因此，教师和学生在课堂中都要讲礼仪，良好的课堂礼仪对课堂教学有着重要的作用。

（一）学生上课前礼仪

1．提前预习课程内容

“凡事预则立，不预则废”，这句话强调不管做什么事情，要事先有充分的准备，学生要有课前预习的习惯。预习，顾名思义就是学生在课前的自学，学生在课前通过收集资料提前了解所要学的知识。良好习惯是提高学生自学能力的最重要、最有效的途径之一。现代社会是一个学习型社会，未来的文盲不再是不识字的人，而不是不会学习的人。

2．做好课前的准备

学生应在课前五分钟进入教室，把本堂课的教材、笔记本放在桌面上，作好上课的准备，端坐恭候老师到来。教室里的肃静气氛，既能集中同学们上课前的注意力，也能为老师取得良好的教学效果创造一个良好的开端环境。每位同学作好上课准备，这是一种应有的礼貌，既是尊重老师，也是尊重集体的表现。

如果预备铃已响，学生还是跑进跑出，教室里秩序杂乱，必然会影响同学听课的心情，也会影响老师的情绪，从而影响教学的效果。

3. 课前的特殊情况

学生如果遇到特殊情况，在老师开始上课后才进入教室，要特别注意举止文明和礼貌。应该站在教室门口先喊“报告”或轻轻敲门，经老师允许后才能进入教室。要向老师说明迟到的原因，说话态度要诚实。如果课堂上不便提出，也可课后主动给老师说清楚。得到老师的谅解和批准后，方可回到座位。回到座位时速度要快，脚步要轻，动作幅度要小。在放置书包与拿课本时，尽量不要发出声响。更不能为了掩饰自己的窘况，反而故意做出惹人发笑的举止。坐下之后应迅速取出课本和笔记，集中精力静听老师讲课。总之，迟到的学生要把由于自己迟到而对课堂秩序造成的影响减小到最低的程度。

如果教师在上课铃已响过后，才进入课堂上课时，不要大惊小怪，仍然起立向老师致礼、问好。当老师就迟到的原因做出解释并表示歉意时，应表现出谅解和宽容的态度。这样会使教师感到温暖亲切，从而融洽师生关系。

（二）学生课堂礼仪

1. 遵守课堂纪律

遵守课堂纪律是学生课堂礼仪中最基本的内容。上课的铃声一响，学生应端坐在教室里，恭候老师上课。在课堂上要认真听讲，不要交头接耳，私下讨论。如果有手机应当关机，上课时不能随便出入教室，更不能接听电话。当老师提问时应该先举手，待老师点到你的名字时才可站起来回答。发言时身体要立正，态度要落落大方，声音要清晰响亮，并且应当使用普通话。听到下课铃响时，若老师还未宣布下课，学生应当安心听讲。不要忙着收拾书本，或把桌子弄得乒乓作响，这是对老师的不尊重。下课时待老师离开教室后，学生方可离开。

2. 认真听课和思考

课堂教学是学生增长知识的最基本途径，是通过传授与接受实现的。养成认真听课、积极思考的习惯，是课堂教学取得实效的保障。课堂利用率的高低直接关系到学生学习的效果，集中注意力认真听讲是学生在课上接受信息、吸取知识的最根本保证。听课时积极思考，要一边听一边想并适当做些笔记，不懂多问，积极参与课堂讨论。培养独立思考好习惯，对于学习乃至一生的发展都有着至关重要的作用。课堂上学生应认真思考、沉着冷静，而不能形成一种人云亦云的惰性心理。在独立思考、认真倾听和相互补充、共同评价中，将自己的想法与别人的想法进行对比，学会发现优点、弥补缺点。

3. 积极回答老师提问

教师提问是一种正当和必要的教学手段，学生应正确、有礼貌地对待教师的提问。当老师提问或学生有疑问要回答时，首先要举手，经老师允许后起立发言，不应边举手边回答，更不可坐在位子上七嘴八舌，或是在人家回答时插话。起立时要站直，表情大方，说话声音要响亮、清晰。不要搔首弄姿或故意做出滑稽的举止引人发笑。对老师的问题答不出来，又偏偏被点名回答，这时也应站起来，用抱歉的语调向老师实事求是地表明这个问题自己回答不出来。在别人回答问题时，不应随便插嘴，别人答错了也不应讥讽嘲笑。

二、宿舍礼仪

宿舍是同学们生活的主要场所，是同学们共同的"家"。对于住校的学生来说，宿舍是他们主要生活环境之一，它的面貌能反映出这些学生是否有良好的生活方式和思想修养。因此，在这个公共之家，学生也应注意自己的言行，遵守宿舍礼仪。

1. 遵守宿舍作息制度

同学同住一室，生活习惯、性格、爱好、兴趣等都有很大差异。为了维护宿舍的秩序，保证同学们正常的生活和休息，宿舍制定了作息制度，规定了起床、就寝、用餐、熄灯的时间。宿舍里的各项活动都应按规定进行，早晨要按时起床，晚上要按时就寝，上下床时动作要轻，不要随意晃动。平时听收音机和录音机时，要尽量把音量调低，或戴上耳塞收听，以免影响他人的休息或自修。此外，遵守学校有关宿舍的各项规定。进出宿舍门口不要拥挤，不要随便把外人带进宿舍，不随意留宿外人。

2. 爱护公共财物

要爱护宿舍里的一切公共设施和公物。要注意节约用电用水，不损坏集体宿舍里的各种设施。如果无意中损坏了，应主动报告并自觉赔偿。宿舍内外墙壁严禁乱写乱画，严禁张贴，要保持干净。

3. 注意公共卫生和安全

要注意维护公共卫生，保持宿舍内外的整洁，要每天打扫宿舍，定期擦洗地板、桌子、柜橱和门窗；不要在宿舍外乱扔瓜果、纸屑、乱倒饭菜；被褥要折叠整齐美观，床上用品要保持干净、整洁；衣服、鞋帽、热水瓶等摆放要统一整齐；换下的脏衣服要及时洗干净晾干，未洗前不要乱丢，使同学和自己有一个干净舒适的生活环境。此外，严禁私拉电线、私接电源和使用超功率电灯、电熨斗、电炉等电器，以免发生安全事故。

4. 同学之间谦恭有礼

在宿舍集体生活中,同学们由于远离父母,生活经验不充足,必然会遇到种种困难。同学之间在生活中要相互关心谦恭有礼,起床相见主动问好,晚上睡觉互道晚安;同学病了,主动关心和照顾;使用公共设施时,要先人后己礼让三分。这样就能使同学感到集体的温馨。在集体生活中,不要过分热衷于别人的私事,要做到不随便移动和翻看其他同学的东西,不随便动用别人的茶具、毛巾等物,不打探和背后议论同学的隐私。

三、学校活动礼仪

除了在课堂上对学生进行德、智、体、美、劳的教育外,学校还经常开展各种各样的活动来强化教育效果。在各种各样的学校活动中必须要有一定的仪式、仪节,要求学生既要懂得有关的仪式知识,又要遵守前面所讲的礼仪。

(一)参加学术报告会礼仪

1. 遵守集会纪律

参加集会每个学生都要有较强的时间观念,应提前几分钟到达集会地点,以保证集会准时开始。不能拖拖拉拉、延误集会的时间和影响集会的气氛。入场时不要勾肩搭背、大声谈笑、东张西望或寻人打招呼。必要时要在最短的时间内整好队列,并以较快的速度进入会场,入场后要在指定地点入座。如果事先没有指定座位,也要听从会议组织者的安排,迅速就座秩序井然。不要挤占位置好的座位,不要坐其他班级的座位,更不要坐贵宾席或老师席。集会结束后,应让贵宾及教师先离开会场,然后学生按次序退场,切忌一哄而散。

2. 尊重报告人

报告人未入场前,与会学生应端正恭候报告人。当报告人出现在主席台上时,全场应立即安静下来,并报以热烈的掌声,这是一种基本的礼貌。这种礼貌是对报告人的尊重和鼓励,报告人也会因此把报告做得更好。报告人作报告时,学生都要端坐在座位上,不要交头接耳、窃窃私语,不要看报刊、吃零食、东张西望、左顾右盼,否则会影响报告人的情绪,也会干扰其他同学听报告。在一般情况下学生不要随意离开会场,如有特殊原因离开会场,也须悄悄出场,以减少对报告人和听众的干扰。

如果对报告中的某些观点不同意,或对于报告的引例和数据不够准确而持不同看法时,应采取正确而礼貌的方式处理,可以向报告人递条子的办法指出报告中某些欠妥之处,或者会议结束后,向会议组织者提出意见。不得当场在下面议论、喊叫或当面责问,这都是不礼貌的行为。

3. 自由发言要注意礼貌

集会是有组织、有领导的，如果要发言应该先举手，得到主持人的同意后方可发言。在别的同学发言时应认真听，不要做出无所谓或不耐烦的样子，不要随便插话，更不能强行打断别人的讲话。假如不同意发言人的观点，在他没有讲完之前，既不要立即反驳，也不要和周围的同学议论扰乱会场纪律，更不能公然露出鄙夷的神色或拂袖而去。发言不管是阐述自己的看法，还是反驳别人的论点，都应注意观点明确论据充分，以理服人。对不同的意见不要乱扣帽子、乱打棍子，切忌出言不逊、恶语伤人。别人批评自己的观点或对自己的观点提出不同看法时，应该虚心听取，要让别人把话说完，不要急躁，不要说出有损别人人格的话，而应互相切磋。

（二）开学典礼的礼仪

每个新学年开学之际，学校一般都要进行开学典礼。开学典礼是宣布新学期开始的仪式。通常要介绍学校基本情况，布置学校新学年的工作，动员全校师生员工为完成新学年的任务而奋斗。为保证开学典礼有序进行要事先做好以下准备工作：

1. 及时递送请柬

如果开学典礼需要请来宾或有关人士参加，学校要在举行开学或毕业典礼前一周左右，将请柬送到所邀请的学校领导和有关部门负责人或代表手中。如果邀请来宾发言，应把发言内容和具体要求提前通知发言者。

2. 精心布置会场

学校要安排专人负责布置会场，主要来宾的姓名标志应放在桌面上，学校大礼堂或露天会场要打扫干净，会标挂在会场主席台前，会场上还可插彩旗。此外，会场内外可张贴一些标语，烘托典礼气氛。在主席台上安排若干座位，座位前面放置会议桌，用桌布围好。同时，在主席台前摆放一些鲜花。

3. 缜密安排会议程序

典礼筹备组织要安排好典礼程序以及大会发言顺序，准备好音响设备、音乐唱片或录音带以及饮料等。同时，要做好大会后勤服务工作。典礼筹备组要组织接待人员，安排好迎送来宾。接待人员中的礼仪小姐可以披礼仪彩带，在会场门口接待来宾为来宾引路、倒茶等。一切与开学或典礼有关的准备工作应按时就绪。

（三）升降国旗仪式

国旗是一个国家的象征，是神圣而庄严的，升降国旗是对学生爱国主义教育的一种方式。无论中小学还是大学，都要定期举行升国旗的仪式。升降国旗，应该在一种严肃、庄重的气氛和场合中进行。

1. 升旗仪式

常规升旗一般在每周星期一早晨举行，若遇到重大集会时，一般在会议开始时举行升旗仪式。举行升旗仪式时，全校师生应在集合地点列队整齐排列，面向国旗肃立致敬。当主持人宣布“升旗”时，在场的全体师生要庄严肃立。升旗奏国歌时，全体同学要立正，脱帽，行注目礼，直至升旗完毕。

唱国歌时要严肃、准确，声音洪亮。当五星红旗冉冉升起时，象征着我们祖国蒸蒸日上，欣欣向荣。所以，在场的人应该仰视，让以天下为己任的使命感在心头油然而生。行注目礼时一定要注意自己的眼神，眼睛要始终望着国旗，目光随着国旗冉冉升起。若有特殊原因未按时到达指定地点，在国歌声响时要原地肃立。

如果在校外遇到升降国旗和奏国歌时，应立即停止行走，立即肃立行注目礼，待升旗完毕再继续行走。

2. 降旗仪式

降旗一般在傍晚离校前进行，不再举行仪式，由旗手和护旗员直接降旗。降旗时态度要认真恭敬、庄严肃穆，将国旗仔细卷好，放到珍藏国旗的地方。不可将国旗弄脏弄皱，因为对国旗的态度代表着对祖国的情感。

第四节　学校人际关系礼仪

人际交往问题是学生最为常见的社会问题，学校内的人际关系主要包括师生关系、同学关系以及恋爱关系。不同的关系在相处的过程也需要不同的礼仪。

一、师生之间人际关系

师生之间，要做到互相尊重、互相信任、互相理解、互相关心与爱护，不仅要求教师应践行礼仪，也要求学生遵守学校礼仪。

1. 尊重和信任老师

老师是学生的启蒙者，是值得尊敬和信任的，要理解老师，服从老师的正确管理和教育。教育是一个师生相互配合的过程，同学是这个过程的最终受益者，应该尊重老师。这种尊重不仅是表面礼节上的尊重，对老师有礼貌，见到老师主动热情打招呼，课前把讲台擦干净、课间擦好黑板等。还要尊重老师的劳动，即上课认真听讲、积极回答问题及时完成作业。尊重还应包括说话时，语气要温和，语调要平稳，不要指手画脚。对老师的尊重，更要表现在尊重老师的人格方面。同学们要理解老师的苦心,服从老师的管理和教导,当有不同意见时,也应以诚恳的态度、恰当的方式向老师提出。

2. 虚心向老师请教

老师几乎把所有知识无私地、毫无保留地教给学生,如果他们希望得到什么回报的话,就是希望看到学生成长、成才,在知识的高峰上越攀越高。因此学生要向老师虚心求教。勤学好问不仅直接使学习受益,还会增多、加深和老师的交流,无形中就缩短了与老师的距离。每个老师都喜欢肯动脑筋勤思考的学生,对虚心求教的学生往往产生良好的印象。因此,向老师请教问题往往是师生间交往的第一步,常向老师请教学习上的问题会加深师生彼此的了解,增进师生之间的感情。学生在向老师求教的过程中,可以巩固和增长知识,为将来攀登科学高峰奠定坚实基础。

3. 正确对待老师的过失

世界上没有完人,根本不可能存在没有缺点的人。老师也不是完美的,有时也会出现偏差。例如,老师有的观点不正确,或误解了某个同学,甚至有的老师“架子”比较大,或是太严厉,这都是可能的。发现老师的不足要持理性的态度,向老师提意见语气要委婉,时机要适当。如果老师冤枉了你,不要当面理直气壮地顶撞老师,这样不但无助于问题的解决,可能会激化师生的矛盾。正确的方法是暂时放一放,等大家都心平气和时再与老师诚恳交谈,其结果维护了老师的尊严,也会得到老师的理解,甚至老师还会向学生公开道歉。

4. 勇于承认错误

有的同学明知自己错了,受到批评,即使心里服气,嘴上也死不认错,与老师的关系搞得很僵。有的人则相反,受过老师的批评心里就特别怕那个老师,认为他是对自己有成见,从此不愿意和老师接近和交流,这都是没必要的,主动向老师承认错误,改正了就是好学生。老师不会因为学生有一次没有完成作业,有一次违反了纪律就认为他是坏学生,就对他有成见。相信老师是会全面、客观地评价学生的。

二、同学之间人际关系

在同学之间的交往进程中,只有友爱的良好愿望是远远不够的,更要注意情感的交流与沟通。与同学交往要遵循交友原则,讲究礼仪才能与同学友好地相处。

1. 热情待人,相互帮助

这是与同学相处的一个基本原则。很难想象一个为人冷淡、口是心非、不关心别人的人,会有人愿意与他交往和做好朋友。俗话说“予人方便,才能予己方便”,关心别人的人常常会得到别人更多的关心。当同学生病的时候,要主动关心,热情照顾。例如陪同看病,帮忙打饭、打开水等。遇到同学在生活上、经济上发生困难,要尽力帮助。早出晚归要顾及同寝室其他的同学,不要过多地打扰他人。借用同学的东西要讲礼貌,归还东西时要表示感谢。当同学有客人来访而同学本人又不在时,应主动热情地代为接待,等等。

2. 尊重别人,注意礼貌

同学之间的尊重和礼貌表现在日常生活的各个方面。例如,不可私自翻看同学的日记和信件。有的同学出于好奇,喜欢私自翻看别人的日记和私拆他人的信件,甚至还把内容公布于众。这样做不仅是一种不道德、不礼貌的行为,而且还是一种违法行为,在同学交往中这类现象是应该杜绝的。只要不违背社会的道德和法律,不损害他人的利益和侵犯他人的权利,每个同学都可以有自己的隐私。有的同学对自己的某种情况或家里的一些事情,不愿告诉他人,不喜欢他人询问,这是属于他个人隐私,应该受到其他人的尊重。在集体生活中,每位同学都要注意尊重和保护别人的隐私权。凡是同学不愿谈的,就不要去打听和追问。那种到处刺探别人的隐私,甚至把别人心灵上的创伤当作新闻来传播以供自己取乐的人,不仅是不礼貌更是没有道德的。

不要给同学起绰号和嘲笑同学的生理缺陷。有的同学特别喜欢给别人起绰号,并以此为乐。许多的绰号是带讽刺和侮辱性的,例如,根据人的生理缺陷而拟就的,一经传开,会给被起绰号的同学造成心理上的伤害。对这种低级、庸俗、无聊的乱起绰号的行为必须加以制止。生理上有缺陷的同学,一般都较为内向,内心充满苦恼与忧伤,在学习上、生活上会遇到更多的困难,他们比正常的同学更需要别人的关心、帮助和鼓励。一个道德高尚、有礼仪修养的人,通常都有极大的同情心,应积极地关心和爱护他们,尽力帮助他们,而绝不能奚落、嘲笑和鄙视他们。

3. 严于律己,宽以待人

严于律己,宽以待人,这是中华民族的传统美德之一,也是人际交往的礼仪原则。有的同学对别人的缺点缺乏宽容心,总喜欢在别人的背后议论是非,发表一些不负责任的言论。而对自己的不足之处却视而不见,满不在乎,容不得别人的半点批评。有的同学在与人的交际中喜欢以自我为中心,把自己的观点强加于人。有的同学得理不饶人,为了一点小事而与同学争得面红耳赤,一定要分个高低胜负,甚至发展到恶语相加,大打出手。这些行为与学生的身份都是格格不入的。

三、恋爱礼仪

人际交往问题是学生最为常见的社会问题,尤其是恋爱问题,也是影响学生心理健康的主要因素之一。因此,如何正确指导和解决好学生的恋爱问题,成为当今学校亟待解决的问题之一。

1. 志同道合,情投意合

恋爱必须建立在志同道合的基础上,共同的理想是恋爱的思想基础,是培育爱情之花的沃土和肥料。共同的理想可以打破“门当户对”的风俗习惯,使家庭出身、职业、文化程度等有差异的人也能走到一起。那种以恋爱为手段,骗取他人感情以达到某种个人目的的行为,是社会道德所不容许的。金钱买不来爱情,门第和容貌也换不到爱情,爱情只能是双方相互发自内心的真挚情感。附加的因素越多,爱情在双方感情上的比重就越轻。

2. 相互尊重,平等相待

爱情是以相爱者的互爱为前提的,恋爱双方应相互尊重,平等相待。既要尊重对方的人格和权利,也要平等地尊重对方的意愿。在恋爱过程中,要多听对方的意见,考虑对方的要求,不能一切以自我为中心,把自己的观点强加于对方。男女之间确定恋爱关系,必须是出自双方的共同意愿,一厢情愿的爱情是不存在的。在恋爱过程中恋爱双方都有自愿选择和决定恋爱对象的自由与权利。即使自己的爱慕是纯洁的,也不能要求对方违心地接受自己的“爱情”。那种只考虑自己而不尊重别人的意愿,强迫或诱骗对方接受自己的“爱情”,只能是一种虚幻的爱情,不仅是自私的,也是极为不道德的行为。

3. 忠贞专一,真诚相处

爱情的专一和忠贞不渝是爱情道德价值的重要内容,也是爱情的主要特征。恋爱只限于一对男女之间,一旦建立起恋爱关系,就不允许和第三者建立这种关系,具有排他性的特点。即使是发现对方不适合与自己共同生活,也应当通过正常的方式与对方中断恋爱关系之后,才能选择新的情侣。男女相爱之前,应相互坦诚说明自己的各方面情况,让对方对自己有个全面的认识和了解。俗话说,“长相知,不相疑”。相爱的人应当对彼此的思想品德、志趣性格有相当深刻了解,就应当建立起相互信任的关系。如果不负责任地乱加猜疑,必然导致恋爱的破裂。因此,男女双方应能互相谅解,严以律己,宽以待人,使爱情不断巩固发展。

4. 文明恋爱,健康交往

处在恋爱阶段的学生,感情始终是在充满热情的情况下进行的。如何处理好感情与理智关系,以文明方式表达爱情,以健康高尚的情趣进行交往,也是恋爱礼仪的重要内容之一。有些学生堕入情网后便不能自拔,陷入彼此卿卿我我的狭小天地里,把时间和精力都用在谈情说爱上,荒废了学业,疏远冷落了同学和朋友。同时在恋爱交往和表达方式上,还要注意控制自己的感情和行为举止,不要在大庭广众之下,尤其是公共场所,旁若无人当众搂抱亲吻。真正的爱情是表现在恋人对他的偶像采取含蓄、谦恭甚至羞涩的态度,而绝不是表现在随意流露感情和过早的亲昵。中华民族在爱情的表达方式上,历来有含蓄、深沉和自尊的传统美德。

5. 心胸宽阔,失恋不失德

在恋爱过程中,最大的痛苦莫过于失恋。对失恋的痛苦,俗话说:"提起千斤重,放下二两轻。"如何对待失恋,是考验一个人意志和道德水平高低的试金石,失恋决不能失志,不能失德。失恋后有的人如坠深渊,情绪低落、意志消沉,对世界上所有的人与事都失去兴趣,甚至出现轻生的念头;有的人不甘心失恋,对对方百般纠缠,试图再续前缘,甚至企图胁迫对方屈从;有的人"转爱为恨",心怀嫉恨,散布流言破坏对方名誉,施加压力进行报复等。这些态度都是错误的,也是没有道德的行为。对于失恋最重要的是要控制自己的感情,对生活充满信心,善于调解和转移自己的注意力。

案例分析 >>>

周四晚上九、十节课,上课铃声响后刘老师走进了教室,发现有缺课的学生。刘老师将教室大门关上并开始让学生签到,称"缺席者将以考试作弊处理"。在此过程中,刘老师一直强调:"不许进来也不许出去!里面的人也不许给外面的发短信。凡有敲门者,一律认为里应外合,要一并处分。"

学生小芳原本在宿舍看书,收到室友的短信后她赶过来时,发现教室门外已经聚集了十几名"缺席者"。正当大家在等待溜进教室的机会时,一名身高约一米七、衣服邋遢、头发有些乱的男生突然抬起脚,对着大门狠狠地踹了一脚。刘老师没有理会踢门的学生,继续讲课,并在课堂上讲大学生素质的问题。突然,坐在后排的一名女生站起来,提起书包就往外走。刘老师说:"站住,我课没上完,你走什么?"该女生回了一句"你不觉得你上课讲这些东西很无聊吗",没有回头就走出了教室。随后刘老师冲出教室,叫住该女生,并打电话给学校保卫处,让保卫处来人带走学生。

问题:

(1) 在这场师生矛盾中,有哪些学校礼仪没有遵守?

（2）你认为应该怎样避免类似事情的发生？

本章小结

1. 学校礼仪是指学校师生员工之间在和睦相处时待人接物的礼貌行为及应有仪表仪态和仪式的总称。应遵循以下原则：尊重原则、适度原则、平等原则和规范原则。

2. 教师礼仪是心灵美和仪表美的完美结合，对教师的礼仪要求应该是两方面的：一是内在的素质要求；二是外在的仪表要求。课堂教学是教师和学生双方的互动过程，教师和学生的课堂礼仪对课堂教学有着重要的作用。在课堂上教师应做到：流畅精炼的语言和工整简洁的板书。

3. 课堂上学生应做到：遵守课堂纪律、认真听课和思考以及积极回答老师提问。在宿舍生活中学生应做到：遵守宿舍作息制度，爱护公共财物，注意公共卫生和安全，互相关心、不干预别人私事等。学校经常举办各种活动来强化教育如参加学术报告会、开学典礼以及升降国旗等，在以上活动中学生应注意一定的礼仪。

4. 师生的人际关系也是学校基本礼仪的重要组成部分。学生与老师交往中要做到：尊重老师、信任老师，勤学好问、虚心求教，正确对待老师的过失，勇于承认错误等。在学校，与同学交往要做到：热情待人、相互帮助，尊重别人、注意礼貌，严于律己、宽以待人。在恋爱中应做到：志同道合、情投意合，相互尊重、平等相待，忠贞专一、真诚相待，文明恋爱、健康交往，心胸宽阔、失恋不失德。

复习思考题

1. 简述学校礼仪的含义及其特点？
2. 根据自己的体会，谈谈制定学校礼仪的重要性？
3. 教师如何通过自身的礼仪修养对学生起到示范作用？
4. 如何建立和谐的师生关系？
5. 简述正确处理同学间人际交往应注意的问题？
6. 简述宿舍礼仪主要内容？
7. 简述学校活动礼仪应注意的事项？
8. 如何正确理解恋爱礼仪？
9. 谈谈良好的学校礼仪规范在日常学习和生活中带给你的帮助？

第六章　求职面试礼仪

本章提要

大学毕业生在即将离开校园，步入职场之前，为了成功谋得一份满意的工作，需要了解求职面试礼仪的相关知识。本章对求职面试礼仪的基本内容，包括求职前的心理准备、书面谋职礼仪、面试礼仪等等进行了阐述。在此基础上对如何认识自我、择业过程中应具有的心理素质及个人简历、求职信的写法做了介绍。

本章学习目标

- 了解求职面试礼仪的内涵和步骤程序
- 理解面试前心理准备的重要性
- 掌握书面求职和面试求职的基本方法和技巧

第一节　求职面试前的心理准备

所谓求职面试礼仪，是指在求职就业过程中的一种社交礼仪，即求职者在求职的过程中与招聘单位接待人员接触和走向工作岗位时，应该表现出的言谈举止和仪表规范。它具体体现在求职者的仪表、仪态、言谈、举止以及应聘的书面材料上，是求职者整体素质的表现。

一、准备转换角色

在大学的生活即将结束,寻找适合的工作之前,大学生最重要的是做好求职就业的心理准备,即转变角色。

所谓转变角色,主要是指由一个大学生,转变为一个现实的社会求职者,即将走出校门步入社会,抛开浪漫抛开幻想,认识自己所处的真实地位和社会现实,实事求是地面对求职就业这样一个现实。要想正确地选择职业,就必须转变角色。

1. 调整心态

对于绝大多数学生来说,大学阶段过的是一种单纯而有保障的生活,学习、生活、交际、娱乐都较有规律。在这样的环境里,容易萌发浪漫的情调和美好的理想,但是这样的生活与现实社会自然存在一定的距离。此外,不能把学校、家庭、亲友及同学所给予的关心、呵护、尊重当成是社会的最终认可。要得到社会的认可还应该做出许多艰苦的努力。

2. 认清形势

每年全国有几百万应届毕业生步入求职大军的行列,就业形势是比较严峻的。

许多大学生都有一种“十年寒窗,一举成名”的心理,因此对择业的期望相当高。大学生大多希望到生活条件好,福利待遇高的大城市、大机关、大公司工作,而不愿到急需人才但条件艰苦的中小城市和基层小单位,过分地考虑择业的地域、职位的高低和单位的经济效益。高期望驱使毕业生总是向往高薪水、高职位、高起点,渴求高收入、高物质回报率,并一厢情愿地对用人单位提出种种要求,将自己就业的目标定得很高,即使找不到合适的单位也不肯降低就业期望值。比如,有一些学生就说:“非北京、上海、广州不去。”

另外,有些大学生过分强调专业对口,学以致用。在求职时,只要是与自己专业关系不密切的职业就不考虑,这样做只能是人为地增加了自己的就业难度。

3. 摆正位置

认识社会了解社会,摆正自己的位置,要认识到自己在就业前,只是千万个求职者中的普通一员,要客观、冷静地进入求职状态,以自身的实力,积极主动地去适应社会需要。在选择社会职业的同时,也接受社会的选择,正确地迈出人生这关键的一步。

二、认识自我

一些大学生在择业标准中只有工作条件、收入等眼前实在利益,而对自我的职业兴趣、能力、职业的发展前景等因素不作考虑,因而极易选择到并不适合自己的职业。

认识自我就是要充分了解自己的个性特征。个性是个体统一的心理面貌,是人的心理活动中那些稳定的、具有个人特色的心理特征和心理倾向组合成的有层次的动力特征整体结构。它以个体稳定的行为模式与态度体系表现出来。个体特征包括气质、性格、兴趣、爱好、能力、特长。由于个性特征左右着个体的行为表现,个性特征的职业适应倾向是十分明显的。如何选择职业,要根据自身的个性特征来决定。

1. 气质和性格

气质是心理活动的动力特征,包括心理活动的速度、心理活动的强度、心理活动的倾向性等方面,是一种典型而稳定的个性心理特征。性格是人对现实的态度和行为方式中比较稳定的独特的心理特征的总和。

气质和性格往往对人选择职业和事业成功有很大影响。具备何种气质和性格的人,在知觉速度或思维的灵活程度上是快还是慢,在意志努力或情感发生上是强还是弱,心理活动是倾向于外部还是倾向于内部,是认真负责还是轻浮粗心,是活泼热情还是好静羞涩,是机智敏捷还是呆板迟钝,是沉着冷静还是冒失鲁莽,是勇敢爽朗还是怯懦沉默,是镇定自信还是疑虑自卑,是温柔细致还是暴躁粗心,是刚毅实干还是办事拖拉,是喜欢安静还是喜欢热闹等等,都有很大不同。比如黏液型气质者较为适合流水线的工作,而抑郁型气质者不适合做推销员。气质和性格可通过科学的心理测试等方式来进行。全面了解自己的心理特点是选择职业的重要前提。

2. 兴趣和爱好

兴趣是爱好的推动者,爱好是兴趣的实行者。人们对职业的选择往往以自己的兴趣爱好出发,这就更需要认真分析自己的兴趣和爱好。当人们选择自己喜欢的工作,满足了自己的兴趣和爱好,就会更加努力地工作,兴趣和爱好就会成为个人事业成功的内在动力。但是,有时兴趣和爱好与职业选择相矛盾,这就需要有一个“磨合”过程,逐渐适应职业的要求,或者采取“先就业,后择业”的做法,为未来的理想岗位积累工作经验。

3. 能力和特长

能力和特长是求职择业以及事业成功的重要保证。能力包容的内容很多，主要有两个方面：一是思维能力；二是工作能力。思维能力主要包括思维的独立性、抽象性、敏锐性、广阔性、批判性、创造性、灵活性等诸方面。工作能力主要包括语言表达（包括外语）的能力，写作的能力，计算的能力，学习的能力，劳动的能力，专业的能力，发明创造的能力等等。能力和特长应包括教育培训的程度，因为教育和培训可以转化为能力、特长。如果是重新谋求职业者，还应分析自己的工作成绩和缺点，以便在求职时扬长避短。

三、择业就业过程的心理素质

人们时常把当今的世界称为竞争的时代，大到国与国之间的对抗，小到人与人之间的竞争。竞争冲击着人们的事业和生活，冲击着人们的意识和思想，在求职择业上亦是如此。

1. 敢于竞争，善于竞争

（1）敢于竞争。

大学生要强化择业的竞争意识。首先，要在正确自我评价的基础上，充分相信自己的实力，从而产生竞争的勇气，敢于通过竞争去达到理想的目标，这是一种魄力。其次必须在心理上同求安稳，求职一步到位的传统观念告别。很多大学生仍然喜欢稳定、清闲、福利保障好的单位，希望以此就能选定理想的职业，而不愿意选择有风险、有挑战性的职业。大学毕业生应自觉地正视社会现实，强化自身的竞争意识，做好参加竞争的心理准备。

（2）善于竞争。

要想在求职与择业中取得成功，仅仅敢于竞争还不够，还必须善于竞争。善于竞争体现在具备良好的心理素质、实力和良好的竞技状态。

在求职与择业竞争中，应注意期望值是否恰当。期望值是个人愿望与社会需求的比值，期望过高会使心理压力加大，注意力难以集中造成焦虑，影响正常水平的发挥。在求职面试时一定要轻松自如，克服情绪上的焦虑和波动，有自信心就有可能在竞争中获胜。

要做到善于竞争，还要做到在面试时仪表端庄举止得体，给人留下良好的第一印象；表现出较好的口才，交流时口齿伶俐、表述清晰；了解目前社会求职的有关行情，合理利用有关规则等。

2. 正确对待挫折

人们在求职面试中遇到挫折是正常的，尤其是理想的或热门的职业更是存在着激烈的竞争,切不可因此而自卑。一个心理健康的人对人生总保持着自信心,如果丧失了自信心,就失去了开拓新生活的勇气。人生中总是有顺境和逆境相伴随,顺境中有自信心不足为奇,逆境中更需要自信心的支持。遇到挫折后应放下心理包袱,仔细寻找失利的原因,调整好目标,脚踏实地前进,争取新的机会。

女大学生求职择业比男大学生挫折更多,这是现在一种普遍的社会现象。从某种意义上说女生择业难,并不是社会对女生的需求量小。女生们要顺利地择业,从根本上说在于自身的素质和综合实力,并以其优势去参加竞争。

对社会经验有所欠缺的大学毕业生,求职面试的时候,建议不要首先去你最心仪的单位,而是首先到你不是特别想去的单位去面试。这样做的目的是为了熟悉一下面试的全过程,为到最心仪的就业单位面试作准备。

第二节　书面求职礼仪

书面求职是现代社会应聘就业的重要形式,掌握其中的一些程序、方法和技巧,有助于求职面试取得成功。

一、个人简历

简历是打开职场大门的敲门砖,是展示求职者工作能力和个人优势的地方,较全面的简历内容会为求职者争取到更多的面试机会,大大提高求职的成功率。

(一) 个人简历的一般范式

个人简历一般可分为三个部分。

1. 个人的自然情况

在这一部分中,要用明了的格式、简洁的语言把个人的基本情况作一个概括性的介绍,如:姓名、性别、民族、出生时间、学历、毕业时间、联系方式和个人邮箱。

在撰写时要注意以下几项:

(1) 姓名。必须要与其他相关的资料,例如身份证、毕业证上的姓名保持一致,以免引起招聘机构的误解和不必要的麻烦。

(2) 联系方式。最常用的是电话号码和电子信箱。不要填写招聘机构在办公时间难以找到你的电话号码,要首先填写你随身携带的手机号码,再填写方便联系的固定电话号码。为防范不必要的麻烦,在填写个人简历时,最好不留家庭电话或父母电话。

(3) 照片。以端庄大方的证件照片为最佳选择,不可随手贴一张生活照或艺术照,以免给人漫不经心、办事马虎的感觉。

2. 本人的求职目标、求职的资格和能力

这是比较关键的一个版块,主要介绍你未来职业的目标定位,应聘单位会通过你的职业定位明确你的发展方向是否与公司招聘职位吻合。在语言组织上要提炼关键字,不要使用过多平淡语气去描述。

用简洁、清晰的语言说明你所学的主要专业课程、获奖情况、计算机和外语水平、求学和工作(实习或实践)经历以及与求职目标相关其他特长。多强调与自己目前的期望职业相关的信息,以突出自己的专业技能和特殊优势。

在撰写时要注意以下几个方面:

(1) 求职目标。

要尽量充分表明你在该方面的优势和专长,尽可能把选择落实到一个相对具体的部门,以免降低录用的机会。比如,写"本人性格外向,具有良好的人际交往与沟通能力,能胜任产品的市场开拓工作"就比含糊地说"本人具有较强的综合能力,可以胜任多方面工作",更能打动招聘机构。

(2) 求职的资格和能力。

求职的资格和能力是个人简历中的重要部分,它具有很强的说服力。因此陈述的语气要积极、坚定、有力。如果是应届毕业生,受教育的经历是主要的优势,应详细陈述。要列出与求职目标相关的各种所学的重要课程、所获奖励和荣誉等方面的信息,参加的实习、实践和接受的培训,以此来表明你的学习能力、实践能力和创新能力。

(3) 与求职目标相关的其他专长。

主要是通过一些简明扼要的概述,向面试官展现自己的综合素质和特点。包括技能专长总结、兴趣爱好描述、沟通协调能力总结等等。

这部分内容最忌空洞,如果有与求职目标相关的其他专长,要特殊说明一下它与求职目标的关系和作用,以增加获取工作的机会。比如英语的运用能力、计算机的操作能力、写作能力、公关能力和管理能力等等。

求职者应明确总结出自身特点。"性格开朗、工作认真负责、具有团队精神"等千篇一律的词汇无法突显你的个性,这些词汇没有针对性。

3. 证书等参考性资料

为增加简历的真实性,可在简历后附上相关的证件和资料的复印件。

（1）毕业证和学位证。

它们是证明本人文化水平的最有力的载体。

（2）有关证件、证书。

各种与目标工作有关的奖励证书、技能水平证书、资格证书、社会实践证明等，展示你的实际能力和水平。

（3）推荐信。

推荐信是指由专家、教授、权威人士、实习单位或学校提供的推荐证明，对你的应聘成功起辅助作用。

（二）个人简历的基本要求

要保证你的简历会使招聘者在30秒之内，就可以判断出你的价值，并且决定是否聘用你。因此，简历要简明扼要、突出个性。

有人认为，简历是求职者自然状况的自然展现，是经历、学历与社会关系的描述。其实不然，简历的根本作用在于尽可能地吸引招聘单位对你的注意力，能让有关的职业介绍所或人才交流中心为之怦然心动。你的简历要让你经得起淘汰，使自己成为有机会接受面试的人之一。一般来说你所想去的单位，可能别人也想去，人事部门一天下来，可能同时收到几十份甚至上百份简历，许多简历可能看一眼就放在一边了。因此作为简历上所写的东西，必须让人特别注意，使对方对你有个好印象，否则，就可能失去宝贵的机会。因此，简历写得好坏是决定你能否得到所求职位的第一关。所以有人说简历只是一个钓饵，目的在于激发招聘单位人事经理的兴趣，从而为自己赢得面试机会。

写个人简历要注意以下几点：

（1）准确。

遣词造句要精雕细磨，惜墨如金，尽量用简练的语言。要仔细检查已成文的个人简历，绝对不能出现错别字、语法和标点符号方面的低级错误。最好让文笔好的朋友帮你审查一遍，因为别人比你自己更容易检查出错误。

（2）符合范式。

个人简历最好用A4标准复印纸打印，字体最好采用常用的宋体或楷体，尽量不要用花里胡哨的艺术字体和彩色字，排版要简洁明快，切忌标新立异像广告一样。当然，如果你应聘的是排版工作则是例外。

（3）重点突出。

要记住你的个人简历必须突出重点，它不是你的个人自传，与你申请的工作无关的事情要尽量不写，而对你申请的工作有意义的经历和经验绝不能漏掉。切忌漫无边际泛泛而谈。

（4）简短。

你的个人简历越短越好，因为招聘人没有时间或者不愿意花太多的时间阅读一篇冗长空洞的个人简历。最好在一页纸之内完成，一般不要超过两页。事实上招聘机构的人事经理，用于简历的阅读时间一般不会超过2分钟，因为他每天可能要看大量的这类信件，还有很多工作要做，写得过于详细反而会使人厌烦而把你的简历扔到一边。

（5）积极。

一定要用积极的语言，表现出向上的追求和蓬勃的朝气，切忌用缺乏自信和消极的语言写你的个人简历。最好的方法是在你心情好的时候编写你的个人简历。

（6）真实。

不能凭空编造你的经历，说谎永远是卑鄙的，没有哪个公司会喜欢说谎的员工，不能为了赢得面谈机会而捏造事实、抬高身价、弄虚作假。因为争取面谈机会并不是最后目的，最后的目的是要取得工作。如果弄虚作假暂时取得了面谈机会，但是以后如果被对方发觉，那么将把自己弄得身败名裂。如果实事求是地说明自己的情况，一家不成还可以去找另一家，而弄虚作假后却可能招致处处都把你拒之门外。当然，也没有必要写出所有你真实的经历。对你求职不利的经历你可忽略不写。

还须注意的是，最好用第三人称写你的个人简历，不要在个人简历中出现"我"的字样。要记住，个人简历中提到的业绩和能力的证明资料应是复印件，千万不要寄原件给招聘单位，以防丢失而造成不可挽回的损失。同时，不要让别人代投简历。对代投简历，用人单位通常是不予理会的。找人代投，既不能具体了解所投单位的相关情况，也失去了和用人单位面对面交流的机会，在求职竞争中很可能会处于劣势，而且在一些用人单位看来，真正的求职者不到场，也是缺乏诚意的表现。

二、求职信

求职时不要仅仅寄你的个人简历给你应聘的公司，要附上一封简短的应聘信，会使公司增加对你的好感。否则，你成功的几率将大大降低。

求职信是求职者向用人单位或单位领导人，介绍自己的实际才能、表达自己就业愿望的一种书信。看似简单的求职信，却大有"学问"。写得好的求职信是一块很重要的敲门砖，可以在你和用人单位未谋面时，给对方一个清晰的印象，让你事半功倍。

1. 求职信的基本范式

求职信的基本范式包括“四大要点”：个人基本情况，希望应聘的岗位，个人素质条件，并在求职信结尾部分表示希望得到面试机会。

下面是一封典型的求职信。

尊敬的先生/小姐：

您好！本人欲申请贵公司网站上招聘的网络维护工程师职位。我自信符合贵公司的要求。

今年7月，我将从××大学毕业。我的硕士研究生专业是计算机开发及应用，论文内容是研究××系统在网络服务器上的应用。这不仅使我系统地掌握了网络设计及维护方面的技术，同时又使我对当今网络的发展有了深刻的认识。

在大学期间，我多次获得各项奖学金，而且发表过多篇论文。我还担任过班长、团支书，具有很强的组织和协调能力。很强的事业心和责任感使我能够面队任何困难和挑战。

互联网促进了整个世界的发展，我愿为中国互联网和贵公司的发展作出自己的贡献。

随信附有我的简历。如有机会与您面谈，我将十分感谢。

此致

敬礼

×××

2013年1月

2. 求职信的基本要求

(1) 不宜太长。

美国哈佛人力资源研究所在1992年就有一份经典的测试报告，即一封求职信如果内容超过400个单词，则其效度只有25%，即阅读者只会对1/4内容留下印象，因此写得简洁是十分重要的一个标准。

(2) 不要有文字错误。

切忌有错字、别字、病句及文理欠通顺的现象发生，写完之后要通读几遍，精雕细琢，否则，就可能使求职信“黯然无光”。求职信及其写作效果往往会成为招聘机构选择标准，可以体现求职者的工作热情与个人兴趣。如果内容太杂，没有经过认真修改，招聘机构很少能将他们的简历与求职信联系起来，唯一的印象就是这个求职者缺少进取心。

(3) 不宜“翻版”简历。

许多求职者写出来的求职信简直就是把简历用另外一种形式表述,使人阅读完毕也不得要领。因为求职信通常是跟简历一起寄给用人单位的,所以在信中提到自己的能力和条件时,不是要简单重复简历中已有的内容,而是要用简洁、明了、具体的语言,提出自己特别突出的或者可能引起用人单位特别注意的能力和条件。

(4) 言辞要礼貌。

对求职单位要加以一定的褒扬,并表示对该单位的向往之情,希望能到该单位工作。求职是希望用人单位能聘用自己前去工作,所以写求职信态度要热切、诚恳和谦虚,要靠自己的能力去征得对方的认可,而不可浮夸、自大,言语狂妄对自己求职是很不利的。

(5) 要突出招聘者的利益。

招聘机构希望看到求职者可以站在他们的角度去想问题,因此不要一味强调自己的需要和期望,特别不要赤裸裸地提工资、住房等个人要求。

3. 求职信常见的问题

(1) 过分自信。

很多刚从学校毕业的同学都会犯上一个毛病,就是以为只要考试成绩好,便会是一个称职的职员。其实,不少招聘机构曾再三指出,好职员必须既有良好的学习成绩,又要有多方面的经验和才干。所以,如果因自己在考试中得到数科优良成绩便沾沾自喜,忽略经验和才干条件的话,只会使招聘机构觉得应聘者自高自大、思想不成熟。

(2) 不够自信。

谦虚虽然是美德,可是在现代社会过谦却越来越不合时宜了。大学生应该在信里强调自己的长处,如果不能避免在信中提到缺点,则尽量轻轻带过。既然写了求职信,就不应该有太过谦虚的言辞。有的求职者认为自己刚刚走出校门,一再强调自己有些方面能力不强,唯恐不能胜任工作。试问,既然你担心自己不能胜任,为什么还要来求职呢?有一封求职信中这样写道:“……我刚刚从学校毕业,很多方面还有很大的欠缺,特别是社会交际能力和自我约束能力挺差,不知能否把工作干好……”这样一写就未免太过自卑。

(3) 辞采华丽 哗众取宠。

一位求职者在求职信中这样写道:“我希望这样的人生,它在经历了无数场风雨后成为一道最壮丽的彩虹……请用您的目光告诉我海的方向……我渴望奉献我所拥有的一切,请用真诚的心灵拥抱我最热烈的胸怀……”这些文字确实很美，用在求职信中却过于浪漫华而不实，不但打动不了用人单位，相反，却给人一种作秀、幼稚的感觉。所以写求职信不要用过多的形容词和修饰语，要尽量用简洁的动宾结构的名词，即便情感迫切，也要有节制地冷静地抒发。

（4）措辞不当。

有的学生为表达对招聘机构的向往，这样写："我如能应聘，势必大喜过望。"或者"这职位对我来说简直是无法抵挡的引诱。"为表达自己的社交能力强，这样写："我（她是女的）特别喜欢陌生人。"如果仔细推敲的话，这种不妥当的修辞其实是完全可避免的。

（5）过多简写词语。

可能你与朋友交谈时习惯简称自己的学校或所修的学科，但在简历和求职信上是绝不应该这样写的，例如简称"×大"、"×工"、"商院"等，这样做只会使人觉得你做事还是学生气，还在与本学校的人谈话，而不是面向社会。

（6）职位不明。

求职者应当根据自己的实际能力在求职信中注明自己所求职位，然而有的求职者因担心竞争太强，在求职信中不敢注明自己所求的职位，抱着"随你们去安排"的心理。有的干脆写"……愿意在贵单位任何职能部门工作"之类的话，其实这恰好表明你任何职位都不合适。

（7）行业不熟。

求职者在求职信中应尽可能地表明自己对所求职位或行业的熟悉，这样可以使招聘单位感觉到你在从事该项工作之前所具备的业务基础，你对该职位或行业的关心和热爱，从而为你的竞争增加砝码。但是也不要明明自己对该行业不太熟，却装出一副很熟的样子而大谈特谈。谈对了当然好，谈得不对却又是一副很内行的模样，那结果就适得其反了。

（8）过于看重待遇。

求职信上最好不要过分强调对待遇的要求。如果要求过高了，会让用人单位觉得雇不起你。如果要求低了，又让用人单位觉得你无足轻重。更多的时候是让人觉得你过于关注所得看重待遇，而"看重待遇"在大多数人看来是缺点。

4. 寄出求职信

（1）注意称呼。

一般来说，收信人应该是单位里有实权录用你的人。要特别注意此人的姓名和职务，书写要准确。因为他们第一眼从信件中接触到的就是称呼。最初的印象如何，对于这份求职信件的最终效果有着直接影响，因而要慎重。

如果你已经决定寄给总经理，信上就不应该称呼对方为"总经理先生"，万一总经理是女士,可能你先前的苦心都因此付诸东流了。况且,一封没有标上姓名的信,缺乏亲切感。如果你无法从网上、图书馆或其他资料上得知对方的姓名,不妨直接打电话到该公司去问。这么做可以确保你的资料不会太旧,运气好的话你还可能得知高级主管的姓名。

如果对用人单位有关人员的姓名不熟悉,在求职信件中可以直接称呼职务头衔等,如“××总公司负责人”、“××公司经理”、“××厂长”。求职信的目的在于求职,带有“私”事公办的意味,因而称呼要求严肃谨慎,不可过分亲近,以免给人以“套近乎”或者阿谀、唐突之嫌。当然礼貌性的致辞还是必须使用的。

(2) 找准对象。

求职信寄出的对象,最合适的是部门的主管。如果你不能确定该寄给谁,直接寄给这家招聘机构的最高领导岗位的人。这样做使你的求职信或许不会由总经理或总裁亲自阅读,但至少会往下传到其他高级主管的手中,不管是哪位主管收到你的信,心理上或多或少会有责任压力,认为该慎重地加以处理。

三、如何在互联网上求职

如今许多人通过互联网发出求职信,这是一种新的求职方式。要让你的求职信得到应有的重视,不致淹没在成批应聘者简历的当中,你应该注意以下几点:

1. 人才数据库

网上求职时主要精力应该放在拥有人才数据库的招聘网站上,要把你的简历放到他们的数据库中。因为用人公司会来这些网站浏览或要人。总的来说,应该让用人单位带着明确的目的来找你,这要胜过自己向许多公司无目的地大量发放个人简历。

2. 电子邮件

不少求职者把简历用附件的形式,发电子邮件给招聘单位,但是收件人有时却无法打开附件。因此不要用附件的形式发你的简历,除非你知道这家公司接受某种形式的附件。

另外还有一个办法就是把你制作精美的简历放到网上,再把网址告诉给聘用单位。

第三节 面试礼仪

大学生在求职过程中,经常遇到这种情况:学习成绩较好的同学惨遭淘汰,学习成绩稍差的同学却顺利通过面试。求职面试成功与否,不仅关乎平时的学习成绩和实际拥有的能力，面试中也有一定的技巧，也就是我们所说的面试礼仪。掌握了这些面试礼仪，会达到事半功倍的效果。

一项研究表明，一个人给他人留下的印象，7%取决于语言，38%取决于音质，55%取决于非语言交流。非语言交流的重要性可想而知。在面试中，非语言交流的技巧包括：服饰、手势、目光、身势、面部表情等，通过仪表、姿态、神情、动作来传递信息，它们在交谈中往往起着有声语言无法比拟的效果，是职业形象的更高境界。服饰的大方得体、不俗不妖，能反映出大学生风华正茂，有知识、有修养、青春活泼，独有魅力；形体语言对面试成败非常关键，有时一个眼神或者手势都会影响到整体评分。比如面部表情的适当微笑，就显现出一个人的乐观、豁达、自信，它可以在考官眼中形成一道绚丽的风景，增强你的求职竞争能力。

一、面试前的准备

（一）面试前的物件准备

1．公文包

求职时带上公文包会给人以专业人员的印象，表现很规范。公文包不要求买很贵重的真皮包，但应看上去大方典雅，大小应可以平整地放下A4纸大小的文件。

2．求职记录笔记本

笔记本里面应记录已经参加过求职面试的时间、各公司名字、地址、联系人和联系方法，面试过程的简单记录、跟进记录等。求职记录本应该随时带在身边，以便记录最新情况或供随时查询。

除此以外，还应准备好笔、简历、身份证、个人登记照片、学历证书、所获奖励证书等备查文件的正本和复印件。如果面试时公司人事主管提出查看一些文件的正本，而面试者却没有带，是非常尴尬和不礼貌的，这是面试礼仪中最应该避免的疏漏。

（二）参加面试的服饰要求

面试时合乎自身形象的着装，会给人以干净利落、有专业精神的印象，男生应显得干练大方，女生应显得庄重俏丽。

1．男生面试时的服饰礼仪

（1）西装。

男生应在平时就准备好一至两套得体的西装，不要到面试前才去匆匆购买，那样不容易选购到合身的西装。应注意选购整套的两件式的，颜色应当以主流颜色为主，如灰色或藏蓝色，这样在各种场合穿着都不会显得失态。在价钱档次上应符合学生身份，不要盲目攀比，超出学生消费水平买高级名牌西服。因为用人单位看到求职者的衣着太过讲究，不符合学生身份，对求职者的第一印象也会打折扣的。

（2）衬衫。

以白色或浅色为主，这样较好配领带和西裤。平时也应该注意选购一些较合身的衬衫，面试前应熨平整，不能给人"皱巴巴"的感觉。不要搭配颜色过于鲜艳的衬衣，穿上去会显得不自然，太抢眼，以至于削弱了人事主管对求职者其他方面的注意。

这里要提醒一点，面试时你所穿的西服、衬衫、裤子、皮鞋、袜子都不宜给人以崭新发亮的感觉，而且太多从没穿过的东西从头到脚包裹在你的身上，一定有某些东西会让你觉得别扭，从而分散你的精力，影响你的面试表现。

（3）皮鞋。

不要以为越贵越好，而要以舒适大方为度。皮鞋以黑色为宜，并且面试前一天要打油擦亮。

（4）领带。

男生参加面试一定要在衬衣外打领带，领带的面料以真丝的为最好，上面不能有油污，不能皱巴巴，平时应准备好与西服颜色相衬的领带。

（5）袜子。

袜子的颜色也有讲究，穿西服革履时的袜子必须是深灰色、蓝色、黑色等深色，这样在任何场合都不失礼。

（6）头发。

尽量避免在面试前一天理发，以免看上去不够自然，最好在三天前理发。男生女生都应在面试前一天洗干净头发，避免头屑留在头发或衣服上，保持仪容整洁是取得用人单位良好第一印象的前提。此外，男生要将胡须剃干净，并且在刮的时候不要刮伤皮肤，指甲应在面试前一天剪整齐。

2. 女生面试时的服饰礼仪

（1）套装。

每位女生应准备一至两套较正规的套装，以备去不同单位面试。女式套装的花样可谓层出不穷，每个人可根据自己的喜好来选择，但原则是必须与准上班族的身份相符，颜色鲜艳的服饰会使人显得活泼、有朝气，素色稳重的套装会使人显得大方干练。记住这个原则，针对不同背景的用人单位选择适合的套装。

（2）化妆。

参加面试的女生可以适当地化一点儿淡妆，包括口红。但是千万不能浓妆艳抹,过于妖娆,不符合大学生的形象与身份,会引起他人的疑虑或反感。

(3) 皮鞋。

鞋跟不宜过高,样式不能过于前卫,夏日最好不要穿露出脚趾的凉鞋,更不宜将脚趾甲涂抹成红色或其他颜色,丝袜以肉色为雅。

(4) 皮包。

女生最好要选择可以平整放进求职材料大小的皮包。如果皮包过小,可以另外拎一个公文包,切忌不要把求职材料弄褶皱。

(5) 手表。

面试时不宜佩戴过于花哨的手表,给人过于稚气的感觉。面试前应调准时间,以免迟到或闹笑话。

需要注意的是,男女生都不能在面试时穿T恤、牛仔裤、运动鞋,一副随随便便的样子。女生一定不要在服饰上给人错误的信号,例如,过于花枝招展、性感暴露的打扮会让人有别的想法,惹来许多不必要的麻烦甚至性骚扰,对求职本身毫无益处。

(三)"守时"是面试的基本要求

1. 守时是面试礼仪的基本要求

提前10~15分钟到达面试地点效果最佳,可熟悉一下环境,稳定一下心神。提前半小时以上到达会被视为没有时间观念,但在面试时迟到或是匆匆忙忙赶到却是致命的,如果你面试迟到,无论出于何种原因,都会被视为缺乏自我管理和约束能力,即缺乏职业能力,给面试者留下非常不好的印象。守时是一个对别人、对自己尊重的问题,而且大公司的面试往往一次要安排很多人,迟到了几分钟,就很可能永远与这家公司失之交臂了。

2. 早到后不宜提早进入办公室

如果路程较远,路上堵车的情形很普遍,宁可早到30分钟,甚至一个小时。最好不要提前10分钟以上出现在面谈地点,否则聘用者很可能因为手头的事情没处理完而觉得很不方便。外企的老板往往是说几点就是几点,一般绝不提前。当然,如果事先通知了许多人来面试,早到者可提早面试或是在空闲的会议室等候,那就另当别论。对面试地点比较远,地理位置也比较复杂的,不妨先跑一趟,熟悉交通线路、地形、甚至事先搞清洗手间的位置,这样你就知道面试的具体地点,同时也了解路上所需的时间。

值得注意的是,大学毕业生在面试前一定要确认面试地点。正规单位招聘一般会将招聘地点设在单位的办公室或会议室,因此大学生对在指定的街道或酒店租用房间作为招聘地点的招聘单位要保持一定的警惕。

二、面试过程中的礼仪

1．保持诚恳态度

进入面试场地，求职者的态度是否真诚、诚恳，对面试有“首因”效应的作用。

（1）态度要应始保持自然、友善、亲切、随和。整体上讲求落落大方，面带微笑，态度从容。自始至终认真对待和回答聘用者提出的问题，表现出真诚的友善。

（2）要有勇气充满信心。对自己要心中有底，充满自信，不要过分紧张，显得不知所措。忌讳妄自菲薄、心怀胆怯。要敢于正视对方的双眼，显得胸有成竹，从容不迫。

（3）实事求是进行自我介绍。自我介绍时所表述的各项内容，一定要实事求是，真实可信。过分谦虚，一味贬低自己去讨好别人，或者自吹自擂，夸大其词，都是不足取的。

2．善于运用身体语言

所谓身体语言，就是经由身体全部或某部分所“说”出来的话，也称非语言信息。身体语言在人际交流中占50%以上，对于求职的成功有重要作用。身体语言包括：说话时的目光接触；身体的姿势控制；习惯动作；讲话时的嗓音等。

（1）目光接触。

面试时应试者应当与主考官保持目光接触，以表示对主考官的尊重。目光接触的技巧是，盯住主考官的鼻梁处，每次15秒左右，然后自然地转向其他地方，例如望向主考官的手，办公桌等其他地方，然后隔30秒左右，又再望向主考官的双眼鼻梁处。切忌目光犹疑，躲避闪烁，这是缺乏自信的表现。

（2）身体姿势和习惯动作。

在进出面试办公室时，切记注意进退礼仪。一定要保持抬头挺胸的姿态和饱满的精神，不要与人交谈时频繁地耸肩，手舞足蹈，左顾右盼，坐姿歪斜，晃动双腿等，这都是不好的身体语言。总之，手势不宜过多，需要时适度配合表达。

（3）讲话时的嗓音。

嗓音可以看出一个人是否紧张，是否自信等。平时应多练习演讲、交谈的艺术，控制说话的语速，不要尖声尖气，声细无力。应保持音调平静，音量适中，回答简练，不带“嗯”、“这个”等无关紧要的习惯语，这些都显示出在自我表达方面不专业。

三、自我介绍和交谈技巧

（一）自我介绍

在找工作面试时，我们首先是会被要求先做自我介绍，看似比较简单，就是把自己介绍给出别人，以使别人认识自己，所以恰到好处的自我介绍，可以大大提高面试的好感。那么求职面试自我介绍技巧就显得尤为重要了。自我介绍考查的是应聘者的语言组织能力，以及对自己的定位是否清晰。要像明星出场一样，短时间内就让人看到自己的优势。

1. 自然状况

包括本人的姓名、籍贯、学历，如："我的名字叫××，原籍是××省，毕业于××大学××专业。"

2. 应聘目标

说出你来应聘的公司的某个岗位或某个项目。如："我来到××公司，是想找一份××的工作。"

3. 说明获得工作信息的渠道

表达你对公司的兴趣，拉近你与企业之间的距离。如："据我了解，贵公司总裁10年前就毕业于我的母校，是我一直以来仰慕的学长和未来事业上的榜样。"或者"我参加了贵公司的宣讲会，贵公司的这个工作非常吸引我。"或者"我通过在贵公司工作的学长了解到贵公司的企业文化，让我对贵公司产生了浓厚的兴趣。"

4. 对应聘公司的了解

比较深入地了解公司的历史和它的发展战略，以此来说明公司的优秀和吸引到你原因；也可以通过对其业务的专业视角分析，指出存在的不足以及自己的改进建议。

5. 说明你的优势和能力

简洁、有针对性地介绍你的相关实习经历、成功的案例或较强的学习能力，表明你可以胜任你应聘的工作。

需要注意的是，自我介绍时要控制好时间。进行自我介绍一定要力求简洁，尽可能地节省时间。通常以半分钟左右为佳，如无特殊情况最好不要长于1分钟。为了提高效率，在作自我介绍的同时，可提供个人简历加以辅助。

（二）交谈技巧

1. 注意礼貌谈吐

与面试官交谈时，应注意礼貌谈吐，切忌出现不文明用语。“请”、“谢谢”等要常挂嘴边，少说不说口头禅，更不能出言不逊，贬低他人。当面试官说话时，要用心听，切忌任意打断面试官的谈话和随意插话。

2. 掌握交谈心理

面试主考官一般较欣赏谈吐优雅、表达清晰、逻辑性强的应试者。因此，应聘者在回答问题时，要注意以下几点：

（1）把握谈话重点，简捷明了，条理清楚，有理有据。一般情况下回答问题要结论在先，议论在后，先将自己的中心意思表达清晰，然后再做叙述和论证。否则，长篇大论，会让人不得要领。面试时间有限，如果多余的话太多，容易走题，反倒会将主题冲淡或漏掉。

（2）讲清原委，避免抽象。用人单位提问总是想了解一些应试者的具体情况，切不可简单地仅以“是”和“否”作答。应针对所提问题的不同，有的需要解释原因，有的需要说明程度。不讲原委，过于抽象的回答，往往不会给主试者留下具体的印象。

（3）确认提问内容，切忌答非所问。面试中，如果对用人单位提出的问题，一时摸不到边际，以致不知从何答起或难以理解对方问题的含义时，可将问题复述一遍，并先谈自己对这一问题的理解，请教对方以确认内容。对不太明确的问题，一定要搞清楚，这样才会有的放矢，不致答非所问。

（4）有个人见解和特色。用人单位有时接待应试者若干名，相同的问题问若干遍，类似的回答也要听若干遍。因此，用人单位会有乏味、枯燥之感。只有具有独到的个人见解和个人特色的回答，才会引起对方的兴趣和注意。

（5）知之为知之，不知为不知。面试遇到自己不知、不懂、不会的问题时，回避闪烁，默不作声，牵强附会，不懂装懂，胡编滥说的做法均不足取，诚恳坦率地承认自己的不足之处，反倒会赢得主试者的信任和好感。

需要注意的是，在面试中经常会遇到看似与工作没什么关系的提问，大学生往往对这类问题措手不及。比如，“谈谈你的家庭情况。”或者“你有什么业余爱好?”主考官提出这类问题的主要原因，一是了解应聘者的性格、观念、心态等；二是了解应聘者的社会关系和活动领域；三是为了消除紧张感，使应聘者放松。求职者对这类问题回答得体，会“点缀”形象和加分。回答诸如此类的问题，除了基本情况的描述外，建议突出“正能量”的东西。比如，除了简单地罗列家庭人口外，宜强调温馨和睦的家庭氛围、父母对自己教育的重视、家庭成员对自己工作的支持、自己对家庭的责任感等，表明自己拥有良好的成长环境和积极的心态。

3. 避免直接冲突

在与主考官的意见不一致时，不要据理力争，那会导致一时"嘴巴上的快活"而满盘皆输。即使你不同意他的看法，也不能直接给予反驳。可以这样说："是的，您说得也有道理。在这一点上您是经验丰富的，不过我也遇到过另外的情况……"用类似的开头方式进行交流，在下结论时不要主动说与主考官的观点完全相反，要引导主考官自己做结论。这样就避免了与主考官直接发生冲突，又巧妙地表明了自己的观点。特别是在回答情景面试问题时，稍不注意，便容易处理失当，过度自信而忽略了对于场面的控制。

在面试中，有时也会遇到一些挑剔甚至"挑衅"的问题，比如："你工作经验欠缺，如何能胜任这项工作?""对于你申请的这个职位，你认为自己还欠缺什么?"招聘单位提出这类问题的主要原因，一是通过观察应聘者的反应，了解应聘者的性格和心态等；二是看应聘者是否对自己有客观正确的评价。

事实上，招聘单位对应届毕业生提出这类问题，并不真正在乎"经验"，关键看应聘者怎样回答。应聘者应表现出诚恳、机智、果断及敬业。例如，可以这样回答："作为应届毕业生，在工作经验方面我的确有所欠缺，因此在读书期间我一直利用各种机会在这个行业里做兼职。我也发现，实际工作远比书本知识丰富和复杂。但我有较强的责任心、适应能力和学习能力，而且也比较勤奋，所以在兼职中均能圆满完成各项工作，从中获取的经验也令我受益匪浅。请贵公司放心，学校所学及兼职的工作经验使我一定能胜任这个职位。"

此外，随着我国对外贸易合作的加强和业务的海外拓展，越来越多的公司用英语进行面试，流利的英语口语可以为自己加上浓墨重彩，给用人单位留下深刻印象。在英语的口语交谈中，不必太拘泥于语法，大胆表达清楚自己的意思即可。

四、面试结束时的礼仪

1. 面试结束时要以礼相待

无论 是被顺利录取得到梦寐以久的工作机会，还是只得到一个模棱两可的答复，应聘者都应该以礼相待，用平常心对待招聘机构。况且许多跨国公司经常是经过两三轮面试之后，才知道最后几个候选人是谁，还要再做最后的综合评估。

遇到上述情况，可以这样处理：对招聘机构的人事主管抽出宝贵时间来与自己见面表示感谢,并且表示期待着有进一步与招聘者面谈的机会。这样既保持了与招聘机构人事主管的良好关系,又表现出自己杰出的人际关系能力。当用人单位最后考虑人选时,能增加自己的分数。

2. 与招聘人员最好以握手的方式道别

离开办公室时,应该把刚才坐的椅子扶正到刚进门时的位置,对聘用主管表示感谢并握手告别。出门经过前台时,要主动与前台工作人员点头致意,或说"谢谢你,再见"之类的话。

五、面试结束后的礼仪

1. 感谢

求职者一般都非常留意面试时的礼仪,往往忽视面试后的礼仪。面试结束后,求职者可以在48小时内向目标单位打一个电话或写一封信表示感谢。感谢电话要简短,最好不要超过5分钟;致谢函要简洁,不要超过一页。电话或感谢信的开头应提及你的姓名及简单情况,以及面试的时间。

电话或感谢信一方面表示对招聘人员的感谢,另一方面重申自己对工作的热情和能够胜任工作的能力,并表示为招聘机构的发展尽其所能。这个电话或这封感谢信会使对方加深印象,增强你的竞争力。

2. 不要过早打听结果

在一般情况下,每次面试结束后,招聘主管人员都要对应聘人员的情况进行分析、讨论和投票,然后送人事部门汇总,最后确定录用人员,这个阶段可能需要三五天或更长一点的时间。求职者在这段时间内一定要耐心等候消息,不要过早打听面试结果或者再三催促用人单位。越显得急躁,越没有竞争力。

3. 平稳心情

面试之后回到家里,应该仔细记录整个面试经过,每个面试提问每个细节,都要记载在面试记录手册里。面试成功与否并不是最重要的,最重要的是从上一次面试中,分析各种因素总结经验,下次面试会表现得更好。应聘的成功常常是经过多次面试,如果你向几家招聘机构求职,则必须平稳心情,全身心投入应对第二家招聘机构面试。因为,在没有接到聘书之前,就不能算成功,你不应放弃其他的机会。

4. 查询结果

一般来说,如果你在面试的两周后,或主考官许诺的时间到来时,还没有接到对方的答复,就应该写信或打电话给招聘机构,客气地询问是否已作出了决定。

5. 做好再冲刺的准备

应聘者不可能每次都成功，万一你在竞争中失败了，不要气馁，这一次失败了，还有下一次。就业机会不止一个，关键是必须总结经验教训，找出失败的原因，并针对这些不足重新做准备，以谋求东山再起。

案例分析

某城市正在举办大型招聘会，应届毕业生张明有意在招聘会上找到一份心仪的工作。招聘会当天，他穿着从同学那里借来的一套不太合体的西服，搭配上自己新买的耐克运动鞋，信心十足地来到招聘现场。

招聘会上至少有五百家用人单位，为了争取更多的面试机会，张明准备了一百份个人简历。除了自己向用人单位投简历外，他还请其他同学帮忙，为他代投简历。张明匆忙穿梭在招聘会上，仅仅一个小时，就把自己精心准备的简历全部分发到用人单位的招聘人员手里。

投完简历后，张明放慢了节奏。他走到一家和自己专业对口的用人单位招聘展台，直接坐下来，一边摇动扇子，一边很随意地同招聘人员聊了起来。通过交谈招聘人员想进一步了解他的个人情况。由于张明的简历已分发完毕，只好给对方留下自己的电话号码。

招聘会结束后，张明没有收到任何单位的面试通知。

通过以上案例，请分析张明在求职过程中出现了哪些不妥的地方，并指出纠正的方法。

本章小结

1. 对求职面试礼仪的概念、程序、注意事项等相关内容进行了阐述。求职面试礼仪具体体现在求职者的仪表、仪态、言谈、举止以及应聘的书面材料上。

2. 转变角色、认识自我、择业过程中的心理素质是求职就业的心理前提。转变角色是指由一个大学生，转变为一个现实的社会求职者，认识自己所处的真实地位和社会现实，实事求是地面对求职就业这样一个现实。认识自我就是要充分了解自己的个性特征。择业过程中的心理素质是指大学生在求职过程中要敢于竞争、善于竞争和正确对待挫折。

3. 书面求职礼仪是求职中最常见的形式，包括个人简历和求职信两部分。简历是展示求职者工作能力和个人优势的地方，较全面的简历内容会为求职者争取到更多的面试机会，大大提高求职的成功率。

复习思考题

1. 求职面试前要做好哪些心理准备？
2. 如何处理兴趣爱好与职业的关系？
3. 面试时对服饰上有哪些要求？
4. 面试结束后的礼仪有哪些？
5. 制作一份个人简历和求职信

第七章　社会交际礼仪

本章提要

社交礼仪把握和运用得如何，决定着一个人的自我形象、气质魅力和基本素质，也决定交际的成功和失败。通过本章的学习，可以准确把握现代社会交际礼仪的含义及特点，并能掌握拜访和聚会、舞会与晚会、宴请和馈赠等基本社交礼仪规范，并在实践中灵活运用。

本章学习目标

- 了解社交礼仪的基本原则和类型
- 掌握拜访、聚会、舞会、晚会、宴请和馈赠等的礼仪要求
- 掌握各种社会交往礼仪的技巧

第一节　社交礼仪的内涵

社会交际是人的本质的内在要求，是社会构成与发展的基础，有利于个人成长。交际的形式是多种多样的，但都受着一定的社会准则和规范的制约和调节，并趋于不断完善之中。这些准则和制约就是社会交际礼仪。

一、社会交际的含义及特点

社会交往是人的本质的内在要求。社会交往是社会构成与发展的基础，有

利于个人成长。交往的形式是多种多样的，但都受着一定的社会准则和规范的制约和调节，并趋于不断完善之中。这些准则和制约就是社会交际礼仪。它是社会进步和社交文明的标志，具有特殊的含义和特点。

社会交际，简称“社交”，是指在社会交际往来过程中，人们运用一定的方式传递信息、交流思想，以达到某种目的的社会活动。这种行为是交际双方互相作用的过程，所以人们把它称作社会互动行为。它是交际双方求得互相了解、以加强或扩大彼此间的联系与合作的一种社会活动。

随着经济和社会环境的变化，使得人与人之间的交往显得更加重要。因为我们只有不断地与各类人员进行交往和信息沟通，才能不断地丰富自己、发展自己。需要指出的是，尽管社会交往在很多情况下是以物质交往为媒介，例如馈赠、宴请等。但是，社交活动具有独特之处就是以人们相互间的精神和情感交往为重心，以建立、扩大、增强或调整相互关系为行为目的和指向。

社交礼仪是社交活动的有机组成部分，是社交活动的某种表现和活动方式。因此，社交礼仪的特点归根到底是由社交活动的特性、内容和任务所决定的。

1. 规范性

在社会交际活动中，无论个人服饰、言谈、举止、行为，还是活动的操作方式、程序安排等，都具有很强的规范性。这就是说在社交活动中，要求参与者必须遵循一定的标准，这个标准具有广泛的社会认同性。

2. 等级性

社交礼仪总是根据不同社交对象、不同关系、不同社交任务和内容，来确定不同的礼仪活动的等级和规则。不同级别的社交活动要求有不同的礼仪规模，级别越高，礼仪的形式越重要。

3. 技巧性

社交礼仪在生活和工作方面具有较强的技巧性。掌握饼并正确的运用社交礼仪规则将有效提高为人处世的效果，同时也可以起到事半功倍的效果。

二、社交的基本原则

社交活动的一个重要作用就是有助于协调人际交往中的各种关系。要想把复杂的社会关系协调好，就必须遵循一定的社交原则。这些原则既能为社交双方所接受，又能调动和激发彼此的社交积极性，实现社会互动，完成社交活动。

1. 尊重原则

尊重包括两个方面：自尊和尊重他人。自尊是社交礼仪基础，主要是指在各种场合都要尊重自己，维护自己的尊严，不要自暴自弃。尊重他人是一个人礼仪素养的体现，主要是指要尊重别人的生活习惯、兴趣爱好、人格和价值。只有尊重别人才能得到别人的尊重。

2. 平等原则

平等原则是社交活动的基础。人们在职务上、经济上以及其他许多方面，可能是有差别的，但作为构成社交的双方——主体和客体，他们的关系和地位却是相同的。与人交往应做到一视同仁，不要爱富嫌贫，不能因为家庭背景、地位职权等方面原因而对人另眼相看。平等待人就不能盛气凌人，不能太嚣张。平等待人就是要学会将心比心，学会换位思考，只有平等待人，才能得到别人的平等对待。

3. 真诚原则

只有诚以待人，胸无城府，才能产生感情的共鸣，才能收获真正的友谊。没有人会喜欢虚情假意，多少夸夸其谈都会败下阵来。不能翻手为云覆手为雨，出尔反尔，背信弃义。自己没有把握的事，不要轻易作出承诺，轻诺必寡信。失去信誉也就丧失了人的品格，社交就失去了凭据和意义。如果让对方失去了信任感和安全感、就难以继续打交道。

4. 互利原则

互利是指双方在满足对方需要的同时，又能得到对方的报答。人际交往永远是双向选择，双向互动。你来我往交往才能长久。在交往的过程中，双方应互相关心、互相爱护，既要考虑双方的共同利益，又要深化感情。

5. 规范原则

没有规范社交活动就没有令大家可以认同和接受的行为标准，就没有统一的基础，就会影响到社交活动正常、健康地进行，影响到和谐融洽氛围的形成和良好关系的建立发展。虽然社交规范在很多方面表现为种种形式和操作性的事项和标准，但都有着深刻丰富的法律、道德、伦理、宗教、美学等方面的文化内涵和依据。因此，对于社交规范，我们不仅应当在行为方式上给予尊重和遵守，更应该努力学习和加深理解，领悟其中的文化内涵与依据。

6. 宽容原则

在社交活动中，要求社交双方有博大的胸怀，宽大的气量，能互相包容对方。在人际交往中，难免会产生一些不愉快的事情，甚至产生一些矛盾冲突。这时候我们就要学会宽容别人，不斤斤计较，正所谓退一步海阔天空。人不犯我，我不犯人。人先犯我，礼让三分。不要因为一些小事而陷入人际纠纷，这样我们会浪费很多时间，同时也变得很自私自利变得很渺小。

三、社会交际的类型

由于人们的交往需要是多方面、多层次的，从而形成复杂而多变的人际交往关系。此外由于社交关系不同，社交的规律和方式也就不一样。按照不同的标准，人们可以把社交关系分为各种不同的类型。

1. 亲缘关系型

亲缘关系主要包含血缘关系、姻缘关系和代际关系等三个部分。这三种关系实际上就是我们所说的家庭关系。处理好这种关系就必要践行家庭礼仪。

血缘关系是以血缘为纽带所结成的人际关系，它包含父子(女)关系、母子(女)关系、兄弟姐妹关系、祖孙关系等等。血缘关系是先赋的，不是由本人选择的，它是接触频率很高、互相影响极大的一种关系。处理好血缘关系，不仅对家庭而且对社会都是一种责任。如何处理好血缘关系，家庭礼仪起到了重要作用。在处理好血缘关系的同时，还需要处理好血缘关系利益同他人利益以至社会整体利益的关系，不能侵害社会整体利益或他人利益。

姻缘关系是以婚姻为纽带结成的人际关系，姻缘关系主要表现为夫妻关系。在夫妻关系中，爱情应是夫妻生活的基础。但是婚姻问题是社会问题，它关涉到现实中的许多问题，例如家庭财产问题，子女的抚养和教育问题等等。因此，它不仅仅是夫妻之间的爱情和感情的问题，也是家庭和睦幸福的基础。处理好姻缘关系，夫妻之间都应该摒弃以自我为中心的思想，坚持互敬互爱的原则。应当建立在互相理解、互相信任的基础上，才能保持稳定的和睦的夫妻关系。

代际关系是指上一代同下一代的关系。上一代同下一代之间不仅存在着年龄上和心理上的差异，同时还存在着社会经历、成长环境以及知识结构等方面的差异，在思想观念上往往也存在一定的距离。代际关系是维护家庭和谐的基础，也是家庭成员人生幸福和事业成功的必要条件。因此，代际彼此加强沟通，互相理解、互相尊重和谦让，既是家庭礼仪的重要内容，也是处理好相互关系的重要条件。

2. 地缘关系型

地缘关系是以生存的地理空间为纽带结成的人际关系，包含邻里关系和同乡关系等。邻里关系是确定的，而同乡关系则有一定的条件，人们只有离开家乡时才能产生同乡的感情和关系。

邻里关系是指左邻右舍间的人际关系，一般以家庭之间的联系为表现形式。邻里之间空间距离近，交往比较频繁，相互之间的影响也比较大。邻里关系搞不好，常会发生摩擦，带来不必要的麻烦、甚至影响和睦相处，产生不良后果。邻里彼此间互相尊重，互相关照，适度来往，互不纠缠，这种邻里关系一般都比较融洽。

同乡关系是由于生长地区的共同性，加上都离乡背井出门在外，自有一股割不断的乡情，从而使彼此萌生出一种特殊的情感，“亲不亲，故乡人”，“老乡见老乡，两眼泪汪汪”。这种亲切感和信任感，使彼此容易开展各种交流与合作。这种凝聚力如果引导得当，能发挥其极好的作用。同时，要尽量避免产生狭隘的地方观念，损害他人和社会整体利益。

3. 业缘关系型

业缘关系是以所从事的职业为纽带结成的人际关系，也就是说凡因工作上、业务上的联系所形成的人际关系都可属业缘关系。业缘关系主要包括同事关系、同学关系、师生关系、上下关系等。

同事关系是指在一起工作所形成的、没有权力等级差别的人际关系。所谓“在一起工作”，一般是指彼此能够经常发生职业的、面对面的互动联系，其中包括过去在一起工作和现在一起工作两种类型。处理好同事关系是职场礼仪的重要内容。

同学关系是指在一起学习过程中所形成的人际关系，既可以指同班的同学关系，也可指同校的同学关系。同学关系是在人际关系中最纯洁的关系，体现了互相之间的平等和真挚的情感。处理好这种关系需要加强交往，更需要文明礼仪。

师生关系是以教和学为纽带结成的人际关系，它的基本特点是传授知识和接受知识。因此，影响师生关系的主要因素首先是教师的人品和学问。学生一般最敬佩、最信任为人师表、知识渊博的老师。老师一般则喜欢刻苦用功、学习成绩好、勤思考爱提问的学生。师生彼此的兴趣和性格、文明和修养，也是影响师生关系的重要因素。

上下级关系是指正式组织中根据职务与地位所形成的领导与被领导的关系。上下级关系既是职务上的序列等级关系，又包括人格上的互相平等、互相尊重的关系。在工作中，下级要尊重和支持上级，上级要尊重和理解下级。处理好上下级关系是职场礼仪的重要组成部分。

上述各种社会交际的类型，实际上相互渗透，互相交叉，同时也是相互转化的。处理这种复杂的社交关系，应以社交的内容和目的来确定其主体类型，正确扮演社交角色，采取适当的社交礼仪方式。

第二节　拜访和聚会礼仪

拜访和聚会是人们社交过程中最常使用的两种基本形式。在拜访过程中增进人们之间的情感交流，稳定人际关系。在聚会中通过不断扩大社交范围，加强交往双方的联系，提升个人的影响力。在拜访和聚会的过程中保持恰当的礼仪是非常重要的。

一、拜访礼仪

拜访是指前往他人的工作单位或住所，去会晤、探望对方。拜访是双向性的活动，在拜访中，作为访问、作客的一方为客人，也叫来宾，作为待客、接待的一方为主人。只有主客双方都遵守礼仪的规范，拜访活动才能圆满成功。

（一）拜访前的准备

1．有约在先

有约在先是作客拜访礼仪中重要的规范，既反映了个人的文化修养，也体现了对主人的尊重。事先有约的内容包括时间、地点、人数和话题等因素。首先，约定的时间和地点应以主人方便为前提，主人提出的方案应优先考虑。例如，在一般情况下进行家庭拜访，时间最好安排在节假日的下午或晚上，尽量避开可能的吃饭时间和休息时间。晚上拜访也不宜太晚，以免影响主人休息。其次，还要注意约定的拜访的人数，尤其在公务拜访中，要约定参加的人员和身份。一经约定就不要随意变动，尤其是主要成员，否则会令主人打乱计划和安排，影响拜访的效果。最后，约定拜访的话题，以便主人做好待客的准备。

2．准备拜访的主题

拜访都有一定的目的性，需要商量的事情，拟请对方做哪些工作，自己需要做些什么准备，如何同对方交谈等，事先都应做认真的设想和安排。正式拜访前要准备好自己的服饰，注意仪容仪表。参加正式的活动，要着正式的服装，以表示对主人的尊重。拜访对方或看望亲朋好友，如果需要带上适当的礼品，也要事先做好准备，以免“临时抱佛脚”。

（二）拜访中的礼仪

1．准时赴约

约定拜访时间后，务必认真遵守，不可轻易变更。拜访对方最好要准时到达。为避免误时情况的出现，最好提前出发。如万一有特殊原因不能按时赴约或要取消拜访时，一定要尽快打电话通知对方，并客气地讲明理由，或者约定好下次拜访的时间。当与对方见面时，要再次表示歉意。

2. 拜访的程序

拜访他人时，不论是办公室还是住所，进门之前都要先敲门或按门铃。敲门的声音不要太大，轻敲两三下即可，按门铃的时间不要太长，响两三声即可。要等有人应声允许进入或主人出来迎接时方可进去，不可不打招呼就推门而入。即使门是开着的，也要以其他方式让主人知道有人来访，待主人允许后进入。

与主人相见要主动向主人问好，并向主人握手为礼。如果双方初次见面，还应对自己略作自我介绍。对主人的同事、亲属，应主动打招呼、问好。不能视而不见，不理不睬。如果有礼品，可适时向主人奉上，不要道别时再说。

进门之后要脱下外套，摘下帽子、手套，同随身带的物品一起搁放到主人指定的地方，不要随意乱搁乱放。如需要应换上拖鞋，并将自己的鞋摆放整齐。

进入房间时要主动跟随主人之后，而不要走在主人之前。入座时不要自己找座位，而要根据主人的邀请，坐在主人指定的座位上。

如果主人开门后未邀请入室，则不应擅自进入。如果入门后主人没请你脱下外衣或入座，通常表示主人没打算留客，自己来得不合时宜，此时应该简短说明来意后告辞，不要好奇地向室内窥视。

3. 拜访的技巧

拜访时态度要诚恳大方，言谈要得体，不要颠三倒四、不得要领。要尽快接触实质性问题、讨论主题，不要让客气话、开场白占去太多的时间。拜访都是有目的的，所以要紧紧围绕拜会的主题，争取达到满意的目的和效果。除了拜访者主动交谈外，还要注意主人的态度、情绪和反应，注意尊重主人，把握好交谈的技巧。

作客时还要注意自己的行为举止符合礼仪的要求。例如，坐姿要端正、文雅，不要东倒西歪。主人倒茶时应从座位上欠身，双手捧接，并道“谢谢”。主人端上水果、小吃时，应等年长者动手后再取之。吸烟者要尽量克制，想吸烟时应先征得主人或在场的女士的同意，并注意吸烟的礼仪要求。要限定自己的活动范围，未经主人允许不要到其他房间走动，不要触动主人家内的物品和陈设，也不要对主人家的个人生活和家庭情况过度地关心，否则就是对主人的不尊重和失礼的表现。

（三）拜访结束时的礼仪

1．掌握好拜访的时间

在同主人交谈的过程中，如果发现主人有其他事情或已到约定时间，应主动“见好就收”，适可而止。通常初次拜访不要超过半个小时，而一般性的拜访不要超过一个小时。

2．适时告辞

提出告辞后就要态度坚决，不要说过几次“走了”却迟迟不动。即使主人有意挽留，也应坚辞而去，不要拖延时间。出门以后就应主动请主人“留步”，并握手告别表示感谢。

（四）待客礼仪

讲究待客的礼仪最重要的就是要待客以礼，做到主随客便。

1．待客前的准备工作

如果已经约定好客人来访，就要提前做好各方面的准备。准备的内容包括环境、物品、心情及着装等方面。例如，搞好室内卫生，摆放好室内物品，创造一个良好的待客环境，注意个人的仪容和着装，要干净、整洁，要准备好待客的物品，例如茶水、果品、小吃等。如果在办公室或接待室招待客人，也要做好准备，让客人有“宾至如归”的感觉。根据需要还可做膳食、住宿和交通工具的准备。同时，接待客人切忌主人衣着不整、蓬头垢面或室内乱七八糟，让客人难以入座。

2．热情迎接客人的到来

对于来访的客人，主人可根据需要亲自或派人在大门口、楼下、办公室或住所门外迎接，对常来常往的客人，一旦得知对方抵达，应立即起身相迎于门外。与客人相见均应热情地同客人握手、问候并表示欢迎。如果同事、家人或其他客人在场，主人也应予以相互介绍，不能不理不睬，怠慢客人。

进入房间后，主人要主动帮助客人脱下外衣、帽子，并放好。然后引导客人进入客厅，安排其就座。主人应把“上座”留给客人，就座时为了表示对客人的尊重，应请客人先行入座。

迎接客人时，切忌夫妇俩人和同事之间谁的客人谁接待，其他人无动于衷，也不能对不速之客的到访表现出轻视和讨厌态度。

3．礼貌接待客人

对待客人要主动、热情、周到、善解人意。要分清主次，有客人在，客人就是最重要的。同客人交谈要精力集中，对交谈内容要表现出浓厚的兴趣，不要表现得心不在焉或使场面冷淡。

要热情地招待客人，敬茶、递烟、送水果。茶水要浓度适中，量度适宜，倒茶不要过满，一般倒七八成满较合适。端茶时应用双手，右手握杯柄，左手托底。对各位客人都要一视同仁，做到热情、平等相待。

接待客人时，忌讳在客人面前摆架子、无精打采，或看书、看报、听广播、看电视、打电话，以及忙家务、训斥孩子、与家人聊天等，把客人冷落在一旁，让人理解为不受欢迎或逐客。

4. 送客礼仪

当客人提出告辞时主人应真诚挽留。如果客人执意要走，主人应尊重客人意见，不要在客人未起身前，主人先起身相送，也不要主动先伸手与客人握手告别，让人感觉有厌客之嫌。

送客人要送到室外或电梯门口，重要的客人要送到大门口、楼下或其乘坐的车辆驶离之处。对远方的客人还要送到机场、车站等地方，等客人乘坐的交通工具启动后再离去。

同客人告别时要与之握手，对其来访表示感谢并道“再见”或“欢迎再来”。客人离去时要挥手致意，目送客人远去。

二、聚会礼仪

聚会是一种经常性的、极为普遍的社交形式。由于其形式多种多样，内容丰富灵活，对于交往对象来说可以广泛地交流信息，结识朋友增进友谊，所以深受人们的喜爱。

（一）聚会的类型

聚会的形式很多，按照聚会的目的、聚会中所讨论的中心话题或从事的主要活动来区分，可分为比较熟识的同事、同学、亲朋好友之间保持联系，增进友谊的交际性聚会；接待来访者，意在谋求增进了解、加深认识的联谊性聚会；由职业、兴趣相同或相近的人组成，以探讨学术或理论问题为主要内容的学术性聚会；由文艺爱好者发起、参加的，以联络感情和娱乐为目的的文艺性聚会；参加人数较多，内容兼有多种目的的综合性聚会等等。

这些聚会采取的活动形式也多种多样，可以有讨论会、座谈会、茶话会、聚餐会、酒会、生日派对、联欢会、节日晚会、舞会、家庭音乐会等等。

（二）聚会的礼仪

1. 做好聚会前的准备工作

确定聚会的时间、地点、形式、主人和参加者之后，要着手做好准备工作。作为聚会的主人，要布置好聚会举办的场所，准备好活动需要的各种物质准备和活动的议程安排。

作为参加者在参加活动前要根据不同活动形式的要求,对自己的仪容仪表和服饰进行必要的修饰与斟酌。男士应理发、剃须,换好西服套装或休闲装,女士应做发型、化妆,换上时装套裙或休闲装。如果是夫妻或情侣二人一起参加活动,两人的衣着打扮也要协调一致。还应做好参加活动项目的准备和参加聚会所需物品的准备,以免需要时措手不及。

2. 遵守聚会时间

参加聚会要遵守时间按时赴约,不得无故迟到、早退或爽约。聚会是一种社交活动,参加者无故迟到、早退或者失约,不仅浪费了他人的时间,也会失敬于人、失信于人,这些都是社交的大忌。万一有特殊情况难以准时到达或不能参加,要及时通知主人,并向大家表示歉意。

3. 聚会礼仪技巧

聚会是一种重要的社交活动,每个参加者都要衣着得体,精神焕发,行为举止温文尔雅,谈吐落落大方,为人宽厚大度、谦虚诚恳,给参加者留下良好的印象并赢得大家的信任。在聚会中要主动与他人交谈,除了老朋友以外,应主动扩大自己的交际范围,更多地结识新朋友。同人交谈要诚恳虚心,既要主动发表自己的见解和主张,也要善于向他人学习和请教,以开阔视野增长知识。

聚会中要注意尊重妇女,尊重老人,主动地关心、帮助、照顾、保护妇女和老人,积极为他们排忧解难。要多体谅主人,主动帮助主人做一些事情。参加聚会时要先问候主人,聚会结束后向主人告别后方可离去。聚会中即使有些事不尽如人意,也不要说三道四或者当着他人的面对主人指责非议,让主人难堪。只有遵守聚会的礼仪规范,才能得到更多的朋友,取得社交聚会的成功。

第三节　舞会与晚会礼仪

舞会和晚会是人们在社交过程中较常采用的活动方式。通过这两种方式可以用更为轻松的方式进行沟通,用更为灵活的方式进行交流,是促进人际交往的最有效途径。

一、舞会礼仪

在各种社交聚会中,舞会是一种深受人们欢迎的大众化社交活动。在优雅的环境、优美的舞曲、美妙的灯光的相互衬托之下,人们翩翩起舞,既可以自娱,也可以娱人,确实是一种颇具吸引力的活动项目。

（一）舞会的组织礼仪

要使一场舞会获得成功，舞会的组织工作至关重要。举办舞会主要应抓好以下环节：

（1）确定舞会的主办者。

不论是单位主办还是私人主办，要明确主办者全面负责舞会的组织筹备。而且主办者的确定情况会影响到此次舞会的规模。

（2）确定舞会的规模和参加的人员。

根据舞会的召开的主题内容来组织参加人数。为了更好地保证舞会的举办效果，在确定舞会的参加人员的时候，一定要注意男女比例的均衡。

（3）要确定举办舞会的时间。

舞会时间的有效性是影响舞会效果的重要因素。结合舞会主题选择舞会的准确时间范围，根据舞会的性质选择是白天还是晚上。同时还需要注意确定舞会的延续时间。

（4）确定舞会的场地。

根据舞会参与人员的多少，及舞曲的需要，选择恰当的舞场。否则舞场过大，会显得比较空旷，很难调动舞会的气氛；如舞场过小，反而会影响到舞会的效果。

（5）准备好舞曲。

一般舞会都需要准备各种类型的舞曲来分别调动参加人员的积极性，有条件的舞会最好请乐队现场演奏。

（6）做好接待工作。

选好舞会的主持人和招待服务人员，准备好招待的食品、饮料。

（二）舞会参加者的礼仪要求

1. 容貌整洁

跳舞时舞伴之间要近距离相对，因此，参加舞会前一定要洗澡、漱口、理发，不要吃葱、蒜等食物，不要饮酒等，防止身体散发怪异之味。有条件的还可以根据个人情况进行化妆，适当地美容美发，以使自己更加美丽、容光焕发。

2. 服饰得体

参加舞会的服饰要同环境、气氛相协调。正式的舞会按国际惯例还要在请柬上注明服饰的要求，参加者应自觉遵守。一般的舞会也要注意自己的服饰，使之端庄、整洁、得体、落落大方。男士宜穿西服套装或长袖衬衫配长裤，女士参加舞会以裙装为宜。在舞会上不要穿过紧、过透、过短的衣服，更不能穿短裤、拖鞋。要系好衣扣，不要当众更衣或脱下外衣。

3．掌握好时间

一般的舞会都要注明舞会持续的时间,而不限定参加者到场和离去的时间,不要求正点到达和结束后才可离去。但参加者为了表示对主人的尊重和对舞会的支持,应尽量早些到达,结束时再离去。如果没有特殊情况来得很晚走得又很早,是不礼貌的表现。

4．注意修养

参加舞会要注意自己的言谈举止,做到讲文明有礼貌,这样才能得到别人的尊重和欢迎。要尊重舞会的举办者,不要随意贬低、批评或要求更改活动安排和舞曲。另外,舞会作为社交活动,除了跳舞外,还应抓住机会联系老朋友,结识新朋友,联络感情增进友谊。

(三)邀舞的礼仪

1．邀舞的顺序

正式的舞会上的第一支舞曲应由主人夫妇、主宾夫妇共舞,第二支舞曲则可以由男主人与女主宾、女主人与男主宾共舞。接下来的舞曲男主人可以依次按照礼宾顺序,邀请其他女伴共舞,而这些女士的男伴也可以主动邀请女主人和主人方的其他女士共舞。

男女结伴参加舞会,依惯例第一支舞曲应一起跳,舞会最后一支舞曲,如果有机会两人也应同跳。但是整个舞会中二人同跳应以两次为限,不能够两人从舞会开始一直跳到结束,而应有意地交换舞伴,以扩大自己的交际面,达到舞会交流的目的。

2．邀舞的规则

舞会上男士应主动邀请女士跳舞,邀请时男士可行至拟邀舞的女士面前,向女士点一下头或施半鞠躬礼,并向女士轻声邀请:“可以请您跳舞吗?”如果女士身旁有男伴或家长,应先向其男伴或家长点头致意后,再向女士发出邀请。女士受到邀请后一般应马上起身,同邀舞者一起步入舞池共舞。舞曲结束时,男士应将女士送回原来的座位,并说声:“谢谢,再会。”然后离去。

邀请舞伴时通常是男士邀请女士,女士如果不同意,可以有礼貌地表示拒绝,也可以女士邀请男士,但男士不能拒绝。

3．谢绝邀请的礼仪

舞会上被人邀请跳舞是受到尊重的表示,无故谢绝男士的邀请是失礼的。如女士不愿意接受对方的邀请也可谢绝,但要注意语气委婉、态度客气、礼貌待人。可以这样说:“对不起,我想休息一下”或者“对不起,这支舞曲我不大会跳”等礼貌、委婉的谢绝。被拒绝后,男士应礼貌退下,不要赖着不走反复纠缠。

拒绝了一位男士的邀请后，女士就不宜立刻接受另一位男士的邀请，因为这样做对前一位男士是极不礼貌的。

如果已接受了一位男士的邀请，对后来的邀舞者则应表示歉意："对不起，等下一曲吧。"当女士已拒绝一位男士的邀请后，如果这位男士再次前来相邀，无特殊情况不应再次拒绝。男女结伴一起来跳舞，别人邀请自己的女伴时，男士不能代女伴回绝。

4. 舞姿与风度

参加舞会应注意自己的舞姿和舞技，但更重要的是跳舞时的举止风度应符合礼仪的规范要求。

步入舞池时要尊重女舞伴，女在前男在后，由女士选择跳舞的具体位置。跳舞时一般男士领路引导在先，女士配合于后；一曲终了应立于原处面向乐队或主持人鼓掌表示感谢，再将女伴送回原处。

舞姿要标准，动作要协调。跳舞时要保持身体端正，双方胸部应保持30厘米左右的距离，不要太近或太远。男士应右臂前伸，右手轻扶对方左侧的腰部，左手使左臂以弧形向上与肩部成水平线举起，掌心向上拇指平展，将女伴的右掌轻轻托住。女士的左手轻轻地放在男士的右肩上，右臂弯曲举起，手指并拢，手掌掌心向下，轻轻搭在男士的左手上。旋转时膝盖应自然放松，步伐不要越过本人平时的自然跨度，并注意重心的转移。男士不要把女士的手握得太紧，或把右手掌心向内地全贴在女士的腰上，也不要旋转时把女士扯来扯去。女士不要把头靠在男士的肩上，或双手套在男士的脖子上，更不要跳贴面舞。跳舞时万一不慎碰撞或踩踏了对方，应自觉地向对方道歉。

跳舞时还要注意神态和表情，应面带微笑自然大方，既不要过于严肃，面容凝重、呆板，也不要目不转睛地凝视对方，引起误会和反感。即使是夫妻或热恋中的情侣，在舞会上也不应过分亲昵，在社交场合这样做是不礼貌的。

二、晚会礼仪

出席晚会、观看文艺演出和体育表演是社会生活中经常参加的社交活动。在国际社会，人们把观看演出同出席舞会和宴会列为礼仪要求最高的三项社交活动，历来高度重视其礼仪规范。

（一）专场演出的组织

在国际交往中，特别是在接待外国贵宾和代表团时，为其专门组织一场文艺晚会，既是一种娱乐活动，也是给予对方的一种礼遇。

1．选定节目

首先要选好演出的形式，是戏剧、舞蹈、音乐，还是曲艺、杂技、体育表演，还是综合性演出等等，然后再根据访问的性质和活动的目的确定具体的节目，当然也要尊重外宾的风俗习惯，照顾外宾的兴趣爱好。演出的节目一般应以反映本国特点和民族风格的音乐、歌舞、戏剧为主，同时可以加演一两个来宾所在国家的知名节目或来宾本人喜爱的节目，以示对客人的尊重。为保证质量，避免出现问题，正式演出前应组织专人审看。还应印制专门的节目单和说明书，让客人更好地了解节目内容，同时也是很好的纪念品。

2．发出邀请与应邀

活动和节目确定后要正式对来宾发出邀请。邀请分口头邀请和书面邀请两种形式，将活动的目的、名义、邀请的范围、时间、地点以及有无附加要求清楚地告诉对方。应邀者接到邀请后，不论参加与否都应及时礼貌地给予答复，以使邀请方及时做好准备。参加活动前，应邀者应该按邀请的要求认真核对准备，以避免出现差错。

3．座位的安排

为保证外宾欣赏好节目，要为外宾安排好观看演出时的座位。专场演出通常将贵宾席留给主人和主宾，其他客人自由入座或对号入座。在正规剧场观看文艺演出，一般以第七八排中间位置为最佳（国外剧院以包厢为好）。看电影则以 15 排以后为好。

4．专场演出的程序

专场演出可安排普通观众先入座，外宾抵达时，由礼宾人员或陪同人员在剧场门口迎接。然后宾主进入休息室，稍事休息与交谈。在开幕前由主人陪同外宾进入剧场就座，其他观众应有礼貌地起立鼓掌欢迎。主宾就座后，可将节目单和说明书提供给外宾。演出过程中观众不得退场。演出结束后，由主人陪同外宾一起走上舞台，向演员致谢献花，并且同主要演职人员见面、合影。献花或花篮以及登台与演员握手应主随客便，主人一般不提示。最后主人陪同外宾退场，演职人员和观众一起欢送。

（二）演出前的礼仪要求

1．得体的服饰

观看演出尤其是隆重、正式的演出，是层次最高的社交活动。参加者应首先注意自己的仪容，适当的修饰、化妆，整理发型、保证面容的整洁。

服饰上要根据不同形式的演出有所区别。观看戏剧、舞蹈、音乐或综合性文艺演出，对着装的要求较高，尤其是陪同外宾或应邀观看这类演出时应着正装，甚至要穿礼服性质的正装。男士应着深色西服套装，女士应穿裙装，下身不要穿长裤。参加这种活动，穿牛仔裤、运动服等便装是不符合礼仪规范的。在国外出席这种场合的活动，尤其是首场演出或有高级领导人参加，一般要求男士要穿礼服，女士要穿晚礼服。若观看曲艺、杂技、电影或体育表演，在着装上符合观看演出的基本要求即可，但是绝不能穿短裤、背心、拖鞋。

2. 提前入场

观看演出一条重要的规定是演出一旦开始，观众便不应再陆续入场，而应等候演出中场休息或幕间才能再进场，且演出结束前不得提前退场，否则会影响演出效果并妨碍其他观众对节目的欣赏。因此，观众应提前15分钟入场，以存放衣帽、寻找座位、熟悉环境、稍做休息，做好观看节目的准备。

3. 对号入座

观众应于演出前5分钟或演出预备铃响后对号入座，进入剧场时，应依次而行，不要拥挤。如有领位员引导就位时，可以随行其后，请他带路。如有长者或女士，应请长者、女士随领位员在前，男士在后。找到座位后应向领位员表示感谢。如果无人领位，则男士、职位低者、年轻者要主动向女士、职位高者、长者带路并寻找座位。多人行进时应男士在前，女士在后，最后还应是男士。不要并排走路，应单列而行。

如果自己的位置在一排中间，而两侧已有人就座，在走向自己的座位时，应向被打扰的人说一声“抱歉”，并面向就座的观众侧身走向自己的座位。同来观看演出，应将好的位置让给女士、长者，男士、年轻者要主动坐在靠边或较差的位置上。

（三）观看演出的礼仪要求

1. 遵守秩序

为保证演出顺利、成功，每个观众都要遵守公共秩序。例如演出开始后，不要随便走动，不要交头接耳、说话交谈，不要大声咳嗽、打哈欠或打喷嚏。不要吸烟，不要嗑瓜子、吃零食、喝饮料，不乱扔废弃物。不要使用通讯工具，手机、寻呼机应处于关闭或振动状态。不要影响他人观看，应摘去帽子，端正坐好，不要把脚踩在他人椅背上或把座位垫高。未经允许不要随便照相和摄像，等等。

2. 尊重演员

每个节目结束或一幕终了时应热烈鼓掌，对节目表示肯定，向演员表示支持和感谢。但是鼓掌要讲究礼貌和分寸。例如，音乐会要演完一曲、歌剧中独唱结束、芭蕾舞独舞结束时再鼓掌。如果频频鼓掌则会影响演出和观众欣赏。在节目进行中不要鼓掌，不可高声叫好，更不能吹口哨、喝倒彩。这样做不仅失礼,也是缺乏教养的表现。对于演出中出现的问题或个别演员的失误,观众应予以谅解,不要采取不礼貌的行为,让演员下不了台。观看体育比赛要尊重客人,对各国运动员表示热情友好,不应该无视客队的存在或者对客队起哄、喝倒彩。

演出全部结束后,应起立鼓掌。若演员出来谢幕时,应再次鼓掌表示祝贺和感谢。演出谢幕后方可有秩序地退场。

第四节 宴请礼仪

宴请是一种常用的交际方式,其目的在于增强沟通,广结善缘。宴请可以根据不同的标准具体划分为多种形式,每种形式的宴请在菜肴、人数、时间、着装等方面也有许多不同的要求。

一、常见的宴请形式

在社会交往中,宴请是最常见的交际活动。就目的看,国际上宴请主要分为宴会、招待会、茶会和工作餐等四种形式。

(一) 宴会

宴会是最正式、最隆重的宴请。宴会为正餐,由服务人员按顺序上菜。宴会种类繁多,按举办时间可分为早宴、午宴和晚宴,以晚宴档次最高。按餐别可分为中餐宴会、西餐宴会、中西合餐宴会。按性质可分为工作宴会、欢迎宴会、节庆宴会。按礼宾规格可分为国宴、正式宴会、便宴和家宴。一般情况下,宴会持续时间为两个小时左右。

1. 国宴

这是国家元首或政府首脑为国家庆典或欢迎外国元首、政府首脑而举行的规格最高的正式宴会。宴会厅内必须悬挂国家的国旗,并由专门的乐队现场演奏国歌和席间乐。国宴一般由国家元首或政府首脑主持,席间由主人和主宾致辞和祝酒。国宴的礼仪要求最为严格,参加国宴者必须着正装,座次按照宴会组织的礼宾次序就座。

2. 正式宴会

正式宴会的规格仅次于国宴,除了不挂国家国旗、不奏国歌以及出席人员的规格不同外,其余的安排大体与国宴的要求相同。礼仪要求也比较严格,宾主按身份排席次和座次,有些国家还在请柬上注明对出席客人的服饰方面的要求。席间设有致辞和祝酒,有时也可设乐队演奏席间乐。正式宴会对服务人员以及餐具、酒水和菜肴的道数均有一定的要求。

3. 便宴

便宴适合于日常友好的交往，不属于正式宴会，气氛比较亲切、随便。其形式简便，偏重人际交往，而不注重规模、档次。可以不排座次，不做正式讲话致辞，菜肴的道数也可以根据出席宴会人员的具体情况而定。

4. 家宴

家宴是便宴的一种形式，其特点是在家庭中设宴招待客人。家宴往往由主妇亲自下厨烹调，并由家人共同招待客人，气氛亲切、自然，让客人有种"宾至如归"的感觉。

（二）招待会

招待会是形式较为灵活的一种宴请方式。一般不备正餐，仅备有食品、酒水、饮料，由客人根据自己的口味选择自己喜欢的食物和饮料，然后或站或坐，与他人一起或独自一个人用餐。招待会一般不排座次，可以自由活动。

1. 自助餐宴会

自助餐宴会又叫冷餐会，为了方便宴请人数众多的宾客，是一种非常流行、灵活、方便的宴请形式。根据宴会主客双方的身份，规格隆重程度可高可低。自助餐会一般在中午12时至下午2时、下午5时至7时左右举办，持续时间为2个小时。菜肴以冷食为主，也可以用热菜，连同餐具陈设在桌子上，客人不排座位，可以按食品类别顺序多次取食。酒水陈放在桌子上，供客人自取。食品、饮料应按量取食，不可浪费。

2. 酒会

酒会也称鸡尾酒会，规格可高可低，适用于各种节日、庆典、仪式及招待性演出前后。酒会的形式活泼，便于宾客之间广泛的接触和交流。酒会以酒水为主，佐以各种小吃、果汁，不用或少用烈酒，食品多为三明治、面包、小香肠、炸春卷等，不设刀叉，以牙签取食。食品和酒水由服务人员用托盘端送，或部分放置在小桌上由客人自己取。酒会一般采取站立的形式，不设坐椅，仅设小桌或茶几，以便客人随意走动，广泛交流。酒会举办的时间比较灵活，中午、下午、晚上均可。请柬上往往注明整个活动延续的时间，客人可在其间任何时候到达或退席，来去自由，不受时间约束。

（三）茶会

1. 茶会的时间

茶会是一种简便的接待形式，通常安排在下午4时或上午10时左右在客厅举行，内设茶几、坐椅。

2. 茶会的准备

会上备有茶、点心或地方风味小吃，请客人一边品尝一边交谈。茶会不排座次，如果是为贵宾举行的活动，入座时应有意识地将主宾和主人安排坐在一起，其他人员可随意就座。茶会对茶叶的品种、沏茶的用水和水温以及茶具都颇有讲究。茶叶的选择要照顾到客人的嗜好和习惯，茶具要选用陶瓷器皿，不要用玻璃杯，也不要用热水瓶代替茶壶。欧洲人一般用红茶，日本人喜欢乌龙茶，美国人用袋装茶，外国人参加的茶会还可以准备咖啡和冷饮。

(四) 工作餐

1. 工作餐的类型

工作餐是现代生活中经常采用的非正式宴请形式，是利用进餐的时间和形式，边用餐边谈工作。按用餐时间可分为工作早餐、工作午餐和工作晚餐。

2. 工作餐的基本要求

此类活动一般不请配偶和与工作无关的人员参加。工作进餐一般不排座次，大家边吃边谈，形式较为灵活。如果是双边正式工作进餐，往往要排座次。

3. 工作餐费的支付

工作餐费用一般可以由做东者或者提议者支付。在国外，工作餐经常实行"AA 制"，由参加者各自付费，或者是谁点餐谁支付的原则。

二、宴会的组织

宴会是一种非常重要的社交活动，对宾客来说是一种礼遇，务必要根据宴会的规范和礼仪要求认真组织好。为使宴请活动取得圆满成功，宴会要做好如下准备工作：

(一) 宴请前的准备

1. 确定宴请的目的

宴请的目的是多种多样，可以为个人举行，也可以为事情举行，例如庆祝节日、纪念日、迎送外宾、为展览会开幕、闭幕等。举办宴会的目的一定要明确，师出无名会对宴会和活动的举办者带来不良的影响。宴请目的不明确会导致受邀参加的客人对宴会的认识不清，导致参与度不高。

2. 确定宴请的名义

确定宴会以谁的名义邀请是决定宴会能否成功的关键要素。宴请名义的确定不仅会影响着被邀请的对象级别的高低，而且会影响宴会级别的档次和规格。确定邀请者与被邀请者的主要依据是主宾双方身份对等。在外国人眼中，以谁的名义举办宴会关系着宴会的档次，身份低会使对方感到冷淡，身份过高亦无必要。对外举办宴会,如果邀请主宾偕夫人出席,主人应以夫妇的名义发出邀请。国内的宴会邀约客人时,可以以主办宴会的单位最高负责人的名义或主办单位的名义发出邀请。

3. 确定宴请的范围

宴请的范围是指宴请哪些方面的人士出席,多少人赴宴,什么级别,主方需要多少人出席作陪等等。确定宴请的范围,主要取决于宴请的性质、主宾间身份、国际的惯例、双方的关系以及主方习惯作法等。多边活动要考虑相互关系,对于对立国、对立方人士发出邀请尤其要慎重。宴请的范围一经确定,即应草拟具体邀请名单,被邀请人的姓名、职务、称呼等一定要准确,并适时向客人发出邀请。

4. 确定宴请的形式

宴会形式的选择需要根据宴会的目的、宴会的名义以及宴请的范围来考虑,同时,还要视具体情况和本单位的习惯做法而定。一般正式的、规格高的、人数少的以宴会的形式为宜。人数较多则以冷餐会或酒会更为合适。

(二) 确定举办宴会的时间、地点

1. 宴会的时间

宴会时间的选择会影响到宴会举办的效果。一般来说,宴会的时间以主、宾双方都合适的时间为准,尤其要照顾主宾的时间要求。按国际惯例,晚宴被认为是所有宴会形式中规格最高的。在安排宴会的时间时,一是要注意避开重要的节假日、重要的活动日;二是避开双方或一方的禁忌日。如对西方人士不要选 13 日,更不要选 13 日同时是星期五的日子,因为这个日子被称为“黑色星期五”,是非常不吉利的代表。而伊斯兰教徒每年都有斋月,在斋月期间白天禁食。如若举行宴请宜在日落后进行。最后,宴请活动时间要与主宾单位商量,主宾同意后,确定时间再约请其他宾客。

2. 宴会的地点

根据活动的性质、规模、宴请的形式、主人的意愿以及实际情况来确定宴请的最佳地点。宴会的活动越是隆重,就越要讲究环境和条件,因为它体现了主人对宾客的礼遇。官方正式的宴会,应安排在政府、议会大厦或高级宾馆内。民间的宴请可以在酒店、宾馆,也可以安排在有独特风味的餐馆。最后,在地点的选择还应注意交通的便利性。交通越便利越适合宾客顺利达到。

(三) 发出邀请

1. 发出宴请的时间

各种宴请活动一般均应向客人发请柬。这既是出于礼貌,也是对客人的提醒和备忘。请柬一般需提前一周左右时间发出,以便被邀请人尽早做好时间上的安排。如果通知的时间太晚，容易给宾客带来不便。

2. 请柬的要求

请柬上要将宴会活动的目的、名义、邀请范围、时间、地点等写清楚，重大的活动还要注明着装的要求及其他附加条件。口头约定的活动，仍应补送请柬，并在请柬右上方或左下方注上“备忘”字样。需要安排座位的宴请活动，为确切掌握出席情况，以便做好准备，还要求被邀请者答复是否出席，请柬一般注明“请答复”字样。如果只需要不出席者答复，则注明“如不能出席请答复”字样，并注明电话号码以备联系。请柬发出后，也可以用电话询问对方能否出席。主办方要及时落实出席情况，以调整安排好席位。

3. 请柬的发放原则

在请柬的信封上，被邀请人的单位、姓名、职务要书写清楚准确。国际上习惯给夫妇两人发一张请柬，在国内需要凭请柬入场的场合要注意每人发一张。

(四) 确定宴会的菜单

根据宴会的规格和形式，组织好宴会，其中菜单的确定至关重要。菜单的选择要在预算标准之内予以安排。

1. 选菜的原则

选菜应考虑主宾的口味、喜好和禁忌。例如伊斯兰教徒用清真席、不喝酒，印度教徒不吃牛肉等等。千万不要以主人的喜好为准，让客人“客随主便”。不要以为中国人喜欢的或是名贵的菜肴也都适合外国人，例如海参、动物内脏，许多欧洲人都不喜欢。

2. 菜单的搭配技巧

确定菜单还要考虑菜肴的荤素搭配、营养搭配和酒水搭配，以适应客人的习惯和爱好。菜单确定后即可印制。正式的宴会上，菜单至少每桌一份。讲究的可以每人一份，以便大家用餐时心中有数各取所需，菜单也可留作纪念。

(五) 安排好席位

1. 事先安排座次

正式的宴会均应事先为每个宾客安排好桌次和位次，并且事先通知到每个人，以便心中有数。也有的只安排部分主要宾客的席位，其他人只排桌次或自由就座。

2. 座次排列的依据

不同形式的宴会，席位的排列各有不同。排列的依据主要是国际惯例和本国的礼宾顺序，除此之外还应考虑客人之间的政治关系、身份地位、语言沟通、专业兴趣等因素。但是无论如何排列，都应先把主宾夫妇和主人夫妇置于最为尊贵的位置。

3. 座次排列的原则

在排列座次时主要按照一下原则:一是桌次高低以距离主桌位置远近而定,右高左低。二是同一桌上,席位高低以离主人远近而定,右高左低。具体的座次安排上国内外还有一些具体做法上的区别。国外的习惯是男女穿插就座,以女主人为准,主宾在女主人右上方,主宾夫人在男主人右上方(如图 7-1)。

	男主宾　女主人	
女　宾　甲		女宾乙
男　宾　乙		男宾甲
	男主人　女主宾	

图 7-1　国外座次

我国习惯按职务排列以便于谈话,如果夫人出席,常常把女士排在一起。形成两个天然的交流中心,一个是以男主人为主,一个是以女主人为主(如图 7-2)。

	男主宾　男主人	
男　宾　甲		女宾甲
男　宾　乙		女宾乙
	女主人　女主宾	

图 7-2　国内座次

4. 迅速就座的技巧

为了保证全体赴宴者临场不乱,都能迅速找到自己的席位,应在请柬上注明桌次。还可以在宴会现场悬挂桌次图,在每张餐桌上放置桌次牌、座次牌或姓名牌。宾客入场时,应安排领台员引导客人入座。

(六) 宴会现场的布置

1. 确保宴会成功的技巧

宴会成功与否不仅仅取决于菜肴的质量,环境和气氛也是至关重要的。如果环境不佳、气氛不好,往往会直接降低宴会的档次,影响宾客的食欲,影响宾主之间的交流,宴会的效果就会大打折扣。

2. 宴会现场布置的礼仪要求

宴会现场的布置取决于活动的性质和形式。官方的正式宴会布置应该严肃、庄重、大方,可以少量点缀鲜花、刻花等,不要用红红绿绿的霓虹灯作装饰。宴会环境要安静、高雅、有文化气息,同时要整洁卫生。要注意宴会厅色彩的运用和灯光的调节。如果有席间音乐,乐声宜轻,以便身心得到调节和放松。

（七）宴请的程序及服务

1. 宴会的准备工作

宴会的组织者要安排好工作人员，尽可能周到地做好宴会的各项准备工作，为来宾提供完善的服务。

2. 宴会的招待环节

宴会开始前主人一般在门口迎接客人。如果规格较高，还要由少数主要官员陪同主人排列成迎宾线。其位置宜在客人进门存衣以后，入休息厅之前。双方相互握手后，由工作人员引入休息室或直接进入宴会厅。有些国家官方的隆重场合，客人到达时，设有专人负责唱名。

休息室内应有相应身份的人员照料客人，并有服务人员送饮料。主宾到达后，由主人陪同进入休息室与其他客人见面。如果客人没有到齐，迎宾线不宜撤。

3. 宴会的开始

主人陪同主宾进入宴会厅，全体客人就座，宴会即可开始。如果休息室较小，宴会规模大，也可以请主桌以外的客人先入座，主桌人员最后入座。

4. 宴会的程序

有的宴会设有正式讲话，而各国安排讲话的时间不尽一致。一般正式宴会可在热菜之后，甜食之前，先由主人讲话，然后客人讲话。也有的一入席，双方即讲话。

宴会最后上水果，吃完水果主人与主宾起立，宴会即告结束。

宴会结束后主宾告辞，主人送至门口，主宾离去后迎宾人员顺序排列，与其他客人握手告别。

三、赴宴的礼仪

赴宴礼仪主要指宾客参加宴会的过程中应注意的礼仪行为。出席正式宴会必须遵守宴会的礼仪规范，注意自己的文明举止，维护国家、单位以及个人的良好礼仪形象。

（一）赴宴前的准备

1. 应邀礼仪

首先，接到赴宴的邀请应该感到是一种荣誉，不能看作是一般的进餐。能否出席都应尽早答复对方，以便主人做好安排。其次，接受邀请后不要随意变动。万一遇到特殊情况不能出席，尤其是作为主宾不能出席时，应尽早向主人解释、道歉，甚至亲自登门表示歉意。最后，应邀参加活动之前，要核实宴请的主人是谁，活动举办的时间、地点，活动的性质，是否邀请配偶参加，服饰上有什么要求，是否需要带礼物等，提前做好各项准备，防止出现差错。

2. 注意仪容仪表

出席正式的宴会，要注意修饰个人的仪容仪表，做到整洁、优雅。尤其参加涉外宴会或西餐宴会，男士要穿正式的深色西服套装，女士穿裙装或旗袍并施淡妆。如果不加任何修饰，仪容不洁，着装不雅，既会被人轻视，也会被认为不尊重主人、不重视此次宴请活动。宴会进行中无论天气如何热，都不能当众解开衣扣，更不能脱下衣服。如果是小型宴会，主人请客人宽衣时，男宾可脱下外衣，搭在椅背上。

3. 掌握好赴宴时间

出席宴请活动，抵达时间的早晚、逗留时间的长短，在一定程度上反映了对主人的尊重。抵达时间过早、迟到、早退或逗留时间过短等都被视为失礼或有意冷落。首先，应该根据活动的性质和当地的习惯掌握好时间。有的国家是正点或晚一两分钟到达，我国的习惯是正点或提前两三分钟到达。其次，提前到达容易给主人造成猝不及防的感觉。提前五分钟以上到达容易打扰到主人正常的宴会准备工作的开展，对主人来说是不礼貌。如提前到达可以在车上等待或在周围转一转，调整一下时间。最后，结束时主宾退席后，其他人员可陆续告辞。席间确有特殊事情需提前退席，应向主人说明后悄悄离去，也可事前打好招呼届时离去。

（二）赴宴过程中的礼仪

到达宴会场所后，应先到衣帽间脱下大衣和帽子，然后前往迎宾处主动向主人问好，并根据活动内容向主人祝贺。参加庆祝活动，可按当地的风俗习惯和相互关系赠送花束或花篮，赴家庭宴会也可酌情给女主人赠送鲜花以表谢意。

1. 文明入座

进入宴会厅前，应先了解自己的桌次和座位，按指定的桌次依次就座。入座前应先核对，不要随意就座。若无明确排定，应该遵从主人的安排，并注意与其他人谦让。一般的宾客应于主人、主宾之后就座，或与大家一起就座。如果邻座是长者或女士，应主动为他们拉开椅子，协助他们坐下。

入座后姿势要端正，不可将手托腮或双肘放在桌上。脚放在本人坐椅下，不要架起“二郎腿”乱颤，以免影响他人。不可玩弄桌上的酒杯、盘碗、刀叉、筷子等餐具。不要用餐巾擦餐具，以免让人认为餐具不洁。

2. 宴会中的交谈礼仪

宴请或举办宴会的目的主要在交际。在用餐前后,尤其在餐前稍事等候的时候,应该主动与同桌的人交谈,尤其是左邻右舍。如果不认识可以作自我介绍,互相交换名片。可以问候主人,联络老朋友,结识一些新朋友。谈话要注意对象和场合,不要一个人夸夸其谈,也不要一言不发,好像专门为吃饭而来。

3. 进餐礼仪

大家入座后,主人应招呼客人用餐。在中国是男主人提议,在西方则是女主人宣布就餐开始。

取菜时不要盛得过多,也不要一看不喜欢,就一点也不拿。正式宴会上,不应表示厌恶某种食物,因为社交吃饭有特定的意义,吃下去意味着接受主人和这个国家,所以通常拒绝一道菜是不礼貌的。当摆上本人不能吃或不爱吃的菜时,可取少量放在盘里,并表示"谢谢,够了"。不要露出难堪的表情,更不能说三道四。吃东西要文雅,要闭嘴咀嚼,不要发出声音,嘴内有东西不要张嘴说话。热汤不要用嘴吹,喝汤不要吸。要注意自己的吃相,不要狼吞虎咽,也不要过细过慢,更不要吃得摇头晃脑汗流满面。

要讲究卫生,不要吸烟。在餐桌进餐时,不要咳嗽、清嗓子、吸鼻涕、打喷嚏,如果有此需要应起身去卫生间处理。万一不能控制时,也要用餐巾捂住鼻子、嘴巴,事后向周围的人道"对不起"。

要尊重不同的风俗。各国的餐饮都有自己的传统习惯,要注意尊重对方。例如中餐有的地方吃鱼,忌讳把鱼翻身,餐桌上不要故意违反。

4. 宴会祝酒

作为主宾参加宴会,要先了解对方祝酒的习惯,以便做必要的准备。往往为了调节气氛和强调宴会的宗旨,安排祝酒和干杯是必要的,但是要避免长时间演讲和多人接连登场。祝酒词通常安排在宾主入座后、用餐前,也可安排在主菜之后、甜品上桌之前。

正式宴会祝酒,主人和主宾要先发表一篇专门的祝酒词。主人、主宾致词祝酒时应暂停进餐,停止交谈注意倾听。奏国歌时要肃立。主人和主宾讲完话与贵宾席人员碰杯后,往往到其他桌敬酒,各桌人员应起立举杯,碰杯时要目视对方致意。祝酒时不目视对方是不礼貌的,当主桌未祝酒时,其他桌不可先起立或串桌祝酒。客人不宜先提议为主人干杯,以免喧宾夺主。

相互碰杯祝酒,可以表示友好活跃宴会气氛,但是注意不要交叉碰杯,女士不宜提议为男士干杯。人多时可同时举杯示意,不一定挨个人碰杯。

敬酒干杯时要有自知之明,保持风度,切忌饮酒过量。一般正式宴会要主动将饮酒控制在本人酒量的1/3以内,切不可饮酒过多,失言失态或醉酒误事。

不会喝酒或不能饮酒时,要注意礼貌拒酒。不要当别人给自己斟酒时,乱推乱躲,将酒杯倒扣。可以提前声明或以饮料代酒,也可以倒入杯中少许酒不喝。

西餐宴会的祝酒、干杯,同中餐有很大不同。在西餐宴会上,祝酒干杯讲究只用香槟酒,这时即使不会喝也要沾几滴。西方人一般只祝酒,不劝酒,只敬酒,不真正干杯,喝与不喝,喝多喝少随个人自便。在餐桌上饮酒失态是有失身份的。

(三)宴会中意外情况的处理

宴会中由于不慎发生异常情况时,例如用力过猛刀叉撞击盘子,发出声响或碰掉餐具、碰倒酒水等等,应沉着冷静不要急躁。餐具发出声音,可向邻座或主人说声"对不起"。餐具落地后不能拿起来擦拭一下再用,应由服务人员另送一付。酒水打翻在桌上,可用餐巾铺盖上。酒水打翻溅在邻座身上,应表示歉意协助擦干。如果对方是妇女,只把干净的餐巾或手帕送给对方并道歉即可,由她自己擦干净。遇到特殊情况,要随机应变不要慌乱,用智慧和语言妥善解决。

另外,宴会上如果主人为每个出席者准备了小纪念品,可以在活动结束时带走,并对主人表示感谢。但是宴会上的招待品,如糖果、水果、香烟、其他食品等则不要带走。出席私人的宴会后,往往应在三日内向主人致函或用名片表示感谢。

第五节　馈赠礼仪

礼尚往来是国际上通行的社交活动形式之一,是向对方表达心意的物质表现。在社交活动中,为了向宾客或对方表示恭贺、感谢或慰问,常常需要赠送礼物,以增进友谊与合作,这就是我们要讲的馈赠。

一、礼品的选择

馈赠礼仪是人们在社会交往中为表示敬意和友好所选择的礼品内容与收受形式。成功的馈赠可以恰到好处地向受赠者表达自己的友好、尊敬和某种特殊的情感,同时也能使对方满意、高兴,从而增进相互之间的感情和友谊。因此,选择礼品一定要注意以下问题:

1. 礼品的纪念性

人们在选择礼品时,都是将其看作友情和敬意的物化,通过赠送礼品表达对对方的情谊和尊重。礼品如果能融进和体现了送礼人的情感,就是最好的礼品,而且可以起到睹物思人的效果。例如,将一双亲手制成的儿童毛衣送给亲友的孩子,将一本久购方得的书籍送给亲密的朋友等,会收到意想不到的效果。所以在选择礼品时,不能只着眼于礼品的价值,更要着眼于礼品所代表的情感和心意。

2. 礼品的对象性

赠送礼品讲究因人而异,即所谓"宝剑赠侠士,红粉赠佳人"。例如,给学生送文具,给老师送书籍,新居落成送字画等。在选择礼品时,务必要根据对象的国家、民族、年龄、性别、职业、兴趣的不同而选择不同的礼品。首先,根据双方不同的关系送不同的礼品。要区分是公务交往还是私人应酬,是新朋还是老友,是同性还是异性,是中国人还是外国人,是商务往来还是文化交流等等,不同的关系要选择不同的礼品。例如,许多国家认为红玫瑰是情人之间礼物,是表示爱情的,把一支红玫瑰送给自己的夫人或者女朋友,可以表示浓浓的爱意。但是如果把它送给一位普通关系的异性朋友,就成问题了。二是根据对方的兴趣爱好投其所好的选择礼品。例如,将一个笔记本电脑送给刚刚大学毕业走上工作岗位的年轻人,会让对方高兴不已,而把它送给已退休在家的老人,可能就不会产生送给年轻人的效果。三是目的不同馈赠的礼仪不同。例如,选择的礼品是用于迎接客人还是告别远行,是慰问看望还是祝贺感谢,是节假良辰还是婚丧喜庆,等等,目的不同,用途不同,选择的礼品也大不相同。例如,看望生病住院的病人,带一些滋补品可以表示慰问和关心,而如果带其去祝贺年轻人过生日则变得不伦不类了。

3. 礼品的独特性

所谓礼品的独特性就选择礼品的时候注意体现出"特别的爱给特别的你"。也就是要选择符合对方特点的别出心裁的礼物。礼物既能满足受赠者的需要,又能体现馈赠者的独特心思。这样才能真正达到馈赠礼品的作用。如在对方生日之时馈赠对方出生之日的报纸杂志等,都有着特殊的含义。

4. 礼品的便携性

所谓礼品的便携性主要是指赠送的礼品要方便对方携带,特别是对于远途的受赠者来说。如坐飞机的人尽量不要赠送白酒和面积较大的物品,不方便携带。例如参加学术会议时,会议主办方就不适合选择被子作为会议礼品赠送给与会者,但可以选择杯子赠送更为合适。

5. 礼品的地域性

所谓礼品的地域性是指礼品的选择可以充分体现地方的特色。也就是说在馈赠礼品的时候最好选择的就是地方特色。这样既表达了对受赠者的情意，还增加了受赠者对本地域的了解。如东北的人参、鹿茸、黑木耳等，山东的煎饼、泥老虎等。

二、礼品的馈赠

在馈赠礼仪里，礼品的选择非常重要，得体的礼品选择更有利于体现馈赠者对受赠者的请以，但不恰当的礼品则可能出现表错意的结果，引起交往双方的误会。

1. 精心包装

赠送礼品除了讲究礼品本身的意义，还应当注意礼品本身的包装。不包装的礼品有种不太重视和敷衍了事的意思。包装是礼品的外衣，精美的包装可以反映出送礼者的情趣和心意。不重视包装会导致礼品本身的“贬值”，甚至使受礼人有被对方轻视的感觉。不少中国人送礼是只重货色不重包装，往往很高档的礼品用纸一包了事，这是不符合礼仪规范的。

2. 馈赠时机的选择

馈赠礼品讲究师出有名。往往师出无名的馈赠会给受赠者带来困惑。这就涉及馈赠时机的问题。首先，赠送礼品一般要选择节假日，向对方表示祝贺、感谢、慰问之情。涉外交往中，应根据国际惯例和来宾的风俗习惯以及具体情况做具体安排。其次，会面之初要馈赠礼品表示敬意。参加道喜道贺的活动拟向对方赠礼，应该在双方见面之初相赠最为适宜。第三，主人馈赠礼品可在告别宴会上，或临行前夜，到对方下榻的宾馆，以方便受赠者处理礼物，或携带或邮寄或托运。

3. 赠送礼品的技巧

礼品最好当面赠送，这样做可以更好地畅谈友情和介绍礼品，加深感情。有时由于身处异地，或因种种原因本人不宜当面赠送时，也可以委托他人赠送或者邮寄。这种情况下应附上一份礼笺，署上姓名并说明赠礼的缘由。

赠礼时送礼人要神态自然、举止大方，双手把礼品送给受礼者，而不能偷偷摸摸、手足无措，更忌讳把礼品悄悄放在一边不告诉对方，等走后再告诉对象，有类似行贿之嫌。

赠送礼品时，要简短、热情、得体地加以说明，表明送礼的原因和态度。如果有必要，可对礼品稍作介绍。例如说声“祝你生日快乐。”再送上礼品就表明送的是生日礼物了。必要的话应对礼物做简短说明,避免因礼物的独特性而给受赠者正常使用带来困惑。

三、礼品的接受

在社交场合当他人赠送礼品时,作为受赠者也应讲究接受礼品的礼仪,做到有礼、得体,以表示对赠礼者的重视和尊敬。

(一)受赠礼仪

1. 落落大方地接受

对正常社交情况下的赠送礼物应落落大方的接受。在一般情况下,对他人诚心诚意赠送的礼品,只要不是违规的物品,最好的方式应该是大大方方、欣然接受为好。当赠送者向受赠者赠送礼品时,应起身站立双手接受礼品,然后伸出右手同对方握手,并向对方表示感谢。接受礼品时态度要从容大方恭敬有礼,不可扭捏失态,或盯住礼品不放和过早伸手去接,或拒不以手去接,推辞再三后才接下。

2. 表示对礼物的欣赏

当场表示自己对所赠礼物的欣赏。接过礼品后如果条件容许,受赠者可以当面打开欣赏一番。它表示看重对方,也很看重对方所赠的礼品。礼品启封时要注意动作文雅、文明有序,不要乱撕、乱扯,随手乱扔包装用品。开封后赠送者还可以对礼品稍作介绍和说明,说明要恰到好处,不应过分炫耀。受赠者可以采取适当动作对礼品表示欣赏之意并加以称道,然后将礼品放置在适当之处,并向赠送者再次道谢。切不可表示不敬之意或对礼品不屑一顾、说三道四、吹毛求疵。

(二)拒收有分寸

1. 拒收的原因

由于种种原因不能接受他人赠送的礼品时,要讲明原因婉言拒收。拒收对方的礼品,要讲究方式方法,依礼而行,要给对方留有退路,不要使对方产生误会和难堪。同时,还要握手表示感谢。

2. 拒收的技巧

一般情况下拒收礼品应当场进行,最好不要接受后再退还。当看到对方赠送的礼品不能收时,一是应该对对方的心意表示感谢,二是要坦率或者委婉地讲明不能接受的原因和理由,将礼品当场退还。

如果确实因为一些原因很难当场退还,也可以采取收下后再退回的办法。退还礼品时,一是要及时,最好在 24 小时之内将礼品退还本人,二是要保证礼品的完整,切忌拆启封口后再退还或者试用过之后再退还。

四、馈赠礼仪的禁忌

礼品选择不恰当是馈赠礼品的最大禁忌。由于受各国的历史、文化、风俗和习惯的影响,再加上社会与宗教的压力,人们形容“不吉利的礼物如同一支会爆炸的雪茄一样危险”。送礼不当还不如不送。馈赠礼品注意一下问题:

(1) 有违地域性或宗教性禁忌的礼品。

要尊重由于地域、文化背景、风俗习惯、民族和宗教信仰等差异而形成的禁忌,选择礼品要自觉地、有意识地避开对方的礼品禁忌,注意礼品的品种、色彩、图案、形状、数目和包装等等的选择。例如,在欧洲参加舞会,绝不能给女主人送去一束鲜嫩的菊花,而在我国绝不能把一台崭新的台钟送给老年人。因为在当地的文化背景下,这两个礼品的寓意是一样的,都会使人联系到死亡。

(2) 不送有违个人禁忌的礼品。

由于每个人经历、兴趣和习惯不同,可能形成个人习惯上的禁忌。选择礼品时也要注意了解受礼对象的个人忌讳。例如,向一位丈夫刚刚去世的女士赠送一对情侣表,一定会勾起其满怀的悲伤。向一位独身者赠送情侣装或者向无孩子的家庭赠送童装等都是不合适的。

(3) 不送违法违规的礼品。

遵守国家的有关规定,不能选择违法违规的物品作礼品。例如,不能将涉黄、涉毒的物品作为礼品送人。许多国家对公务员接受礼品做了明确的规定,送的礼品价值过重有行贿之嫌。

(4) 不送破旧的物品。

在赠送礼品方面应注意保持礼品本身的时尚性和固有价值。对于一些破旧之物除非是古董之类的不主张用于礼品进行馈赠。没有保存价值的破旧之物有敷衍受赠者的嫌疑,这样的礼品不如不送。

(5) 不送带有宣传广告寓意的礼品。

特别是对于公务交往的馈赠礼品,如是为了宣传本单位可以适度赠送。如非这样不能在平常的交往中馈赠带有明显产品信息的礼品,有为之做宣传之嫌疑。特别是带有产品广告的衣服有活体代言之嫌疑。

(6) 不赠送过分昂贵的物品。

古语云:“礼轻情义重”。在社交过程中馈赠是为了联络感情,表达敬意。而过分贵重的礼品则往往使受赠者感到馈赠者另有所图。所以一般社交中礼品的选择要注重礼品所代表的情意,而不是礼品本身的价值。

五、送花礼仪

无论古今中外,鲜花都受到各界人士的赞颂和喜爱。正式活动中,向贵宾赠送鲜花是必不可少的礼节。日常应酬中,鲜花赠人也已经成为一种时尚。其实,赠送鲜花是一种特殊的馈赠形式。

(一) 花的寓意

鲜花是一种高雅的礼品,通过赠花来表达微妙的感情和心愿,确是别有一番意境,如果懂得一些送花意义及技巧会更加恰到好处。花的寓意也可称为花语,是指人们借用花卉来表达某种情感、愿望的寓意,也称花语。“人有人言,花有花语”说的正是这个意思,赠送鲜花时,将花的语意与人要表达的情感完美地结合,相互吻合,就是送花的最高礼仪。

1. 花的感情象征

在社会交往中,人们常借助花语来表达心意和情感。例如,蔷薇花表示崇高神圣的爱情,尤其是红色的蔷薇,表示爱情的纯真和坚定,更是初恋者赠送的佳品。红玫瑰的花语是“我真心爱你”,百合花、郁金香表示“百年好合,爱情美满”,合欢花、并蒂莲表示“恩爱如初、恩爱幸福”。牡丹、月季红、芍药等表示“幸运吉祥、荣华富贵、繁荣昌盛”等。月季花、芝兰象征“正气清远、早日康复”等寓意。

还可以用几种鲜花搭配在一起送人,不同的花语组合在一起形成了新的含义。例如看望病人,用表示安慰的红罂粟和表示幸福即将来临的野百合花组合在一起,表示“放心吧,您很快将康复。”

2. 国花以及城市象征

国花,就是以某种鲜花来代表国家,用鲜花作为国家的标志和象征。在国际交往中,国花作为一种象征往往发挥十分重要的作用。世界上的国花主要有以下一些:

美国——玫瑰;日本——樱花;德国——矢车菊;法国——鸢尾花、玫瑰;英国——玫瑰;意大利——雏菊;加拿大——枫叶;澳大利亚——金合欢花;瑞士——火绒草;荷兰——郁金香;瑞典——白菊、睡莲;丹麦——冬青;波兰——三色堇;南斯拉夫——铃兰;希腊——橄榄;西班牙——石榴;泰国——睡莲;新加坡——兰花;印度——荷花;巴基斯坦——素馨花;菲律宾——茉莉花;韩国——木槿花。

另外,不少城市也拥有自己的市花。例如,北京的市花是月季和菊花,上海市的市花是白玉兰,天津市的市花是月季,长春市的市花是君子兰等等。我国香港特别行政区的区花是紫荆花，澳门特别行政区的区花是荷花，它们还分别作为区旗的主要图案。

（二）送花的技巧

赠送鲜花形式多种多样，可以送花束、花篮、盆花、桶花和花环等。日常生活中，还可以送头花和胸花，也可以做成花圈，在缅怀、悼念逝者的场合使用。送花时要送鲜花，尽量不要用干花送人。送花一定要讲究技巧，合乎礼仪，要注意不同对象、不同场合和花的不同寓意。

1．社交场合

在一般社交场合下，赠送鲜花比较讲究时机和场合的因素。不同的场合赠送鲜花代表的寓意也是不一样的。比如迎接亲友之时可选紫藤、月季、马蹄莲组成花束表示热情好客。祝贺开业之时可选红月季、牡丹、一品红等，表示开业大吉、生意兴隆。乔迁之时可适合送稳重高贵的花木，如剑兰、玫瑰、盆栽、盆景，表示隆重。丧事之时适合用白玫瑰，白莲花或素花，象征惋惜怀念之情。送给老人的花选一盆梅花盆景，赠送长者，寓意"冰中育蕾，雪里开花，不畏寒冷，独步早春的刚强意志和崇高品格。"探望病人可选素净淡雅的马蹄莲、素色苍兰、剑兰、康乃馨表示问候，并祝愿早日康复。送别朋友可赠一束芍药花，表示依依惜别之情。

恋人相会时，可以送玫瑰花，表示爱情；送蔷薇花，表示热恋；送丁香花，表示对爱情的坚贞不渝。参加婚礼或者看望新婚夫妻时，送海棠花，表示祝君新婚快乐；送并蒂莲，祝愿夫妻恩爱，白头偕老；送月季花，表示甜蜜爱情永不衰等等。

2．休闲场合

在休闲场合下，赠送鲜花更注重的是鲜花代表的情意。比如看望父母之时可选剑兰花、康乃馨、百合花、菊花满天星，扎成花蓝或花束，祝父母百年好和，幸福美满。祝长辈华诞之时可选送长寿花、大丽花、迎春花、兰花、万年青、龟背竹、鹤望兰、寿星橘、寿星桃等寓意"福如东海，寿比南山"，以祝贺老人健康长寿。祝同辈生日：可选石榴花、象牙花、红月季等，含有青春永驻前程似锦的祝愿。

3．节日送花

赠送鲜花的一个有利的时机就是节假日。在节假日馈赠鲜花可以根据节日的特点来选择。如新春佳节之时可选送大丽花、牡丹花、水仙花、桃花、吉庆果、金橘、状元红、吉祥果等表示吉祥。

每年5月的第二个星期日是母亲节，通常以大朵粉色的香石竹作为母亲节的用花。同时,康乃馨也是不错的选择。凌霄花寓意慈母之爱,经常与冬青、樱草放在一起,结成花束赠送给母亲,表达对母亲的热爱之情。而每年 6 月的第三个星期日父亲节,通常以送黄色的玫瑰花为主。在有的国家,把黄色视为男性的颜色。

（三）送花的禁忌

由于同一种花在不同的国家、不同的民族往往会被赋予大不相同的寓意。所以在送花时,必须要了解交往对象的风俗习惯和花的不同寓意,避免出现笑话甚至更为严重的后果。我们可以从花的品种、色彩、数量三个方面注意送花的禁忌。

1. 花的品种

同一品种的鲜花,在不同国家和地区寓意不同甚至相反。例如,中国人喜欢荷花,是因为其“出淤泥而不染,濯清涟而不妖”,可是日本人忌荷花,认为荷花同死亡相连,所以不要送荷花给日本人。

中国人喜欢菊花,北京每年秋季还要举办菊花展,但是菊花绝不能送给西方人。在西方不少国家,菊花寓意死亡,是只能在丧葬活动中才能使用的。

2. 花的色彩

鲜花的颜色万紫千红,但不同的国家和民族对鲜花的色彩却有不同的理解。例如中国人喜欢红色,认为大吉大利。新人结婚时,也是大红“喜”字、红色鲜花、红色的衣服,环境布置也倾向于红色。西方人喜欢白色,认为是纯洁美丽。在中国白色作为哀悼颜色。把红色花送给西方人,则有向对方倾诉爱意之嫌,所以西方人送花时,多以多种颜色的鲜花组成一束赠送,很少送清一色红或黄。

3. 花的数量

送花的数量,在不同的国家和民族也有不同的讲究。例如,在中国,参加喜庆活动往往要送双数,意味着“好事成双”。而在丧葬仪式上则应送单数,以避免“祸不单行”。

在西方国家,送人鲜花要送单数。他们认为,自然的美是不对称的,花是自然的一部分,选择偶数的花缺乏审美感和鉴赏力。所以送花一、三、五、七都可以,奇数是吉利的象征,但是他们忌讳 13,认为 13 枝是不吉利的,无论是枝数还是朵数都不宜是 13。在日本、韩国、中国认为 4 不吉利。日本还忌讳 9,认为送给他们 9 枝花,是将其视为强盗。也不能送日本人带 16 瓣的菊花,因为这是日本皇室徽章的标记。

总之,赠送鲜花已成为今天人们交往中深受欢迎的一种馈赠形式,是赠送他人的常见礼品，也可以用鲜花作为其他礼物的附加礼品。但是必须知晓鲜花所表达的意愿、情感和象征的意义，根据受赠方的需求恰当地做出选择，才能达到调节双方关系增进双方感情的目的。

案例分析

小李想趁着单位元旦放假到好友小王家拜访。由于路途比较远，所以提前购买了机票，并于12月31号下午4点打电话告诉小王，将于明日八点到达他家。本来小王一家元旦期间要到三亚去旅游两天，因为小李临时到访，于是就改为第二天去三亚。元旦当天小王一家早早起来开始收拾准备迎接小李，大约8:15了也不见小李的踪影，打电话也无人接，于是就一直等待，直到晚上8点小李终于来了。这时小王家所有准备的饭菜都已经凉了。等吃完晚饭小李自然就留宿在小王家了，小王家第二天到三亚旅游的计划还是泡汤了，于是小王的爱人就特别的不高兴，吃完晚饭收拾完毕就回卧室，就再也没有出来，只有小王一个人陪着小李。睡觉前，小李才想起来给王家人带的礼物，其中给小王带了一个剃须刀，给小王的爱人带了一条金项链，给小王的孩子买了一个最新款的游戏机。第二天正赶上小王的朋友聚会，小李也跟着去了，大家在一起聊天的时候，聊到全国各地男人的特点这个话题。有人说："东北男人好，豪爽、大方。"小李也说："对，大家知道上海男人什么特点吗？我总结了一下就是：小气、怕老婆。"这时见对面一男人满脸通红的坐着，小李就问："哥们儿，你哪里人？"那人说："我是上海人。"小李也感到特别的尴尬。席间小李是又抽烟又喝酒，吃的不亦乐乎。聚会结束后，又一起参加了一个舞会。舞会期间小李多次邀请女士跳舞，其中还有一位女士第一次就拒绝了小李，因为面子问题小李多次邀请，最后仍被拒绝，于是小李就对着这位女士说："真是不识抬举的婆娘。"愤愤地离开了舞会，小王也随即出来陪着小李回家了。

请结合社交礼仪的内容指出案例中错误的地方，并指出应该如何操作才是正确的。

本章小结

1. 社会交往是人的本质的内在要求。社会交往是社会构成与发展的基础，有利于个人成长。交往的形式是多种多样的，但都受着一定的社会准则和规范的制约和调节，并趋于不断完善之中。这些准则和规范就是社会交际礼仪。

2. 拜访是指前往他人的工作单位或住所,去会晤、探望对方。拜访是双向性的活动,在拜访中,作为访问、作客的一方为客人,也叫来宾,作为待客、接待的一方为主人。只有主客双方都遵守礼仪的规范,拜访活动才能圆满成功。

3. 聚会是一种经常性的、极为普遍的社交形式。由于其形式多种多样,内容丰富灵活,对于交往对象来说可以广泛地交流信息,结识朋友增进友谊,所以深受人们的喜爱。

4. 在各种社交聚会中,舞会是一种深受人们欢迎的大众化社交活动。在优雅的环境、优美的舞曲、美妙的灯光的相互衬托之下,人们翩翩起舞,既可以自娱,也可以娱人,确实是一种颇具吸引力的活动项目。

5. 出席晚会、观看文艺演出和体育表演是社会生活中经常参加的社交活动。在国际社会,人们把观看演出同出席舞会和宴会列为对礼仪要求最高的三项社交活动,历来都高度重视其礼仪规范。

6. 宴请是一种常用的交际方式,其目的在于增强沟通,广结善缘。宴请可以根据不同的标准具体划分为多种形式,每种形式的宴请在菜肴、人数、时间、着装等方面也有许多不同的要求。国际上宴请主要分为宴会、招待会、茶会和工作餐等四种形式。

7. 馈赠礼仪是人们在社会交往中为表示敬意和友好所选择的礼品内容与收受形式。成功的馈赠可以恰到好处地向受赠者表达自己的友好、尊敬和某种特殊的情感,同时也能使对方满意、高兴,从而增进相互之间的感情和友谊。

复习思考题

1. 社交的含义是什么?社交礼仪具有哪些特点?
2. 在社交活动中,需要遵循哪些基本原则?
3. 简述社交礼仪中的待客礼仪?
4. 结合实际,试述做客的礼仪规范?
5. 简述参加舞会的礼仪要求?
6. 简述宴请礼仪的程序?
7. 在选择馈赠礼品的时候应注意什么问题?
8. 在社交活动中,送花时应注意哪些基本问题?

第八章　职场礼仪

本章提要

职场是一个处理公司日常业务的场所，同事们因工作在这里朝夕相处。所以职场礼仪就成了每个职场人必须掌握的重要技巧。职场礼仪不仅关系到个人和组织的良好形象，也会关系到一个人的个人前程和事业发展。通过本章的学习将了解到职场礼仪的特点、作用和基本的法则，掌握具体的职场常规礼仪、日常工作礼仪和通讯礼仪等内容，为个人更好的融于职场中奠定基础。

本章学习目标

- 了解现代职场礼仪的基本内涵
- 掌握职场常规礼仪、职场日常工作礼仪和职场的通讯礼仪
- 全面理解职场具体礼仪

第一节　职场礼仪概述

职场礼仪是指人们在职业场所中应当遵循的一系列礼仪规范。了解、掌握并恰当地应用职场礼仪，将有利于完善个人的职场形象，提升个人的职业素养。每一个职场人都需要树立塑造并维护自我职业形象的意识。

一、职场礼仪的特点

由于职场是现代社会最为典型的工作场所，是人们开创事业、掌握信息、增

进友谊、实现价值,与上司和同事为了同一目标共同奋斗的地方。因此,职场礼仪具有自己独特的特点。

1. 强调同事之间的平等

平等性是职场礼仪的一个重要特性。在职场里,同事之间是平等的、相互合作的关系。特别是在人格和尊严方面没有贵贱之分,只有职位的高低和分工不同。因此,对待上司、同事、下属要一视同仁,给予同等程度的礼遇,不应因对方的身份、地位、职务以及与自己的关系亲疏远近而厚此薄彼区别对待。

2. 强调对他人的尊重

在职场里,人与人相处必须遵循以相互尊重为前提,尊重他人的人格,尊重他人的劳动,不妨碍或损害他人的利益。在工作上,对同事要诚心诚意,做到宽厚、宽容、大度。在职场的人际交往中,也要以尊重为原则,对待上司要尊重,有事多请示;对同事要尊重,密切合作关系;对下属更要尊重,加强团队精神。只有人与人之间彼此尊重,才能保持和谐、愉快的人际关系,才能形成良好的工作氛围。

3. 促进人际关系和谐

在职场这样一个特定的场合和人群中,人际关系错综复杂,相互关系能否和谐关系到工作能否正常的有效地开展。职场中的人际关系包括与上司之间的关系、与同事之间的关系、与下属之间的关系、与同行之间的关系和与客户之间的关系等等。关系多而繁杂,必须认真处理好每一类关系,这就需要工作人员能掌握好职场人际关系的处理技巧。实际上,职场礼仪就是实现职场中各种各样人际关系和谐的行为规范。人际关系的处理是职场礼仪的核心部分,通过分析各种人际关系的实质内容,抓住处理关系的关键点,理顺人际关系,促进关系的和谐。

4. 提高工作的有效性

职场礼仪是通过协调人际关系,提升个人能力,进而促进工作顺利发展。所以职场礼仪可以为职场工作人员提供工作场所的行为标准。这样就可以使你在工作中避免一些不必要的麻烦,可以让工作更为顺利地开展。职场礼仪可以让你了解到一些具体问题的处理方法,面对不同的工作情境用不同的方式来协调,这是在职场中的人所必须具备的一种生存技能。因此,掌握职场礼仪可以更好地处理各种关系,使自己的工作能达到事半功倍的效果,充分有效地发挥自身的优势。

二、职场礼仪的作用

现代社会中，职场礼仪的重要作用将日益凸显，它除了可以体现个人的综合素质和修养，在全球化商务竞争中，也将成为企业形象的一部分而日益受到重视。掌握职场礼仪，将有助于完善和维护个人的职业形象，会使你在工作中左右逢源，使你的事业蒸蒸日上，做一个成功职业人。成功的职业生涯并不意味着你要才华横溢，更重要的是在工作中你要有一定的职场技巧，用一种恰当合理方式与人沟通和交流，这样你才能在职场中赢得别人的尊重，才能在职场中获胜。因而，职场礼仪的重要作用越来越多地被职场中的人认识到。

1．优化办公环境

在职场里，个人与工作环境的协调要以“礼仪”作为桥梁，个人的“礼仪”影响职场的其他工作人员的工作，而其他工作人员的“礼仪”也影响个人的工作。要想让自己工作舒心，环境发挥着重要的作用。同样，职场里的人文环境也是非常重要的，职场成员的行为具有强大的约束力、推动力和感染力，人人讲礼仪，人人懂礼貌，使人很自然地接受其教育和感化，使行为举止文明规范。这样就会在职场里形成良好的工作作风，优化职场环境，实现文明办公。

2．提高个人综合素质

在文明的办公环境下，良好的工作风气可以使人精神振奋，心情舒畅。能充分调动和发挥大家的主动性、积极性、创造性，使各方面的工作得到顺利开展，对实现工作目标，完成任务起着推动作用。特别是在职场这样一个公共场合中，礼仪行为将直接体现一个人素质和修养。“该讲礼的时候你不讲礼，人家说你没有教养；不该讲礼的时候你讲礼，人家说你装洋蒜。”也就是说在该讲礼仪的时候就应该知道怎么去做，而不是“不知者无罪”；不该讲礼仪的时候就不能还是死板教条的按照礼仪来进行，那样会引起别人的反感。职场礼仪有助于提高个人的礼仪修养，使自己在工作中游刃有余。行为体现素质，职场里行为的选择直接体现个人的思想和素养。

3．促进事业顺利发展

学习职场礼仪就是从自己的职业出发，通过协调人际关系，创造良好、文明的工作环境，进而促进事业顺利发展。有调查显示在成功人士中，大约有85%的人是依靠人际关系来取得成功的，只有15%的人才是依靠自己的专业技术取得成功的。也就是说在成功的过程中，人际关系所起到的重大的推动作用，是个人的专业技术所达不到的。和谐的人际关系能够促进事业的更快发展，职场内部良好的人际关系与工作效率密切相关，所以掌握职场礼仪，可以为以后事业的成功和人际关系的拓展奠定基础。总之,职场礼仪的学习有助于我们尽快适应工作,营造文明的工作环境,构建和谐的人际关系,创造舒适的工作场所。同时,也有助于工作人员在工作中避免不必要的麻烦,提高工作效率。

三、职场礼仪中的基本法则

"白金法则"和"三A法则"是职场礼仪中的重要法则,掌握这两个法则将有利于提升个人在职场中的影响力,促进职场人际关系的和谐相处。

1. "白金法则"

白金法则的内容就是别人希望让你如何对待他,你就如何对待他,即"在人际交往中要取得成功,就一定要做到交往对象需要什么,我们就要在合法的条件下满足对方什么"。其本质是以交往对象为中心,满足交往对象的需求。白金法则三个要点:一是行为合法,不能要什么给什么,做人、做事都需要底线;二是交往应以对方为中心,对方需要什么我们就要尽量满足对方什么;三是对方的需要是基本的标准,而不是说你想干什么就干什么。

只有在职场中掌握了运用这一法则的技巧,才能确保其社交效果的发挥。首先,要做到尊重他人。在工作中,我们应当尊重每一个人的人格,就像我们自己希望受到别人尊重一样。其次,要做到真诚待人。或许你不是最聪明的,或许你不是最机灵的,但只要能够诚心地做事,诚心地待人,时间长了,会赢得大多数人的信赖和尊重。最后,要做到公正待人。待人接物要做到公平公正,不偏不倚。这样别人也会用这种态度对你,才不会造成恶性竞争下两败俱伤的局面。

2. "三A法则"

"三A法则"是人们在社交过程中待人处世的基本规则之一。一是"Accept",接受对方。所谓接受对方,就是要待人如己,宽以待人。即要有容纳意识,这就要求我们尊重差异,容纳对方的缺点,谅解对方,"水至清则无鱼,人至察则无徒",没有容纳意识,迟早会将人际关系推向崩溃的边缘。二是"Appreciate",重视对方。此处所讲的重视,就是欣赏,就是要善于发现对方的优点。当你肯定别人时,实际上是在肯定自己,说明自己宽容,有层次,有涵养,大肚能容天下难容之事。三是"Admire",赞美对方。在人际交往中,不仅要善于欣赏对方,而且要把对方的优点予以肯定,予以正面的肯定。人际交往是互动的,当你善待别人的时候,别人就会善待你。

在职场中,"三A法则"在协调人际关系方面也发挥着重要作用。在同事交往中,做到这三A能让他人感受到尊重,相应的也就会尊重你,并更愿意配合你的工作。

第二节 职场常规礼仪

随着社会的不断发展，人们对自己的职场礼仪形象越来越重视，好的形象不仅可以增加一个人自信心，而且对个人的工作、晋升和社交都起着至关重要的作用，对企业服务、企业形象也有着重要意义。

一、着装礼仪

一个人的外表给他人的印象是十分深刻的。就企业而言，企业员工的着装与服饰，反映着员工的精神面貌及企业的活力与生机。就员工个人而言，着装与服饰是否得体，则会直接反映其道德修养、审美意识和对事业所持的人生观、价值观，以及对工作的热情和责任感等。在职场里服装发挥着重要的作用，得体的着装可以树立良好的职业形象。职场的着装礼仪分为三部分，包括着装的整体要求、着装的具体要求和着装的禁忌。

（一）着装整体要求

职场里的着装不仅体现个人的形象，也体现单位的形象。因此，职场着装的最基本要求就是得体整洁。同时，职场着装还应当注意：一是整齐，不允许又褶又皱，不熨不烫；二是完好，不应又残又破，不允许穿打补丁的旧衣服；三是干净，对于各类服装，都要勤于换洗，不应允许其存在明显的污渍、油迹、汗味与体臭。

当职场着装不得体不整洁的时候，往往让其他的工作人员产生反感，不愿意与你一起合作，也让你的上司很难放心地将工作交给你。同时，不得体不整洁的着装也会让客户对你的工作能力和产品质量产生怀疑。因而在职场里，要时刻注意着装问题，给自己一份信心，给别人一个好的印象，提高对你的信任度。

（二）着装的具体要求

个人的具体着装在工作中发挥着重要的作用，主要是因为它体现着每个人的精神面貌与工作态度。如果在工作中对自己的着装掉以轻心，将直接影响到其所在单位的整体形象。在职场着装，不同的工作场合有不同的要求。

1. 统一工作服装

单位有工作服装的，应按照规定正确穿着工作服装。现在不同的行业，根据职业特点设计统一着装，不仅有助于公司职员形象整体性地体现，而且有助于增强员工的内心责任感、荣誉感，激发员工的工作热情。工作服装是为体现身份或者方便工作的服装,因此工作服装只适合在工作岗位上穿着,下班后应立即换上便装,不要穿着工作服逛街、就餐、娱乐,尤其是公职人员更要注意。在工作服的穿着方面还有一个容易被忽视的细节:常有餐厅工作人员,甚至是厨师穿着工作服进出公共厕所。这样不仅会令顾客对餐厅的印象大打折扣,也是不符合食品卫生规范的。此外,美容、餐饮等对卫生要求较高行业的从业人员,去公共厕所前也都应先换下工作制服。而且也不要穿着工作服到商场、车站等人员密集的场所。

2. 常规服装

在职场里着装,如果没有统一的工作服装,男性应以西装为首选,女性应当以大方得体的职业套装为首选。

(1) 男士的着装。男士在职场工作,穿戴要得体,着装要规范。所谓得体,就是恰到好处,美在其中。所谓规范,就是着装要合乎准则,符合要求。在职场里,正确的着装会给人"精神抖擞、意气风发"的感觉,充分显示出你是充满信心的一个人。现在很多企业都规定,男士上班必须着西装、打领带、穿皮鞋。这充分说明男士在职场着装方面已经引起高度重视。

(2) 女士的着装。女士在职场工作时,得体的着装与服饰,会给人精明能干、落落大方、可以信赖的感觉。现在大多数女士都很会打扮,但是上班不同于休闲时间,不同于社交活动,穿着打扮不可以随心所欲。因此,女士在职场工作的着装与服饰要求,要以着套装和套裙为宜。有调查显示,80%的人认为女士在职场穿套装是合体的。女士在着装的颜色选择上,应以单色为宜,图案以小花为宜。

(三) 着装禁忌

在职场着装不得体,往往很容易让人把你的穿着和你的工作能力联系起来,在评价你的时候,容易引起误会,比如说"他这个人的工作能力和他的穿着一样糟糕"。因而,需要时刻注意自己的着装。在职场里有一些着装的问题是必须注意的:女性不要穿超短裙或过分"露、透、瘦"的服装;男性不要穿背心、拖鞋到职场;进入职场注意把帽子、大衣和手套脱掉;在职场工作期间,不论男女都不能穿大衣、风衣;夏天不能赤脚,不能穿着拖鞋,穿凉鞋时一定要穿袜子;不能穿无跟鞋。

目前,很多企业都已经对企业员工的着装作了具体的明文规定,员工的着装问题已经成为现代企业文化的重要窗口之一。因而,在职场中对于穿着服饰应给予足够的重视,不能因为自己的疏忽,而影响个人形象和企业形象。

二、举止礼仪

举止就是人们在外观上可以明显地被察觉到的活动、动作，以及在活动、动作之中身体各部分所呈现出的姿态。在一般情况下，它主要是由人的肢体呈现出的各种体态及其变化所组成。人的举止往往表露着人的思想、情感以及对外界的反应。所以，作为公司的工作人员就应该时刻注意自己的举止。

（一）行为举止要规范

在职场中，行为举止的选择不仅体现着个人的修养，也体现着公司的精神面貌。因此，在职场基本的举止姿势要规范。

1. 站姿

在职场中，站姿是使用频率最高的举止。而且站姿是否准确会直接体现员工的个人职业形象和单位的企业形象。所以，从塑造成功的企业形象的角度出发，企业会对员工的站姿都有明确规定。如站立时要头端、肩平、挺胸、收腹、身正、腿直，双手自然下垂或体前相搭。站累了可以调节姿态，把身体中心轮流放在两腿上，也可以轻轻地倚在某物体上。

2. 坐姿

在职场中的很多场合都涉及坐姿，比如开会、招待和谈判等等。坐姿的正确与否不仅能体现出企业对此次活动的态度，也能体现出一个企业的风范。因而，一般在公务场合坐下时要轻坐、轻起。女性落座更要轻稳，如果是裙装要收拢一下裙子。要注意时刻保持坐姿的正直、自然、放松。

3. 走姿

在职场中，与同事交流沟通合作事宜都会用到走姿。走姿更多的体现了个人的仪态，而且一个走姿都不准确的人工作的能力和效率也会受到别人的怀疑。因而，在职场中行走时要注意步幅适中，动作要轻捷、稳重，从容不迫，不要奔跑，步幅不要过大，脚底不要蹭地面，走路不要左顾右盼东张西望，拐弯处要放慢速度。只有这样，才能保证我们在职场中行走起来更加的便利。

4. 进出房间

在职场中，办公室是一个重要的沟通场所。不管是到同事还是领导的办公室都涉及进出房间的问题。一般来说，进别人办公房间时，不论房门是开或关，都应当用手指关节轻轻叩门，得到允许后再进入，不可贸然地进入。出入办公房间时，要轻轻地把门关上，不要用力过大。而且在进出的过程中切忌不要把自己的整个后背对着办公室中的人员。

5. 持文件姿

职场礼仪要求在携带文件时，以左手支持，放在胸部左侧，到达目的地时再用右手递送文件。不要双臂交叉将文件抱在胸前，更不要将文件挟在腋下。这样的持文件的姿势可以为其他的社交活动的开展提供便利。

6. 致意礼仪

礼貌地致意是人们见面时必须遵守的礼节，它会给人一种友好愉快的感受，在职场内常见的致意礼有点头礼、握手礼和鞠躬礼。点头礼是向长者、领导、同事及客户表示致意和打招呼，行礼时必须充满诚意。点头时面部要略带微笑，两眼正视对方。如果是坐着行点头礼时，应微微欠身以表尊重。行握手礼要注意次序、握手的力度适中。鞠躬礼是为了表示对上司和同事的尊重，鞠躬时要面带微笑，角度适中。

（二）对外接待要真诚热情

在对外接待活动中，要始终保持真诚热情。对于来访的客人，不论对方来的人多少，来人地位高低，都要以礼相待，做到“来有迎声，问有答声，走有送声”。

1. 迎宾

见面致礼时要及时、主动。需要介绍时大方得体，注意介绍的先后次序。需要握手的时候，热情认真。

2. 问候

问清楚对方的身份、来意，根据客人的需要适当安排，自己能办理解决的，就尽力办理解决，不能办理的就应该向有关人员转达。

3. 交谈

交谈时要认真倾听，积极交流，不能出现“看人下菜碟”的情况，对于来访的客户要一视同仁，不能“门难进，事难办，脸难看”。

4. 送客

客人离开的时候，要热情以礼相送，让客人满意而归。

（三）对外活动要文明谨慎

一个人的举止不仅是个人形象的代表，更重要的也是一个公司形象的展现。对外活动要注重举止合乎礼仪。

1. 准时达到

参加对外活动的时候要及时到达，养成守时的习惯。如果参加会议最好比预定时间早到 5 分钟，这最能体现效率原则。同时，也能反应到企业对活动的重视程度。

2. 热情大方

举止文明,热情大方。在遇见同行时,要积极主动地打招呼、握手,避免不予理睬。而且态度要大方,热情文明。

3. 行为得体

在整个活动过程中,行为要得体。例如需要交换名片,要及时准确地用右手或者是双手交换,切忌用左手。

4. 表达谢意

在活动中,对对方的到来或主办活动给予充分肯定,并真诚地表示感谢。

5. 积极汇报

活动结束后,要积极地向有关领导和部门转达活动的主题和相关文件,以便很好地落实活动内容。

只要能熟练地掌握以上的举止礼仪知识,就可以使自己在职场中表现得更加出色,与同事很快拉近距离,避免许多因不当的举止而引起的不必要的误会。

三、言谈礼仪

言谈礼仪是职场人际交往的一个重要环节。恰当得体的言谈能有效地融洽人际关系,所以在职场里尤其要注意言谈方面的礼仪。

1. 语言规范

在职场里,言谈交流要注意用语要高雅文明,熟练地掌握和使用谦敬语、客套话等,准确礼貌地使用各种称谓。说话的时候要把语调降低,音量不大不小,声调不高不低,这样可以让别人感受到你的沉着稳重,提高你的工作效率。说话语速要缓慢一些,吐字清晰,这样可以让你的表达清晰明了,让同事放心地与你合作,也让上司放心地将工作交给你。不说脏话、脏字,不说禁忌语,不嘻嘻哈哈,不随便开玩笑。

2. 态度真诚

在职场的交谈中,讲话口气一定要平等待人,亲切谦和。不要端架子、摆派头,以上压下,以大欺小盛气凌人,随便就教训别人或者指责别人。如果你要人家遵照你的意思去做事,用商量的口气会比较容易接受。譬如有一位主管要求属下做事时,应该用着商量的口气说:“你看这样做好不好呢?”他虽然站在发号施令的地位,可是他懂得人人都是不爱听命令口气的,所以尽量不用生硬的态度。

3. 表达流畅

在职场里与别人交谈时,内容要简单化、条理化。这样就可以使你的表达有条有理,思路清晰。应力求言简意赅,简单明白,节省工作时间。长话短说,废话不说,不要没话找话说,也不要总是喋喋不休地说一点小事。繁言无要,要言不烦,是职场言谈礼仪中的一条重要原则。信口开河、放连珠炮,都是不好的说话方式。信口开河并不表示你很会说话,相反,证明你说话缺乏热诚,不负责任。至于说话像放连珠炮,那只有使人厌烦,因为你一开口,别人就没有机会启齿了,结果当然是自讨没趣。

4. 善于倾听

在职场里作一个冷静的倾听者,不但会受人欢迎,而且还逐渐知晓许多事情,让你迅速熟悉自己的办公场所。话多不如话少,话少不如话好,多言不如多知,即使千言万语,也不及一件实事留下的印象深刻。多语会给人留下一种虚浮、不稳重的感觉,但是作一个倾听者,必须注意认真分析自己所获得的信息,以防被误导。

5. 交谈要注意互动

在职场不管你和公司内部人员还是和客户交谈,都要注意与对方的言语、情感的互动和交流。当你与别人谈话的时候,如果你只是一大套一大套地把自己想好的话讲出来,而不了解对方的看法和兴趣,不能观察对方的反应,就不能及时地了解对方心里的真实想法,也就不能让对方及时地了解你的想法,那么你的交流就是失败的。因而,在整个交谈过程中,要时刻注意并保持与交谈者的互动。

第三节 职场日常工作礼仪

职场日常工作礼仪是职场礼仪的基本性礼仪内容,主要包括职场人际关系礼仪、职场环境礼仪和职场沟通礼仪等内容。

一、人际关系礼仪

根据哈佛大学、斯坦福研究所和卡耐基基金会所提供的调查报告显示,要找到工作、保住工作或在岗位上得到晋升,85%取决于人际关系,而只有15%取决于技术知识和技能。人际关系礼仪是职场日常工作礼仪中的重要组成部分。良好的人际关系是舒心工作的必要条件,也是发展工作的所必须掌握的。在工作场所,一般需要处理的人际关系包括与上司的关系、与同事的关系和与下属的关系等。

（一）与上司的关系

上司往往是自己工作的引导者和指导者，与上司之间关系的好坏将直接影响到个人的工作能否顺利开展。古人云："伴君如伴虎。"虽然是用来描述皇帝与周围人的关系，但是，在处理与上司关系时，也可以作为借鉴。总之，在处理与上司的关系中，要时刻保持谨慎、细心、全面。

1．明确自己的角色

无论是在工作中还是在日常的交往中，都要明确与上司之间的关系是领导与被领导的关系，时时刻刻对自己的所作所为有所约束。不仅在刚工作的时候要这样，在工作稳定之后也要这样做。在取得上司的信任后，不要忘乎所以，应该更加的本分、努力，做好本职工作。一定不要越过上下级的界线，言辞要时刻注意礼貌，不要在上司面前非议其他的同事，真正的好上司是非常反感你在他面前非议别人的。与领导相处时，应把握好距离，不可太近，不能太远。太近会使人产生"媚上"的感觉，破坏自己的形象；太远会让领导觉得你高傲、冷漠、目空一切。因此，必须把握好"度"。

2．尽职尽责

作为一名合格的职员，应该把单位分配给你的任务做好，做一个本分的人。没有一个上司不喜欢工作认真的职员，同时也应该注意，该由上司管的事情，作为下属不应该主动插手；应该上司说话的场合，作为下属不应该抢先说话或说话太多。在工作上需要向上司请示的就请示，该汇报的就汇报，同时也不要超出自己的工作范围。例如，小李在一家外企工作，他知道要在企业中站稳或有良好的发展，必须与上司处理好关系。于是他就密切地关注老板的一举一动。老板是一个外国人，有一次老板感冒了，他就买了感冒药放在老板的办公桌上。老板看见之后，问是谁买的药，这个时候小李以为自己做得贴切，就毫不犹豫地站起来，结果老板却说："这不是你的职责，你分内的事情做好就行了。"这的确这不是小李的职责，他应该做的就是自己的本职工作，而不是为老板服务。如果你是老板，可以设想一下，有哪个老板喜欢自己被下属监视，自己的一举一动、隐私都被下属洞察。因而在处理同上司之间的关系时，一定要恰当地处理好，要对自己的工作尽职尽责，但是又不能越位。

3．了解上司

在办公场所中，可以通过寻找与上司相同的乐趣、爱好等方式来拉近与上司之间的关系，通过共同的爱好来尽快地熟悉上司。因为共同的兴趣可以使你在短时间内拉近你和上司之间的关系，可以让你更快地了解你的上司。了解上司之后就可以准确把握上司对你的态度和意见，不至于在工作中产生误会，同时也可以掌握更好的办法，准确有效地配合上司的工作，使自己的工作卓有成效。

4. 善意对待上司的错误

在给领导提意见和建议时，应该讲究方式、方法。“金无足赤，人无完人”。领导是人不是神，也有说错、办错的时候，作为下属来说，应讲究提意见或建议的方式、方法，既能达到目的，又不使领导反感或恼怒。作为下属对领导的失误不能采取消极态度，应出于公心，敢于陈谏。但是要注意选择适当的场合，利用适当的时机，采取适当的方式，不要急于否定，要因人而异。

5. 掌握汇报工作的方式和方法

向领导汇报工作情况时，要认真准备；遵守时间，不能失约；用语准确，句子简练；语速适中，音量适度；汇报时间不宜过长；实事求是，有喜报喜，有忧报忧；汇报结束后，不能匆匆离开，应注意退场礼仪。

（二）与同事的关系

同事之间工作各有分工，同时又讲究“团队精神”，需要互相配合和协作。因而处理好与同事之间的关系也是十分必要的。

1. 平等相待，不玩弄权术

在现代社会中，公司里都聚集了高文化高素质青年人才，他们关心的是怎么样才能通过最佳的合作达到资源的最好组合，带来最多的效益。不仅在工作上这样，在生活上也是如此，他们认为这种新型的同事关系是互动互惠的。只有更多的了解，才能彼此和谐相处，并从中享受这种新型同事关系所带来的好处和乐趣。

大家在一起工作，都讨厌那些搬弄是非、玩弄权术或拉帮结派的人，愿意与那些有才气且志趣相近的同事相处。许多行业需要的是团队的密切配合，同事之间时常一起加班研讨，长时间的共处，彼此更为了解，往往成为知心朋友。这点与传统的职场人际关系完全不同，不应抱着同事是“冤家”的成见互相戒备，因为那样的结果是将使你在工作中难以立足，发展艰难。

2. 相互支持，加强团队精神

在同事之间，要团结、友好、支持、真诚的互相帮助。在发生误解和争执的时候，一定要换个角度站在对方的立场上想想，理解一下对方的处境，千万不要情绪化，把不该说的话说出来。任何背后议论和指桑骂槐，最终都会在贬低对方的过程中破坏自己的形象，受到别人的排斥。现在单位都讲究团队精神，要正确恰当地处理好和同事之间的关系，使自己尽快地融入团队中。单枪匹马的时代已经过去，不善于协作的人，纵然是天才也无法获得真正的成功。

3. 交友有度,不涉及个人隐私

现代人的生活方式、思想观念大都比较前卫,许多的隐私不喜欢让别人知道,哪怕是最要好的朋友。所以不要轻易侵入同事的私人"领地",除非同事自己主动向你说起。在同事看来,过分关心别人隐私是无聊、没有修养的低素质行为。这就意味着你与同事在一起相处,需要掌握交友的尺度,切勿介入他人的隐私。网上调查显示,九成以上的人认为"职场里隐私不宜说"。隐私本身是一个相对而言的概念,事实上在工作环境下,绝对只谈论公事也是一件不可能的事,同一件事情在一个环境中是无伤大雅的小事,换一个环境则可能非常敏感,所以在"吐露心声"之前,请预想一下自己的言论能否为自己赢得同情或带来危害,保护自己立于安全地带。最重要的是,把握好同事间和平、互助、有距离关系的尺度,以宽容、平和的心态对待别人的隐私。

4. 寻找相近的乐趣,增加亲密度

当代的企业职员们工作时不怕加班,闲暇时也懂得享受。他们想挣更多的钱,然后让自己的生活过得更有乐趣。因而,在闲暇之余,喜欢与同事一起出去分享快乐,郊游、蹦迪、泡吧等,内容丰富多彩。所以不妨多找些与同事相近的爱好和乐趣,邀他们一起行动共同分享,借此增加彼此间的了解与亲密。这不仅可以从中获得更多的快乐和放松,缓解内心的压力,更有助于培养和谐的人际关系,促进工作上的友好合作。

与同事相处.只要按规则处世,就会觉得轻松有乐趣,对你的事业和生活会有更多的益处。你完全可以怀着快乐的心情走到他们的中间,成为其中的一员,与他们融为一体。

(三) 与下属的关系

曾经有一份调查显示:"仅仅得到上司的赏识,而没有得到下属的支持,那只能说明你成功了一半,没有下属的尊重和支持,你的发展前途是有限的。"这就充分说明在事业发展的过程中,处理好与下属关系的重要性。

1. 尊重下属

在员工及下属面前,领导者是一个领头带班的人。尊重下属其实是尊重自己,因为员工们的积极性发挥得愈好,工作就会完成得愈出色,也可以让你自己获得更多的尊重,树立开明的形象。在工作方面有地位和职务的高低,但在人格上都是平等的,因而下属也有独立的人格,领导不能因为工作中的上下级关系就不顾及下属的人格,不能因为是下属就可以随意地指责或让其受到不公正的待遇。"要想得到别人的尊重你就要首先尊重别人。"同样你想得到自己下属的尊重,就应该先尊重他们,使下属变成自己忠实的拥护者,变成自己发展的一个后备团体。

2. 宽待下属

领导应心胸开阔，正确对待下属的失礼、失误，要用宽容的胸怀，尽力帮助下属改正错误，而不是单一的批评、处罚，更不能记恨在心挟私报复。对于自己下属犯的错误，要多多体谅，在公司领导面前应该考虑下属的利益，从下属的立场出发为下属多争取机会，而不是仅仅就是指责惩罚。在互相交往中，要注意多使用“我们”来代替“我”，这样可以缓和你与下属职员的关系，使他们感受到你对他们的爱护。

3. 深入下属

领导要经常深入群众，倾听他们的心声，体谅他们的困难，了解他们的要求。在合适场合下，领导者应当采取公开的、私下的、集体的、个别的等多种方式引导下属发表意见，了解下属的愿望。这样既可提高领导的威信，又可避免上下关系的紧张化。在遇见问题时要召开部门会议，让员工参与到公司或部门的活动中，体现主人翁的精神。

4. 爱护下属

作为领导对下属的长处应及时地给以肯定和赞扬。例如接待客人时，将本单位的业务骨干介绍给客人；在一些集体活动中，有意地突出一下某位有才能的下属；节日期间，到为单位作出重大贡献的下属家里走访慰问等，都是爱护下属的表现。这样做可以进一步激发下属的工作积极性，更好地发挥他们的才干。相反，如果领导嫉贤妒能压制人才，就会造成领导和下属的关系紧张，不利于工作的顺利开展。

二、环境礼仪

如果办公人员走进办公场所时的情绪是积极的、稳定的，就会很快进入工作角色，这样不仅工作效率高，而且质量好；反之，情绪低落则工作效率低质量差。情绪好坏与工作环境密切相关，如果办公区内是整洁、明亮、舒适的工作环境，员工便容易表现出积极的情绪，就会充满活力，工作卓有成效。这就是环境因素对办公人员工作效率的影响。

（一）职场桌面环境

职场的环境不仅影响办公人员的工作情绪，也是办公场所形象的代表。特别是办公桌，是办公人员接触最多的地方，是首要的工作环境。

1. 办公桌面保持干净整洁

办公桌上禁止摆放与工作无关的个人用品，每天至少做一次保洁，做到窗明几净，地面无污物，桌面无灰尘。职场的桌椅及其他办公设施，都需要保持干净、整洁、井井有条。这些可以反映工作人员的精神面貌和工作态度。

2. 办公用品摆放整齐

办公用品摆放整齐，桌面不得堆放与手头无关的办公用品，个人办公桌及文件柜至少一个月清理一次，无价值或价值不大的东西一律丢弃。办公用品是否整齐，直接反映一个人的工作效率和工作作风。从办公桌的情况就可以看到当事人的状态，会整理自己桌面的人，做起事来肯定也是干净爽快。他们为了更有效地完成工作，桌面上只摆放目前正在进行的工作资料；用餐或去洗手间暂时离开座位时，应将文件覆盖起来；下班后的桌面上只能摆放计算机，而文件或是资料应该收放在抽屉或文件柜中。

3. 计算机硬件部分保持整洁

计算机硬件部分要保持整洁，键盘、屏幕擦拭干净，确保正常运转。不允许在计算机系统上安装与工作无关的软件，桌面须保留原系统设置，工作时间一律不得用计算机玩游戏或上网查看与办公无关的信息。

4. 办公电话应保持通畅

办公桌上的电话是用来办公的，要保持通畅。一般情况下，私事不允许用职场电话。在用电话时长话短说，一次不得超过三分钟。

职场桌面环境的保持可以说是比较容易的事情，但坚持下来也是很困难的一件事。桌面上杂乱的文件、记事本，电脑上厚厚的尘土，乱丢的签字笔，会让一切看上去都毫无头绪，负面的情绪稍微累积，就会勾起惰性的滋生。

（二）职场心理环境

职场环境的改善仅仅是提高工作效率的一个方面，而更为重要的往往是职场工作人员的综合素质，尤其是心理素质。这个观点正在被越来越多的“白领”们所接受。

1. 提高心理卫生水平

在日常工作中，人际关系是否融洽非常重要。互相之间以微笑的表情体现友好热情与温暖，以健康的思维方式考虑问题，就能和谐相处。工作人员在言谈举止、衣着装扮、表情动作中，都可以流露并体现出是否拥有健康的心理素质。因而，职场内的人际关系调节是需要在心理方面下一番工夫的。因为“精神污染”从某种意义上说要比空气、水质、噪声的污染更为严重。它会涣散员工工作的积极性，甚至影响工作效率、工作质量。为此，在职场内需要不断提高心理卫生水平。

2. 选择适当的心理调节方式

当生活或工作中遇到困难或挫折时,常常会出现心理困难甚至障碍,这就应该进行心理调整。领导应主动关心员工,了解他们的处境,理解他们的心情。了解员工的情绪周期变化规律,根据工作情况,采取放“情绪假”的办法:工作之余多组织一些文娱体育活动,既丰富了文化生活,又运用积极方式宣泄了不良情绪。有条件的可以建立员工心理档案,并定期组织“心理检查”,这样可以“防微杜渐”,避免严重心理问题的产生。经常组织一些“健心活动”,使工作人员能够经常保持积极向上、稳定的情绪,掌握协调与控制消极情绪的技巧与方式。

三、职场沟通礼仪

掌握职场沟通的礼仪的规范与技巧,是我们立足职场,获得成功的重要前提。从某种意义上说,职场沟通的内容固然重要,但沟通的技巧与礼仪也不容忽视。良好的职场沟通不仅对于提高工作效率和建立员工情感的归属感非常重要,还会改善企业的经营管理状况。

1. 自我管理是职场沟通的基础

良好的自我管理是实现有效职场沟通的基础。所谓的自我管理就是应该从认识自己开始,包括自我的仪容仪表、举止行为、情绪管理、工作效率的确立等。自我管理的重点在于帮助自己与其他职员融洽共处,适应工作环境,建立和谐的人际关系,形成融洽的职场氛围。

2. 职场沟通需要微笑

在职场人际关系与心理沟通中,有一项最简单、却最有效果的沟通技巧就是微笑。微笑是一种极具感染力的交际语言,不但能很快缩短你和他人的距离,并且还能传情达意。当然,微笑看似简单,也需要有一点技巧。

3. 职场沟通中的技巧

在职场沟通中需要注意的沟通技巧主要包括倾听与交谈技巧。有效的倾听可以获得重要的信息,使你获得对方的友谊和信任。同时,还可以避免言多必失、掩盖自身弱点等方面的作用。只有善听的人才能善言,所以在职场沟通中坚持“先听后说”的原则。同时还需要注意的就是交谈的技巧。交谈不是一味地发泄自己的感情和情绪,而是一种合作的程序。不同的职场中的人都有不同的语言习惯和兴趣,因此,在交谈中选择什么样的话题,采用什么样的语言和方式,应当有所区别。具体来讲,掌握职场中交谈的技巧就是要做好交谈前的准备,做到知己知彼。交谈的时候态度要诚恳、自然、大方,语气要和蔼。

4. 语言表达要得体

一个人的语言不仅能表达思想，也能体现出本人的修养和文明。在职场与人交流时，既要注意环境，也要注意对象身份，更要注意把握尺度分寸，同时还要考虑对方的理解接受程度等等，尽力做到表达的恰当得体。常言道，一句话使人笑，一句话使人跳。谈话是人与人之间传达心声的重要方式。而语言的适中则是促进谈话顺利进行的基本要素。因而，得体的语言表达在职场沟通中起到了非常关键的作用。

得体的语言表达是指根据沟通的语境使用语言，也就是根据沟通的外部语境（各种情境条件）、内部语境（上下文）选用恰当的语句来表情达意。得体是语言表达的基本要求，也是最高要求。说话得体可以改善人际社交的关系，强而有力的语言表达力是职场沟通成功的重要因素。提升个人应对沟通的能力，改善说话表达的技巧，可以增强自信，有助于工作与人际关系的发展。

第四节 职场通讯礼仪

随着科技的不断发展，手机、电话和传真等电子机器已经成为职场通讯的主要手段，正确有效的利用这些通讯工具不仅有利于工作的开展，还有利于人际沟通的便利，特别是对于职场中的人来说，掌握职场通讯礼仪是提升职场魅力的重要途径。

一、电话礼仪

电话是人们在社会交往中使用最为频繁、沟通最重要的渠道，是人们在生活和工作中所不可缺少的交际工具。在职场里，电话的使用方式不仅反映员工的个人形象，还可以反映一个公司的形象。

（一）拨打电话的礼仪

主动拨打电话者为通话的发起人，在通话的过程中掌握主动权。如果想给对方留下良好的印象，同时取得满意的通话效果，就要注意通话的时间和内容。

1. 通话时间

通话时间的长短和恰当与否直接影响到电话的效果。

（1）拨打电话的时间。一般情况下，工作电话的时间不要选择过早、过晚或对方休息的时间。应该选择在上班半个小时以后，下班半个小时以前，通常是8点半以后，与国外交流则应选择在9点以后。没有特殊的事情，不要在节日、假日、用餐时间和休息时间给对方打电话。特别是半夜或清晨如果被电话吵醒,很容易引起对方的反感。

(2) 注意时差。在业务的交往中,如果需要打国际性的电话,就要考虑到时差问题。例如,中国同美国时差12个小时,北京下午3点对于我们来说正是阳光明媚的时刻,而美国人则是梦乡温柔的时刻。如果忽视时差打电话,把别人从睡梦中惊醒则是十分不礼貌的。

(3) 通话的时间限制。在正常的情况下,在职场里通话的时间最好不要超过三分钟,在国外被称为打电话的“三分钟原则”。要求拨打电话者要有很强的时间观念,抓住主题,在尽可能短的时间内陈述通话内容。因为时间过长造成电话占线,会影响职场的正常通讯。要讲究效率,既节约自己的时间,也不要浪费他人的时间。

2. 通话内容

(1) 事先准备。每次拨打电话之前,尤其是重要电话或国际电话,要提前做好准备,把要找的人名和要谈的内容归纳好,写在纸上。这样电话一通,就可以层次分明、有条有理地把要说的事情说明白,不会出现丢三落四的情况。

(2) 内容简要。通电话时,在简单的问候之后应立即进入主题,阐述通话内容。通话内容要简明扼要干脆利索,不要吞吞吐吐东拉西扯,否则,既浪费时间,又给对方留下啰唆的印象。

(3) 及时告辞。作为拨打电话者,应主动控制说话的时间,在简述完自己的事情之后,要及时地告诉对方停止通话。特别是在职场里,没完没了的“煲电话粥”将暗示你是一个无事可做的人,或者是一个工作效率不高的人。

3. 态度礼貌

(1) 通话时要吐字清楚,语速、音量适中,语句简短语气亲切,做到语言文明。先向对方道一声“您好”后,主动地介绍单位的名称和自己的姓名,不要让对方去猜。结束通话前,要说“谢谢”、“再见”。

(2) 通话时要精力集中,嘴里千万不要嚼东西,也不要一边通话一边同旁人聊天,或一边通话一边兼做其他事,给对方心不在焉的感觉。如果电话打错了,要及时地向对方道歉:“对不起”、“打扰您了”等等。不可一言不发,或挂断电话了事。通话过程中忽然中断,按礼仪要求应立即再拨,并向对方说明情况表示歉意,而不应该等接电话者把电话打过来。

4. 举止文明

通话时应站好或坐端正,举止得体。不可坐在桌角上或椅背上,也不可趴着或者仰着,斜靠着或者双腿高架着。通话时的姿势虽然对方看不见,但不良姿势可以影响一个人的情绪和声音。同时,在职场里姿势不雅,如果被同事看见,会有损个人风度和形象。用电话要轻拿轻放。

(二)接听电话礼仪

在通话的过程中,接听电话的一方虽然处于被动的位置,但是在礼仪方面却没有主动、被动之分,同样要十分注意礼仪规范,以保持良好的电话形象,更好地联系、沟通。接听电话可以分为本人接听和代接电话,两者都要按礼仪规范的要求去做。

1. 本人接听电话的礼仪要求

(1)及时接听电话。电话铃一响应立即放下其他工作,及时接听电话。接电话有“铃响不过三”的说法,就是说接电话以铃响三次左右为最合适。在工作中,应注意遵守这一做法,而不要故意拖延时间。时间长了没有接起来,再接电话的时候就要向对方表示歉意。

(2)主动问好并自报家门。拿起话筒后,问候对方是礼貌的表示。自报家门则是为了让对方验证一下,是否拨错了电话找错了人。在职场里,可以只报单位和部门,不需要报上个人的姓名,在确认电话正确的情况下,再选择恰当的交谈内容。

(3)集中精力积极呼应。接听电话时态度热情友好,不要装腔作势冷落对方。要专心致志,不要心不在焉三心二意。通话结束时要主动说“再见”,客气有礼貌。接听电话时,如果有重要内容要认真做好笔录,笔录内容要详细。如果对方打错电话,要耐心向对方说明,不要不耐烦甚至恶语相加。通话时电话中断,要等待对方再次拨进来,不要远离电话或者责备对方。

(4)挂电话的次序。按照电话礼仪的惯例,一般要主动打电话者挂断电话,所以在对方没挂断电话时,接电话一方不要抢先挂断。但是在工作中,在明确对方的职位和身份的情况下,应遵守地位高者先挂电话的原则,以表达对对方的尊重。

2. 代接电话的礼仪要求

(1)诚恳热情应答。代接电话时,不要出言不快或拒绝对方代找他人的请求。而应该先问清楚找谁后,用手轻捂话筒,请要找的接话人接听电话。如果对方要找的人不在,应该告诉对方此人暂时不在,去做什么,大约什么时候回来,请另选合适时间再来电话。不要简单回答“人不在”、“不知道”之类的话。

(2)及时转达。如果要找的人不在,需转达有关事项,代接电话的人一定要认真记录,重要事项待对方讲完之后,还应该重复一遍,以验证记录是否准确。同时,将自己的姓名告诉对方,让对方放心。电话记录应包括通话者的姓名、单位、通话时间、内容、是否回电话等内容。代接的电话要及时传达转告,不要耽误。

二、手机礼仪

手机在职场上起着举足轻重的作用,但有的工作人员往往忽略手机的使用礼仪,这主要体现在手机常常不分场合地响起铃声,以及人们在各种场合都随时用手机。随着社会经济发展,手机的使用越来越普遍,必须认真学习和遵守使用手机的礼仪。

1. 不打扰别人

在职场里不可以旁若无人地使用手机。如果非要使用手机,切忌当众自说自话,尽量把自己的声音压低,绝不能大声说话,特别是在办公场合,应注意不能打扰别人。通话的时候,声音尽量要低沉、语速要慢一点,尽量在比较私人的场合下接电话。

2. 置放到位

在一切工作场合,手机在没有使用时都要放在比较合适的常规位置。尽量不要在没使用的时候握在手里或是挂在上衣口袋外,应当将其放在恰当之处。按照惯例外出之际随身携带手机的最佳位置有两处:一是公文包里,二是上衣口袋之内。穿套装、套裙时,最好不要将其挂在衣内的腰带上,否则撩衣取用时,容易出现不雅观的情况。

3. 恰当的接收方式

手机的铃声应该悦耳、文明,音量要低沉,不能太大。不恰当的铃声设置和彩铃也会令你失礼于人。职场的工作人员由于岗位性质的需要,应该以稳重的形象示人,因此在工作场合中,如果响起"爸爸,接电话","汪、汪"这样的手机铃声不仅会显得很不严肃,而且与自身身份不符。同样,在工作期间如果有人拨打手机联系公事时,却听到"我就不接电话呀,别人的电话我都接,我就不接你电话"这样的搞笑彩铃也是会令人反感的。

三、传真礼仪

办公交往中,传真是一种迅速快捷的传递方式,是自动化办公常用的重要形式。发送传真信函时要注意使用传真信函的礼仪规范。

1. 格式规范

正式的传真必须有首页,上面注明传送者与接收者双方的单位名称、人员姓名、日期、总页数等,这样就可以让接收者可以一目了然。如果不是非常正式的,也必须以3-1,3-2,3-3等方式注明,让接收者一看就知道是三页。如果其中某一页不清楚或是未收到时,可以请对方再发一次,这样可以节省双方的时间。

传真最好使用白色或浅色信纸，有些人喜欢用深色信纸或是信纸上有黑色或深色的条纹，用这些信纸发传真会浪费扫描时间。

2. 内容齐全

正式的传真信件必须像写信一样有礼貌，又必要的称呼、问候语、敬语、致谢语、签字等均不可缺少，尤其是信尾的签字非常重要，因为签字代表这封信是发信者同意才发出的，表示传真信件的严肃性以及对对方的尊重。

3. 及时通报

发送传真之前可以向对方通报一下，以免发错。收到传真后要尽快通知对方，以免对方不放心。这既是传真的工作程序，也是一种文明礼貌。

四、电子信函礼仪

在电子邮件日益简化和普及的今天，使用电子信函有一些礼仪细节也值得关注。在发电子信函的时候，需要遵守的礼仪规范有如下几个方面。

1. 无毒传送

送信前必须用杀毒程序扫描文件，以免不小心将"病毒"寄给对方。要是没有把握，不妨将要发送的内容剪贴到邮件正文中，避免直接用附件发送的方式。

2. 慎重处理文件

来历不明的信件必须谨慎处理，若不确定最好先用杀毒程序扫描杀毒载查看，以防中毒。但不应不予理睬。

3. 认真撰写

电子信函要认真撰写。信函要突出主题，行文要流畅，避免使用冷僻词，并且做到简明扼要。寄件时最好注明主旨，以便让收件人一看便知道来信的要旨。虽然是电子邮件，但写信的内容与格式应与平常信件一样，称呼、敬语一样都不可少。

4. 不可滥发

电子信函不可滥用，现代人的生活、工作节奏很快，时间很宝贵，千万不要用电子信函浪费自己和他人的时间。传播垃圾信函是不道德的，既不要阅读也不要传播。

案例分析 >>>

李明是刚刚毕业应聘到本公司的办公室职员，公司上下班时间是早八点和晚五点。上班的第一天早上8:05分小李急匆匆地跑进办公室，身穿一身运动衣，脚蹬一双崭新的皮鞋，两眼睡意朦胧，一头凌乱的头发，气喘吁吁地坐在自己的位子上。他先从自己的包里掏出了面包、牛奶、茶蛋、零食等，铺了满满一桌子，然后就开吃起来，大约半个小时后早饭吃完。为了尽快工作，他随手把剩下的零食推倒桌子的一角。这时办公室主任过来检查卫生，问："李明，你桌子上怎么还有零食呢？文件也不整齐？多向你邻桌的小王学习学习。"李明回答："主任，早上没有时间吃早饭，所以就这样了。文件我刚刚打开。"主任听完看了看李明，摇摇头走了。转眼到了中午 11:00 点，这时小李的手机响了，小李接起来后说："哥们儿，你把电话挂了吧，我用办公电话给你打回去。"办公室只有一部能往外拨打的电话，小李从 11:00 开始就打上电话了，聊的都是与工作无关的话题，一打就是半个小时。期间有同事要着急联系业务，说："小李，让我打一个电话吧，着急，五分钟就好。"小李说："我也着急，一会就好了。"这一会就是十几分钟，中间有多个同事告诉小李要用，小李都没有立即停止。等打完后对身边的同事："给，打个电话都不让人消停，催催催催。这会打吧！"从此之后，同事们对这位新来的同事都是敬而远之，而小李依旧我行我素。

通过以上案例分析小李在办公室中出现了哪些错误，并帮助小李找到解决这些问题的办法。

本章小结

1. 对于职场的工作人员来说，了解基本的有关职场工作的礼仪知识，不仅是做好本职工作的一个重要的保障，也是越来越注重交际的现代社会的要求。因为职场礼仪对于自身的修养、工作的确立和单位的发展都有着很重要的作用，所以，职场礼仪受到越来越多的重视。

2. 在职场里服装发挥着重要的作用，得体的着装将迅速拉近与他人的关系，树立良好的职业形象。

3. 言谈礼仪是职场人际交往的一个重要环节。恰当得体的言谈能有效地融洽人际关系，所以在职场里尤其要注意言谈方面礼仪。

4. 人际关系礼仪是职场日常工作礼仪中的重要组成部分。良好的人际关系是舒心工作的必要条件，也是发展工作的所必须掌握的。

5. 在职场里，电话的使用方式不仅反映员工的个人形象，还可以反映一个公司的形象。

复习思考题

1. 简述职场礼仪中的基本法则?
2. 职场里需要注意哪些方面的常规性礼仪?
3. 简述职场礼仪的环境礼仪?
4. 谈谈你对未来职场交往是否有信心?如何处理好职场的人际关系?
5. 简述如何正确的接打电话?
6. 简述职场电话礼仪的技巧?
7. 简述在使用传真信函的时候需要注意哪些问题?

第九章　商务礼仪

本章提要

随着社会经济的发展和繁荣，商务活动在国内和国际交往中越来越频繁，因而掌握商务礼仪就显得尤为重要。通过本章的学习，可以了解商务礼仪的概念、内容、作用及特点，准确地掌握商务接待、商务洽谈礼仪、商务庆典礼仪等具体的商务礼仪内容，为商务人员的更好的实践工作奠定了良好的基础。

本章学习目标

- 了解商务礼仪的概念、内容、作用及特点
- 掌握商务接待与洽谈礼仪、商务会议与庆典礼仪
- 全面理解各国的商务礼仪

第一节　商务礼仪的内涵

在商务活动中，为了体现相互尊重，需要通过一些行为准则去约束人们在商务活动中的方方面面。这些准则就是商务礼仪。因而，商务礼仪的核心就是商务的行为准则，通过准则体现人与人之间的相互尊重。

一、商务礼仪的含义

所谓商务礼仪是指在商务活动中，为了体现相互尊重，通过一些行为准则

去约束人们在商务活动中的方方面面。主要包括仪表,言谈举止,书信来往,电话沟通等技巧,从商务活动的场合又可以分为办公礼仪,宴会礼仪,迎宾礼仪等。

1. 商务礼仪是人们进行商务活动必须遵循的礼节

随着市场经济国际化进程的加速,商务交往逐渐增加,商务礼仪已经成为人们进行经济活动必须遵循礼节。在重要的商务场合,熟练的运用商务礼仪,能够提高自身的亲和力,并且与周围的人营造一种融洽的气氛,增进与商务伙伴的感情,有利于在合作中争取更大的商业利益,也为今后的往来与合作奠定基础。反相,如果一个商务人员在出席商务活动时不遵循礼节,即使是再有实力的企业也会让同行们感到质疑,非常有可能因为不遵守礼节而失去合作的机会,造成企业的损失。因此,商务礼仪是人们进行经济活动必须遵循的礼节。

2. 商务礼仪是企业文化的内涵

商务礼仪的运用不但体现了商务人员的自身素质,同时也折射出所在企业的企业文化水平和企业的管理境界。一个企业要在商潮中立于不败之地,就要拥有自己的企业文化,而商务礼仪就是企业文化的基础和重要组成部分。对于一个企业来讲,让员工掌握标准的商务礼仪,培养员工个人的职业素养,是展现企业文化内涵的重要内容。企业通过商务交往充分展示了自身的文化内涵,树立了企业的形象,从而赢得更多商机和经济效益。

3. 商务礼仪是一种商业交往的艺术

在商务交往中,同样的事情运用不同的方式去处理,产生的结果会有很大的差异,这就涉及商业交往中的艺术,而商务礼仪就是一种商业交往艺术。商务人员在商务沟通技巧上要自我定位准确、为他人定位准确、遵守惯例,也就是说商务人员在面对不同年龄、不同职业、不同社会背景、不同文化的合作者,应有灵活运用商务礼仪以达到最佳效果的能力。例如:名片的礼仪,如果你非常想得到对方的名片可以采取“将欲取之,必先予之”的方法。把自己的名片先递给对方并说:“请多指教!”对方同样会回送一张名片。这种方式即达到了预期目的又不失礼貌。另外还要注意在商务交往中的3A原则,即接受对方、重视对方和赞美对方,在商务交往上运用得当就更能体现出商务礼仪的艺术性。

二、商务礼仪的特点

商务礼仪与其他礼仪相比,更加突出了它的商业利益的特性。企业交往中以商务礼仪来规范商业活动,树立了企业形象,扩大了企业影响,为企业间合作创造条件。既为企业扩大社会影响,也会带来更好的经济效益。

1. 以商业利益为基础

国家、企业或个人在商务交往中,为了更好地获得各自的商业利益,自发的遵守和形成一种行为规范,这就是商务礼仪。商务礼仪规范了商业活动,并始终为商业活动服务。商业活动的目的是获得商业利益,所有商业活动都是为了最大限度的提高经济效益,最大限度地获得利益,有了利益的驱动各个主体才能生存。所以说现代的商业活动就是为了获得自己想要的利益,你获得你想要的,我获得我想要的,最终达到一个双赢的结果。而商业礼仪就是以此目的为基础,以一定的准则和规范展现文明和和平,拉近人们的感情,加强相互合作。

2. 以宣传自己尊重对方为内容

宣传自己是现代企业比较重视的,没有做好企业的宣传,“酒香也怕巷子深”。对于当今世界,信息技术高度发达,做好宣传对企业发展特别重要。宣传有各种手段,商务礼仪中的企业形象礼仪、个人形象礼仪等是企业宣传的具体表现,是商务礼仪的主要内容。

国家与国家、企业与企业、个人与个人在交往中都要相互尊重,尊重对方的同时也是尊重自己。商务礼仪的基本理念之一就是尊重为本,有了对彼此的尊重才能继续交往、建立信任、进行合作。商务礼仪的具体内容都体现了这一理念,在交往中给对方以准确定位,交往中要讲规矩、有信用、懂礼貌,这些都是尊重对方的具体表现,是商务礼仪的主要内容。

3. 以惯用的礼仪规范为形式

商务会议、商务庆典、接待洽谈、签订协议等,都有一套相对应的规范,这些行为规范是商业礼仪的具体形式。如接待礼仪中的有约来访:主方接待人员引导客人到接待区域入座,并请客人坐在远离门口或面对门口的一端;如主方使用屏幕、白板做演示,应使客户面对屏幕;一定要准备饮用水或饮料,饮用水随时给客户蓄满,如果是饮料应先争得客户的同意再给他添加。这些礼仪都是习惯的和规范的,它不分企业的大小和行业的差异都要这样做。

4. 以融洽关系扩大影响为目的

人与人之间、企业间、国家间交往都是让自己能被对方接受和影响对方,达到融洽的关系,为合作扫清障碍,这也是商务礼仪的目的。例如,企业间定期的组织领导和员工进行相互的参观和学习,在这一过程中即交流了经验,又融洽关系、扩大了影响力,对企业间的合作和发展都有益处。

三、商务礼仪的作用

掌握良好的商务礼仪,是合作成功的必要因素,对培养员工的职业素养、树立企业的良好形象有着重要作用，同时也是确保商务工作的有效实施的根本保障。

1. 商务礼仪是合作成功的必要因素

礼仪最基本的功能就是规范各种行为。在商务交往中，人们相互影响、相互作用、相互合作，如果不遵循一定的规范，双方就缺乏合作的基础。在众多的商务规范中，礼仪规范可以使人明白应该怎样做，不应该怎样做，哪些可以做，哪些不可以做。有利于树立文明的商务气氛，尊重他人赢得友谊。最终要创造良好的双方受益的氛围，使得合作成功。

2. 商务礼仪树立和维护良好的企业形象

商务礼仪可以建立感情、树立企业形象。在商务活动中，随着交往的深入，双方可能都会产生一定的情绪体验。它表现为两种情感状态：一是感情共鸣，另一种是情感排斥。礼仪容易使双方互相吸引，增进感情，促进人际关系的发展。反之，如果不讲礼仪，粗俗不堪，那么就容易产生感情排斥，造成人际关系紧张，给对方造成不好的印象。

现代市场竞争除了产品竞争外，更体现企业形象的竞争。一个具有良好信誉和形象的公司或企业，就容易获得社会各方的信任和支持，就可以在激烈的竞争中处于不败之地。所以，商务人员时刻注重礼仪，既是个人和组织良好素质的体现，也是树立和巩固良好企业形象的需要。

3. 商务礼仪可以为企业创造更好的效益

在各种商务活动中，商务礼仪的良好运用，能够使商务人员的人际关系更加和谐，更容易与业内人士融洽的相处，从而得到更多企业的青睐，为所在企业赢得更多的商机，为企业今后的发展和扩展贸易奠定了一定的基础，同时也为已经建立合作关系的企业巩固、扩大经贸关系创造了良好的条件。企业商务活动的顺利开展，为企业增大了合作的空间，也就必然为企业创造了更好的社会效益和经济效益。

第二节　商务接待与洽谈礼仪

商务接待是商务活动的起点，良好的开始是成功的一半。所以商务接待礼仪在整个商务过程中的重要性是不容忽视的。而商务洽谈是整个商务活动的核心内容，这一环节决定着本次商务活动的成败。

一、商务接待礼仪

在商务接待中要注意各个环节，特别是一些细小的环节。因为接待活动的每一个细节,都能体现出主人对客人的重视程度,也直接影响着以后的合作。

(一) 商务接待前的礼仪准备

1. 营造良好的接待环境

接待室内环境要干净整洁、光线充足温度适宜。整洁的环境会让客人感觉舒适,也是对客人最起码的尊重。同时,光线一定要充足,要让所有的灯都能正常照明,给客人一种视野开阔的感觉。而昏暗的光线会使人提不起精神,影响情绪和工作效果。

欢迎标语、海报及相关的广告要事先挂好。欢迎的标语和海报要选在显眼的位置上,挂正挂牢。标语的大小、质地要根据来宾的身份恰当的选择,一般情况下来宾越重要,欢迎标语要越大越显眼,以表示对客人的重视程度。标语及海报的内容和色彩的选择要注意恰当得体,接待人员经过时最好要委婉地示意来宾。

精心策划室内的布置。首先要注意室内的绿化,随着人们生活水平的提高,越来越重视亲近自然,因此,在办公室或是会议室摆放几盆漂亮的花卉,会给整体的布局增添很多的生气。但是花卉的选择要与室内整体的格调一致,避免出现不伦不类的现象。花卉空间要经常打理,保持清洁和旺盛的生命力。另外室内壁画的选择也十分重要,它反映了企业的精神面貌和经营者的品位。壁画的位置要选择适当,挂正挂牢。壁画表面要保持清洁,注意日常的保养。

重视宾客座次的安排,越重要的会议座次安排就越重要,会见通常在办公室或是会议室。可以采取宾主各坐一边,也可以穿插的坐在一起,我国习惯在会客室会见,客人安排在主人的右边,译员记录员安排在主人和主宾后边。其他客人按礼宾顺序在主宾一侧就座,主方陪见人员在主人一侧就座。根据接待人数多少安排坐椅,如果座位不够,可在后排加座。

2. 了解接待对象基本情况

充分了解接待对象的基本情况和具体要求,是制订接待计划的基础,也是保证接待工作顺利完成的重要前提。接待对象的基本情况包括接待人数、年龄、性别比例、职务、学历、宗教信仰、专业特长、兴趣爱好、生活习惯、饮食禁忌、来访目的、特殊要求以及乘坐何种交通工具,到达的时间和在本地停留的时间等。接待人员根据接待对象的具体信息,制订出有针对性的接待计划,这样才能精细而准确,使客人感到惊喜和佩服。同时要与接待对象的负责人保持联系,如果有变化立即更改相关的安排,以免造成损失或不好的影响。

3. 制订缜密的接待计划

根据接待对象的具体情况,制订合适的接待计划。其中主要包括:迎送方式、接待规格、交通工具、食宿安排、宣传提纲、商品简介等各种资料以及工作日程、经费开支等。例如:在选择迎送的交通工具上,根据接待的人数和级别来选择轿车、中型巴士还是大巴士;住宿的选择应该根据男女性别比例合理的分房,如果有重要领导或特殊要求的另行安排;工作日程则根据接待对象的访问目的、洽谈内容、停留时间的详略进行得当合理的安排。

4. 组织接待人员的礼仪培训

根据接待的对象的具体情况,有针对性的选派最适合的接待人员。接待人员是企业的形象的代表,要有良好的综合素质,包括文化、心理、道德、身体素质、甚至身高都应在挑选条件之内。同时企业要维护良好企业形象,就必须对接待人员进行严格的选拔和定期的培训。

在接待人员的培训中礼仪的培训是最重要的。主要包括:正确的站姿、端庄的坐姿、优雅的走姿。接待人员体态语言的运用包括眼神、微笑、手势等。还有接待人员的界域要求,其中包括服务距离,0.5 米至 1.5 米之间为宜;展示距离,以 1 米至 3 米之间为宜;引导距离,接待人员行进在客人左前方 1.5 米左右为宜;待命距离,应当在 3 米之外客人的视线所及的范围即可;信任距离,离开客人的视线,但要注意不要躲在客人附近,避免让人感觉似乎暗中监视客人,也不能一去不复返;禁忌距离,小于 0.5 米,为避免双方身体距离过近,甚至有可能直接发生接触,而造成尴尬的局面。

除了重视接待人员的素质、礼仪培训外,还需注意接待人员的着装礼仪。男士在参加正式的商务活动时,必须穿着西装、衬衣并打领带;西服一定要笔挺,颜色以藏青、深蓝、灰色和米色为主,新西装袖口的标签要拆掉。一般穿西装只扣第一个扣子,如果是三个扣的西装,可以扣上面两个扣子,坐下时应解扣,站起后应随手将扣系上。女士穿着要得体、大方、庄重,最好穿着职业套装。鞋子应与服装相配,不要穿露脚趾的鞋。必须穿袜子,高筒袜的上端应被裙子盖住。女士的饰品不宜过多,如果有几种饰品同时出现,则应选同一颜色同一质地的最佳。

(二) 商务接待中的具体礼仪

1. 掌握时间,提前恭候

接待人员应核实客人所乘坐的交通工具,以及到达的准确时间。一定要提前到达机场、车站或码头迎候客人。如果客人乘坐飞机,迎接人员应至少提前半小时到达机场,决不能让客人等候。因为由于你的迟到,给客人留下很不好的印象,很可能会影响到双方的合作。如果与客人素未谋面,一定要事先了解客人的体貌特征,最好制作接站牌迎接。接站牌可以写“欢迎 × × 同志光临 × × 公司!”,这样可以有效地避免错接和漏接的发生。

2. 热情迎客,尊重友好

见到客人后,应说一声:“您一路辛苦了”之类表示慰问的话。然后立即自我介绍一下,如果方便可以递送一张你的名片,初次见面对方不知道怎样称呼你,你可以主动说:“叫我小张,就可以了!”介绍完毕后将客人的行李随手接过来,如果客人再三推让,要自己提行李,可不必勉强,也许客人行李中有贵重物品不方便交与他人。接待人员要适时分清客人是由于客气不用别人提行李,还是由于物品贵重不放心交与别人,针对具体情况具体分析并做出恰当的回应。然后引导客人上车,如果有主人陪车,应请客人坐在主人的右侧。若是三排座的轿车,译员坐在主人前面的加座上,若是两排座,译员坐在司机旁边。上车时最好为客人开右侧门,让客人从右侧门上车,主人从左侧门上车,避免从客人座前穿过。如果客人先上车坐到了主人位置上,则不必请客人挪动位置。

3. 言谈谦和,举止文雅

在接待客人的过程中,工作人员要注意言谈举止。言谈是双方思想、感情的交流,要取得满意的言谈效果,最重要的一点就是必须做到尊重他人。“您好、请、谢谢、没关系、再见”被称为“五声十字”,这些基本的礼貌用语在商务活动中广泛运用。言谈中除了注意言辞的礼貌性以外,同时要注意语言的生动性、表达的灵活性、措辞的修饰性。接待人员的举止要文雅,包括站、坐、行等各个方面,都直接反映接待人员自身的素质,也折射出企业整体的文化水平。因此,接待人员的一言一行、举手投足都与企业的形象有密切关系,影响着企业在合作者心目中的印象。

4. 集中精力,认真聆听

当客人在讲话或是询问时,一定要集中精力认真聆听,这是对他人的一种尊重。客人讲话时不仅要听,而且要看着他,不可以看其他的地方,给人一种心不在焉的感觉。也不要经常看手表,会让人觉得你很不耐烦。认真听对方讲话的同时要进行思考,适时的对客人所提出的问题或见解给予回应,在回应客人的时候要找适当的时机,不要打断客人的话。一定要避免客人问话没有回应,或是让客人反复的重复同样的问题,这都是不礼貌德行为。

5. 热情款待,客气挽留

在整个接待的过程中,接待人员要按照接待的标准和规格,尽最大努力认真地完善每个细节以达到客人的满意。客人即将结束旅程时,接待方要主动地做稍微的挽留,让客人感觉到主人的好客和热情,在挽留的过程中不要太勉强客人,点到为止。

二、商务洽谈礼仪

商务洽谈是在商务交往中，为了建立联系、达成交易、拟定协议、签署合同、要求索赔或是为了处理争端、消除分歧等，而进行的面对面的讨论与协商，以达到某种程度上的共识。

(一) 洽谈前的准备工作

1. 确定人选，成立小组

洽谈中人员的选择非常重要，根据所洽谈的具体事宜，来选择这一领域中业务、技术较强的人员参加洽谈，以增强洽谈的优势性。洽谈的人员一般选择3至4人最佳，组成洽谈小组。如果本次洽谈内容比较广，涉及相关法律政策、业务技术、财务、市场分析等多方面的知识，就需要分别在这几方面选择精通的人员来参与洽谈，以维护企业的最终的商业利益。

2. 资料详细，知己知彼

在洽谈之前要大量收集相关资料，要做好充分的准备以应付在商务洽谈中所出现的各类问题。在收集资料的过程中，首要掌握的就是洽谈对方的实力和基本情况，对于谈判对方的要求目的和条件的合理性进行研究，并通过大量的数据和示例加以证明自己的观点。要通过收集资料整理分析对方的优势在哪，劣势在哪，正确权衡与对方合作的可行性。

3. 制定目标，明确议程

在洽谈前要制定目标，根据企业自身的情况以及本次合作的价值大小，经过科学合理的分析，制定出可以让步的底线以及能够获得最大利润的标准。对于可能出现的分歧要事先想好应对方案，尽量说服对方，让对方接受自己的观点，从而让本企业获得更大的利润。还有包括洽谈中的一些事项的进度、目标、方式策略等一系列的问题，都要在洽谈前作充分的准备，只有这样才能保证洽谈的成功进行。

4. 礼仪准备，安排具体

洽谈前还需要做好相关礼仪的准备。与会人员要穿着高雅、正规的礼仪服装，男士要穿着深色西装打领带。女士穿着深色西装套裙配肉色长袜，不可穿着过瘦、过露、过透的服装。女士应化淡妆，以增添色彩和良好的精神面貌。与会人员还要注意站、坐、行的标准运用，以及眼神、微笑和手势、语言的合理使用。总之，要尽量使自己举手投足都做到得体大方。同时，在洽谈前还要做好洽谈时间、地点、座次的安排和准备工作，为洽谈的顺利进行奠定基础。在洽谈时，经常使用长方形桌。长方形桌的座次安排如图9-1所示。

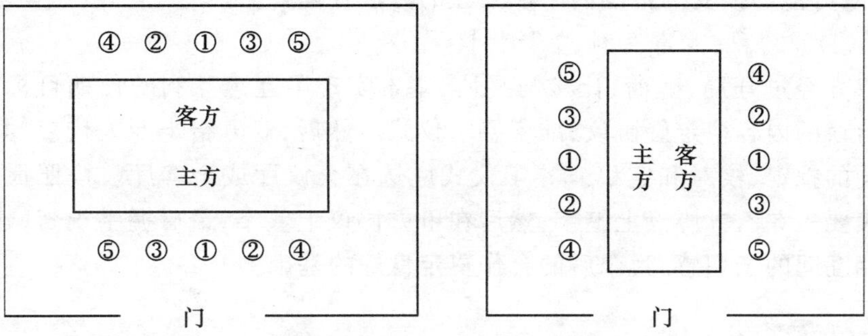

图 9-1　商务洽谈的座次安排

（二）洽谈过程中的礼仪

1．开局阶段：握手问候，友好介绍

开局阶段是联络感情，加深印象的最佳时机，“良好的开始是成功的一半。”开局阶段对洽谈的成功与否影响很大。所以开局阶段洽谈双方要营造一个互谅互让，积极、融洽的和谐气氛。首先要相互介绍双方洽谈人员，由主要谈判代表介绍己方与会人员，如果主客双方都需要介绍，应该先把主方介绍给客方。然后双方握手问候，以表示友好。双方认识后，可以进行关于最近双方都感兴趣、都能参加讨论的新闻或热点问题闲聊一下，从而引起双方的一些共鸣，同时也拉近了双方情感的距离，为下面的洽谈奠定一个好的基础。

2．概述阶段：清晰准确，表达意愿

在概述阶段，洽谈双方要简要地阐述自己的条件和洽谈目的，以及希望达到的最终目标，这是双方切入主题的第一阶段。要注意阐述的语言和方式，要思路清晰，表达准确，争取在简短的发言中得到对方的理解和肯定，引起对方的兴趣和好感。切记在概述阶段的言辞或态度，不要引起对方的焦虑和愤怒，如果被对方否定那么下面的洽谈很难进行下去，甚至可能丧失合作的机会。在阐述自己的观点以后，要认真倾听对方的意见，进行慎重的思考和分析。

3．商榷阶段：平等协商，以理服人

商榷阶段要及早确认双方的不同意见，为解决双方的分歧达成协议，要留有一定的让步空间。该阶段双方必须以坦诚的态度，来分析自己和对方的需要，追求自己利益的同时要考虑对方的要求，这是达成共识的关键。如果双方在利益上真正对立难以达成共识时，谈判人员在坚定自己观点的同时，正确地分析双方的分歧和差异。要用理性论证自己的观点又不要伤害到对方，运用谈判的技巧以求消除分歧达成共识。双方在坚持基本要求的基础上，寻求共同点，在双方能够接受的范围内采取互让的方法合理解决。

4. 协议阶段：互惠互利，签订协议

双方经过开局、磋商、让步与妥协，基本实现了互惠互利的预期目标，根据双方洽谈的内容拟定好协议，准备签字仪式。然后，双方指定专人代表，共同负责合同的拟定、核对和定稿。签字仪式应选在会议厅或会客厅。按照惯例，双方代表要先在乙方协议上签字，然后在甲方协议上签字，最后握手祝贺，建立和保持相互间的亲切感，为今后的合作奠定良好的基础。

第三节　商务会议与庆典礼仪

商务会议和商务庆典在整个商务活动中占有重要的地位。商务会议是常见的商务活动，是商务合作过程中必然采用的交流形式。而商务庆典也是商务活动中为表示庆祝而采用的重要形式。正确的会议和庆典流程是商务活动顺利开展的重要保障。

一、商务会议礼仪

商务会议在整个商务活动中的地位是不可忽视的，这一环节在整个商务合作中起着至关重要的作用。是企业间进一步相互了解、落实有关合作事宜、交流信息、研究讨论问题的关键环节。因此，必须要求商务人员了解并掌握商务会议的相关礼仪知识。

（一）会议的前期筹备礼仪

1. 明确会议内容和目的

会前的筹备工作对整个商业会议的顺利召开起着关键性的作用，而只有充分的了解会议的内容和目的，才能有针对性的做好会前的筹备工作。根据会议的内容和目的，首先确定会议的规格并准备相应的备品，例如会议用纸、笔、投影仪、电脑、接线板等；然后确定会议参加者的名单、身份、职务等；最后是会议通知、名牌的制作和印发会议证件、准备会议议程等筹备工作。根据参会人员的主次，进行座位的排序等工作，为商务会议的召开做好各方面的充分准备。

2. 选择会议时间和地点

根据多数人的生理活动规律，最佳的工作时间在上午的8:00—11:30和下午1:30—5:00。一般应该在上班半小时后再开始开会，给与会人员一个稳定和准备的过程，以免由于路途上的慌忙状态而影响了会议的效果。对于地点的安排，要根据商务会议的规格、档次和会议主要人员的意见和要求选择合适的会场。对会场的基本要求是要在商界活动集中的地方，交通便利、停车方便并且有良好的环境。避免由于会场选择不当而给参加会议的人员增添不必要的麻烦，从而影响会议的召开。例如：会场的停车位紧张，虽然与会人员开车准时到达会场所在地，但是无法把车停在合适的位置上，以至于在很远的地方找到停车位置，还要步行来到会场，这时会议可能已经开始了。既影响了与会人员参会的效果，也影响了与会人员的心情。所以在安排商务会议的时间、地点上要认真的考虑多方的因素，以确保商务会议的顺利进行。

3．详细测算会议费用

根据会议的标准和规格以及会议效果来考虑会议的费用。会议的费用支出主要有：场地租金，不同档次的场地租金相差很大，根据会议的要求和费用可支出的范围来选择相应的场地；设计和宣传费用，根据会议对设计和宣传方面的具体要求，进行相应的费用投入；联络交际费用方面，在掌握了参会人员的名单后进行联络和通知，要选择经济有效的方法，例如用传真发邀请函、电话邀请等方式；器材租赁费，要看会议内容所涉及的器材的种类、配置的要求、费用的预算等因素对器材进行挑选；差旅、住宿费用，要根据参加会议的人员状况和接待标准的规定来支配；工作人员的费用，要根据贡献和工作量的大小，同时参考同行业的付费标准来进行支付。要认真综合各项的费用支出，对商务会议整体的费用情况进行详细的测算。

4．准备会议资料

会前要充分的准备会议资料，主要包括：体现会议中心议题的主要文件、为中心议题起辅助作用的材料、领导的开幕词和闭幕词、大会议程表、宾客名单、接待安排、入场凭证和会议须知等。为保存资料和提高会议的整体表现效果，还需要准备投影仪、音响等多媒体设备。

5．布置会场

对于会场的布置，首先要注意会场内的环境要干净整洁，保持室内光线充足、温度适宜。横幅和相关的标语要事先选在显眼的位置，一般都选在会场主席台正上方的位置，挂正挂牢。标语的大小、质地要根据会议的要求恰当的选择，一般情况下，会议越重要，横幅的质地要越好，设计方面也要越用心。另外室内的光线和照明要充足，这是最起码的要求，也是对会场要求中一项重要的内容。

（二）商务会议过程中的礼仪

1．会议主持人礼仪

会议的主持人是整个会议前后贯穿的核心人物，主持人的组织、协调、应变等方面的能力,对会议顺利的进行有很大的影响。一次会议就像是一场演出,每个人都有自己的角色,而主持人的角色至关重要,演出是否成功主持人起着关键的作用。在仪表方面,主持人的穿着要得体、大方、庄重。主持人要阐述会议宗旨、落实会议议程,要把握好会议全局,包括会议进程的各个环节。在会议最后主持人还要作简要、概括的会议总结,这是考验主持人能力最主要的方面。

2. 会议发言人礼仪

如果把整个商务会议比作是一场演出,那会议发言人就是这场演出的主要演员,演员的节目是否精彩关系到整场演出质量的好坏。首先要关注会议发言人的仪容仪表。为了保持美好的容貌,要注意面部、发型的卫生和修饰。女士要施淡妆,男士则着正式的西装最佳。发言人员的发言内容要突出重点、翔实周全、语言流畅、情感真实、态度友好谦虚,还要注意遵守会议规定的时间适可而止。

3. 会议接待人员礼仪

会议接待人员要着装整齐,佩戴明显标志物,如接待牌、徽章等。接待人员在接待的过程中,要运用文明的举止和使用礼貌用语,提前到达会场,熟悉会场的整体环境,等候参会人员的到来,并负责登记和发放资料,然后引导参会人员入场并帮助找到位置。

4. 会议参加者礼仪

会议参加者要按照商务礼仪要求,遵守时间,听从会议接待人员的调度和安排,到规定位置入座。在会议进行的过程中要遵守会议纪律和程序,认真聆听做好相关记录。尽可能带回会议的完整资料,向领导汇报或向有关人士传达。

(三) 会议结束时的礼仪

1. 组织好闭幕式

商务会议的成功举办,不但要求会议的整个过程顺利进行,更要求会议有圆满的结局,因此要开好闭幕式。闭幕式首先要主持人按照会议进程,宣布闭幕式开始,然后由负责会议的主要领导进行总结性的发言,之后致闭幕辞,对来宾参会再次表示感谢,最后宣布会议圆满结束。

2. 编制与会者回去传达的文件

会议工作人员要把会议决议、会议纪要以及与会者的通讯录等相关资料整理出来,并分装好,在会议结束时发给与会人员。一方面可以帮助与会人员弥补会议进行期间记录的遗漏之处,可以让与会人员把会议的决议、纪要等带回所在企业进行传达,为企业间的合作创造了条件。另一方面把与会人员的通讯录整理打印出来，发放到每个人的手中，便于在今后的商务活动中的沟通和往来。在通信发达的现代社会里，这项工作已经成为各种会议的一个主要的内容。

3．热情送行与会人员

会议接待人员要在会议结束之前和与会者联系，了解其会议结束后的返程安排，是否需要协助订票或其他的安排。机票、车票、船票订好以后要及时通知委托者，并且根据与会者的要求派专车送行。对于不能按时离开的与会者，根据其个人需要应该继续关照。与会者在离开时如有委托代办事情，接待人员要根据实际情况和自身的能力，尽量认真帮助解决。

二、商务庆典礼仪

商务庆典是现代商业活动的重要组成部分，是各企业为了达到自身的商业目的，精心策划并按照一定的程序专门举行的一种庆祝活动。商业庆典可以为企业提高知名度、树立良好形象、扩大企业的社会地位和影响力；向社会证明企业的经营实力，为今后企业的发展奠定了良好的社会基础；增加本企业员工的自信心和自豪感，形成一种凝聚力，这是企业文化形成和完善的重要内容。

（一）庆典活动前的准备工作

1．庆典的宣传工作

庆典要进行前期的宣传工作，通过电视、报纸、电台、海报等途径，把活动的内容、地点和日期，以广告的方式加以宣传，以扩大活动的影响力。各种宣传方式有不同的优势和劣势。电视宣传易于接近大众市场，传播性能多样，传播范围广、及时、灵活，通过音乐、色彩、图像的综合运用增加了震撼力，但是一般费用较高。报纸宣传面较广，信息保留时间长，可以传播比较复杂的信息，而且比电视传播便宜，但是报纸宣传缺少一定的直观性，没有电视广告生动。电台宣传易于将广告内容多次重复以便让更多的人知道，而且费用比较低，但是电台宣传的局限性很大，只能针对经常收听的人群，立体感也不强。海报宣传的优越性表现在形式比较新颖，表现方式灵活颜色鲜艳，能够吸引人的注意，不足之处在于局限性很大，容易忽视一些细节的宣传。因此，在选择宣传方式的时候，要根据需要达到的目的，考虑利弊来进行选择。

2．邀请宾客

庆典的目的之一就是为了增加社会效益，扩大企业的影响力，所以来宾身份的高低、数量的多少直接影响着庆典的效果。庆典需要邀请政府有关部门的领导、社会上的知名人士、媒体公众、同行代表以及社会公众等前来参加。对于邀请的来宾，应提前将请柬由专人送达，以便被邀请对象提前做出安排，增加庆典的影响力。

3. 环境布置

庆典现场可以设在正门之外的广场上，也可以设在正门之内的大厅里。按照惯例参加庆典的来宾一般都是站立的，所以不用设座位。为了渲染喜庆的气氛，可以将主会场铺上红地毯，在会场周围悬挂横幅、标语、气球、彩带、宫灯等，还要在醒目的位置上摆放宾客赠送的花篮，不但可以装点会场还表现了对宾客所送贺礼的尊重。来宾签到处、本单位宣传资料的领取处等，都要安排在离入口较近的位置上，礼仪小姐和乐队也要事先安排好位置。对于音响、照明设备，以及庆典仪式上所需的用品和设备都要事先准备好，并多次进行检查和调试，以防在使用时出现故障影响庆典的顺利召开。

4. 物质准备

举行各种商业庆典时，都要馈赠来宾礼品。被选中的礼品通常具有宣传性，可选用本企业生产的产品，或是在礼品上加注本企业的名称等。同时礼品还具有纪念性，在礼品上印有企业的名字或庆典的日期对于来宾有一定的纪念意义。最后就是具有新颖性，所设计的礼品要与众不同，要有新意让来宾对礼品感兴趣。除了准备礼品外，还要准备一些资料和用品发放给来宾，以便更好的了解庆典的相关事宜。

（二）典礼活动的程序

1. 典礼开始

由庆典的负责人主持典礼或邀请媒体主持人进行主持。主持人宣布庆典正式开始，然后按来宾的主次进行排序，宣读重要嘉宾、重要领导、知名人士、贺电单位及个人的名单。

2. 致贺词与答词

主持人宣布典礼正式开始后，由事先指定的重要领导或重要来宾宣读贺词或贺信。需要注意的是对贺电和贺信的宣读要有选择性，挑选有代表性的、重要的，不必一一宣读。再由本单位负责人致答谢词，其主要内容是向来宾及祝贺单位表示感谢，并简要介绍本企业的经营特色、经营目标、经营理念，以及本次庆典的意义。

3. 剪彩

有些庆典还要在答谢词结束之后，进行剪彩仪式，由本单位领导和重要的嘉宾一起剪彩。事先确定每个剪彩人的位置，以中间为尊，重要人士安排在中间位置，越往两边越次之。由礼仪小姐将参加剪彩的嘉宾引领到适当的位置后进行剪彩,礼仪小姐在剪彩的过程中负责助彩。

(三) 庆典结束

庆典结束后,为表示对来宾的答谢,企业都会安排一些宴会或文艺演出。如果有必要还可以引导来宾参观本企业的设备设施、特色商品等。活动结束以后对于重要来宾,本企业领导应亲自送出并热情告别,其他来宾可由工作人员代为送别。

第四节 各国的商务礼仪

随着我国改革开放的不断深化,人与人、团体与团体以及世界各国之间的交往越来越密切,人们的活动范围和规模都在日益扩大,为了更好地实现国家之间的商务交流,了解和掌握世界各国的商务礼仪就显得尤为重要。

一、亚洲国家

亚洲是世界七大洲中面积最大的,其绝大部分土地位于东半球和北半球。亚洲一直是全世界人口最多的大洲。目前有大约42亿人居住在亚洲,占世界人口比例超过60%。由于各国的历史背景和文化渊源有着很大的差异,所以各国的商务礼仪也各具特点。

(一) 日本

1. 基本概况

日本国,简称日本。它位于亚洲的东部,面积37.77万平方公里。人口1.236亿,主要宗教有佛教、神道教、基督教,有许多人信仰两种以上的宗教。日语为国语,部分中老年人懂汉语,大部分商人会英语。首都东京,是世界上人口最多的城市之一。1972年9月29日同我国恢复外交关系。日本经济发达,有“第三经济大国”、“樱花之国”、“造船王国”、“贸易之国”、“钢铁王国”等美称。日本与中国一水之隔,两国人民的友好往来的历史源远流长,日本人的许多风俗习惯都可以从中国找到根源,日本人对中国的文化表现出一种特有的尊重。与日本人交往,首先要了解日本人的基本礼仪。

2. 商务礼仪

日本人在商务交往中非常重视名片的使用,认为名片是人身份地位的象征,商务名片必须在初次会面时交换。递送名片要身份低者先递送,将日文一面向上,被递送者接过名片后要仔细阅读,表示要了解对方的身份地位,也是对对方的尊重,然后要回赠名片。日本是一个勤劳、守信、守时、好学,生活和工作节奏都很快的国家，在商务拜访时，应事先通知，并按照约定的时间准时到达。见面时多是脱帽鞠躬，很少握手。初次见面要鞠躬，问候礼 30 度，告别礼 45 度。鞠躬要脱帽，眼睛向下，表示诚恳亲切。初次见面，鞠躬后就要交换名片。日本人拜访他人时间一般避开清晨、晚 8 点后及用餐时间。在进日本式房屋时要先脱鞋并整齐放好，鞋尖向着房间门的方向，这在日本是尤为重要的。日本人在商务及其他重要场合一般穿礼服，和服是日本的民族服装。如果拜访时天气很热，不征得主人的同意不能宽衣，否则视为不礼貌。日本商务活动的时间多集中在春秋两季(3—6 月，9—11 月)。

日本人在商务谈判时重视信誉、彬彬有礼。常见的礼节用语有：您好、对不起、打扰您了、请多关照等。日本人对自己的感情常加以掩饰，不易流露，不喜欢伤感的、对抗性的、针对性的言行和急躁的风格。所以，在与日本人打交道的过程中，没有耐性的人，常常会闹得不欢而散。在商务场合或平时生活中日本人不给他人敬烟，要想吸烟需征得对方同意后再吸。在商务场合中最好不吸烟，这是对他人健康的尊重。

在商务宴请中以酒待客时，让客人自己斟酒是一种失礼，应由主人斟酒或侍者斟酒为妥，斟酒时壶嘴不能碰杯口。客人应以右手持杯，左手托杯底，接受斟酒为礼。一般情况下客人接受第一杯，第二杯可以拒绝。如果不能喝酒，不可独自将酒杯向下扣放，要等大家都喝完时一起向下扣放，否则视为失礼。

3. 禁忌习俗

日本人生活中有很多忌讳。他们不喜欢紫色，最忌讳绿色，认为绿色是不祥之色；忌讳赠送或摆设荷花；在探望病人时忌用山茶花、仙客来及淡黄色和白颜色的花。日本人忌讳数字“4”和“9”，因为“4”和“死”的发音相似，“9”和“苦”的发音相似。在 3 人一起“合影”中，日本人不愿意站在中间，认为这是被左右两人夹着，是不幸的预兆。日本人在招待客人时，忌讳将饭盛得过满过多，也不可一勺就盛满；忌讳客人只吃一碗饭，因为他们认为只吃一碗是象征无缘，因此，一般要象征性添第二碗饭。

(二) 韩国

1. 基本概况

大韩民国，简称“韩国”。位于朝鲜半岛的南半部，北部以军事分界线与朝鲜民主主义人民共和国相邻。其余三面被黄海、朝鲜海峡和日本海所环抱，面积 99262 平方公里。韩国多丘陵和平原，约 70% 是山区，地势比半岛北部低。韩国属温带的东亚季风气候。人口约 4688 万(1999 年 7 月)。全国为单一民族，通用韩国语。宗教以佛教、基督教为主。

2. 商务礼仪

韩国是“礼仪之邦”,在商务交往中十分注重礼貌礼节,有很强的独立性和自尊心。在与韩国人进行最初的商务活动最好有第三者介绍,因为他们对不了解的人,会见的时间会很慢。在商务拜访或会见前必须预约,并且一定要守时。按习惯要赠送有特色的礼物如鲜花、工艺品、烟酒等,并且要双手奉上表示诚意。受赠者不能当面打开礼物,这与欧美人截然不同。入室要把鞋子留到门口,这是基本的礼仪。

韩国人特别注意谦虚礼貌,初次见面要行鞠躬礼,告别时对地位高、年长者,要再次行鞠躬礼以表尊重。以交换名片相识,把名片印有韩国文字的正面朝向对方。韩国的部分商人养成通报姓氏的习惯,并以“先生”等敬称通用。例如:我姓朴,大家可以称呼“朴先生”。会谈时要把中途吸烟休息的时间考虑在内,因为韩国人吸烟很普遍。

3. 禁忌习俗

与韩国人进行商务拜访时,总是以“1、3、5、7”的数字敬酒敬茶,反感用“4”,赠送礼物用双手奉上表示诚意。他们大都珍爱白色,崇拜熊虎。以木槿花为国花,以松树为国树,以喜鹊为国鸟,以老虎为国兽。与韩国人交谈时,发音与“死”相似的“师”、“事”、“私”等字词,最好不要使用。

(三) 新加坡

1. 基本概况

新加坡共和国是一个岛国,位于马来半岛南面,由新加坡岛及其附近小岛组成,居民中华人占77%,马来人14%,印度人7.6%,其他民族1.4%。英语、华语、马来语、泰米尔语为官方语言,马来语为国语,英语为行政用语,所以名片可用英文。主要信奉佛教、道教、伊斯兰教、基督教及印度教。经济以转口贸易、金融、航运业为主,还有石油提炼、石油化学、建筑、造船、纺织、橡胶、食品罐头等工业,旅游业也很发达。

2. 商务礼仪

新加坡商人在商务活动中十分重视礼貌礼节。由于华人占77%,商人以华人最多,在很多方面如语言、文字、风俗习惯上都与中国相似,例如,见面要互相拱手作揖等。见面常用的礼节除鞠躬外还可以握手。马来血统、巴基斯坦血统的人,则按伊斯兰教的礼节待人接物。受英国影响,新加坡也有西方人的生活特点。新加坡人在商务活动中与客人相见时,一般都惯行握手礼。在与东方人相见时,也有施鞠躬礼的习惯。新加坡人在进行商务活动时不喜欢讲排场和挥霍浪费,适可而止。

在商务活动和商务拜访时要事先预约，谈话中要回避宗教和政治方面的话题。适于谈论的话题有旅游经历、所到国家的见闻以及新加坡的经济发展状况。应邀赴宴宜注意言行，回请宴会的人数不能超过主人，拜访新加坡人通常要送些纪念品或工艺品如钢笔、办公用的小装饰品等。到新加坡进行商务活动时间最佳为每年的3—10月。

3. 禁忌习俗

新加坡仍有许多族群遵循不同的习俗和宗教信仰，因此，各族群有不同的习俗宗教，问候的方式也随之不同。与马来人或印度人共同进餐时不要用你的左手取食。他们对吉祥字、吉祥图画等都有特殊的感情，对“喜”、“福”、“吉”、“鱼”字都非常喜欢，认为这些字都预兆着吉利。新加坡有花园之城的美誉，他们酷爱种花草，饲养鸣禽十分盛行。新加坡人对“恭喜发财”之类的话反感，认为这有教唆他人发不义之财的意思。忌讳有人口吐脏言，他们不喜欢“7”，忌讳乌龟。

（四）泰国

1. 基本概况

泰王国是东南亚的一个大国，全国面积为51.4万平方公里，位于中南半岛中部，它的西部与北部和缅甸接壤，东北边是老挝，东南是柬埔寨，南边狭长的半岛与马来西亚相连。全国共有人口5600万，首都曼谷，人口约600万。

2. 商务礼仪

泰国被称为“微笑之国”，他们对外国人特别和蔼可亲。生意对象几乎都是华侨系统的企业，和其他国家的华侨一样，做生意要基于对个人的信赖，形式上的契约书依然有被轻视的倾向。泰国商人也非常重视名片的使用，名片一般用中、英、泰三种文字。在泰国左手被视为不洁净，所以交换名片接受物品，都必须使用右手。与泰国大公司打交道要事先预约，最好提前两个月约定，尽可能避开周一、周五，因为泰国人十分重视假期。访问政府办公厅宜穿西装，商务会见时身着衬衫，打领带即可。在商务交往中尽量用支票，不用现金支付。注意一定不能用红笔签文件，因为泰国人认为只有人死之后，才用红色笔将其名字写在棺材上。

在商务场合，泰国人的见面礼多是双手合十放在胸前，指尖对鼻尖行合十礼。一般双手举的越高表示对客人越尊重，但双手的高度不超过双眼，受礼方也应以合十礼相还。向王室或高僧行礼时须下跪，甚至儿子出家为僧，父母也跪地送行。从坐着的人身边经过，要略微躬身以表示礼貌。凡是初到泰国访问的商人，都必须注意遵守泰国人的风俗礼节，不然很容易发生误会。泰国人认为门槛下住着神灵，千万不要踩踏泰国人房子的门槛。泰国人经商一般不喜欢冒险，小心谨慎，宁可依靠自己的力量积少成多地发展，也不愿大刀阔斧，大数额地贷款，大范围地投资。由于过分地谨慎，不轻易相信别人，故很多企业部带有浓重的家族色彩。对于商品，他们重视质量甚于牌子。

3. 禁忌习俗

泰国人非常重视人的头部，认为头是灵魂所在，是神圣不可侵犯的。切记千万不要触摸别人的头，即使是摸小孩的头也不行。又如长辈在座，晚辈必须坐在地下或者蹲跪，以免高于长辈的头部，否则就是对长辈的不敬。坐着的人也忌他人拿着东西从自己头上过。泰国人特别尊崇佛祖和国王，佛祖和国王在泰国人心目中是至高无上的，切不可当着泰国人的面说对佛祖和国王轻率的话。在泰国人面前，无论是坐着还是站着，不要让泰国人明显地看到你的鞋底。商务谈判坐下时，千万别把鞋底露出来，因为这在泰国被认为是把别人踩在脚下。泰国人很难对一种事做出决断，外人千万不要表现出不耐烦。和泰国商人相处，不要夸耀自己国家的经济。在和泰国人的交往中，可以送些小的纪念品，送的礼物应事先包装好，赠送的礼品可以为玩具、文具、书等小礼物，送鲜花也很合适。

（五）马来西亚

1. 基本概况

马来西亚位于亚洲东南部，面积约 32.97 万平方公里。其全部疆域由来西亚半岛、沙巴和沙捞越组成，马来西亚拥有着温暖和湿润的气候，终年温度大致介于 22—30 摄氏度。被称为热带天堂。人口约 2452.7 万，马来西亚是一个多元种族、多元宗教文化的国家，马来人占 66.1%，华人占 25.3% 以上，其余为印度人、巴基斯坦人、印尼人等。马来语为国语，马来文及英文是官方语言，工商教育界通用英语。伊斯兰教定位国教，泰国最大的族群是马来人。

2. 商务礼仪

马来西亚在商务场合同客人见面时，一般是施握手礼并交换商业名片。在与马来西亚人进行商务约会时一定要准时，并且要事先约定好赴约的时间。他们年轻人见到老年人，一般要相互紧握双手，然后再双手朝胸前作拥抱状，身体朝前弯下如鞠躬。他们同一般熟悉的人相见，男子之间一般要互相接触一下右手，然后各自用右手放在胸前示礼。马来西亚妇女见到男子，施礼前要先用手巾盖住手掌，再同男人的手掌相接触，然后把手伸至胸前作拥抱状，同时身体稍向前弯下鞠躬。此外，他们还有一种奇特的施礼方式：双方见面时，要先互相朝前稍微靠拢，然后再相互伸出手掌握下，再用手从脸部由上而下轻轻一抹，再向胸前一点，与此同时彼此互相说："愿真主保佑你！"。

3. 禁忌习俗

马来人忌讳摸头，认为摸头是对人的一种侵犯和侮辱。他们忌讳"0"、"4"、"13"数字，认为是不吉利的。忌讳狗肉、猪肉、动物的血和贝壳类食品，也忌讳谈论猪、狗、乌龟的话题，认为它们是禁忌的动物。

二、欧洲国家

欧洲是世界第六大洲，面积10,180,000平方公里，人口7.12亿人，是世界人口第三多的洲，仅次于亚洲和非洲，人口密度平均每平方公里70人，共有48个已独立国家。由于每个国家的文化背景各不相同，所以各个国家的商务礼仪也各有特点。

（一）英国

1. 基本概况

英国位于欧洲大陆西北海岸以西，大西洋中的不列颠群岛上，总面积24.41万平方公里。海岸线总长11450公里，2001年全国人口5884万，在世界上列第17位。官方和通用语均为英语。威尔士北部还使用威尔士语，苏格兰西北高地及北爱尔兰通用盖尔语。英国的国教为基督教，亦称圣公教。

2. 商务礼仪

英国商人不像美国的商人，美国人即使昨天还是未见过面的陌生人，今天一见面，就会立刻显露出如多年的知己老友那样的亲热感，直呼你的名字，甚至当天就可以做成一笔大生意。而英国的商人则会在开始时保持一段距离，然后才慢慢接近，一般都矜持斯文、少言寡语。但是，在遇到决策时他们也会毫不犹豫地做出决定，遇到有纠纷时，也不会轻易地妥协，他们自信自己的所作所为是完美的。英国人的作风是很注重逻辑，凡是自己所想的事，总是想办法做出逻辑性很强的说明。

在商务交往中英国人会考虑到对方的立场之后才开始行动，避免让对方有不舒服的感觉。就这点来说，可以认为英国人善于社交。英国人做生意，首先从建立信用着手，然后考虑到要"有助"于人。所以当交涉中某些事项未能如愿时，千万不能强人所难，得寸进尺，这在英国的商界是行不通的。遇到这种情况时，就得另想办法或等待下一次机会，诉之于感情的作法是万万行不通的。此外，与英国人做生意凡事都有一定的程序，不能操之过急。英国人在上班时间里都能埋头苦干，不会有松懈，更不会有抽烟、看报之类的事来浪费时间。英国的一般员工很少加班，但经理级的人员则要从一早工作到深夜的。

在商业的生活中，英国也和别的国家一样，有了商业关系后，就会有私下的应酬。英国人招待客人的时间较长，先喝果汁，接着换成白葡萄酒、红葡萄酒，然后是雪茄烟，最后再加一道白兰地酒，总共大约要花上三个小时。英国人的约会一旦确定，就会排除万难赴约，和英国人交往时要把握住讲话的适当时机。受到款待之后，一定要写信表示谢意，否则会被认为不懂礼貌。要约会时如果是过去未曾见过面的，那么一定要写信告诉面谈的目的，然后再约时间。

3. 禁忌习俗

英国人忌讳“3”、“13”的数字和“星期五”这个日期，忌讳称他们为“英格兰人”，忌讳用人像作商品装潢，忌讳送百合花和菊花，忌讳黑猫、孔雀、大象等动物。总之，凡事都要规规矩矩，不懂礼貌或不守约束的话，办事时将难以顺利进行。

（二）法国

1. 基本概况

法兰西共和国，简称法兰西或法国。它位于欧洲西部，面积55.16万平方公里。人口5540万，90%是法兰西人。90%的居民信奉天主教。法语为官方言。首都巴黎，是世界著名的花都，铃兰、郁金香、水仙花、七叶树、百合花以及三色紫罗兰等，都是极具法国气息的可爱的花，在公园、在街头、商店、公司办公桌上随处可见。

2. 商务礼仪

法国商人保守而正式，尤其是在较小的城市里，你得表现得格外有规矩，处处勿忘握手，多握手几次更好，别问对方家事。法国人对“商业机密”也很敏感，商谈时做出决定的速度较慢，在未成朋友前是不会和你做大宗生意的。法国人喜爱花，生活中离不开花，特别是探亲访友应约赴会时，总要带上一束美丽的鲜花。送花通常要送单数。法国人民将鸢尾科的鸢尾花作为自己民族的国花（欧洲人把鸢尾花叫做“百合花”）。他们喜欢玫瑰，玫瑰花表示爱情。法国本土出产的奢侈品，如香槟酒、白兰地、香水、糖栗等等，也是好礼品。在法国，一些有艺术性和美感的礼品，例如唱片、画或人物传记、历史评论及名人回忆录等，会很受欢迎。

法国人在贸易谈判中被认为有如下一些特点：立场极为坚定；坚持在谈判中使用法语；喜欢先为协议勾画出一个轮廓，然后再达成原则协议，最后确定协议上的各项细节。商务活动应该严守时间，学几句法语会话，才能行动自如。法国人爽朗、热情，比较幽默、诙谐，喜欢交谈，特别爱好音乐、舞蹈。

3. 禁忌习俗

商务活动在圣诞节及复活节前后两周不宜进行。在每年的8月份,法国几乎全国放假,也是商业淡季。法国人忌讳"13"和"星期五",认为这些数字隐含着凶险。一般情况下,法国人绝对不喜欢13日出行,也不喜欢住13楼或13号房间,忌讳13人同桌进餐。忌送菊花、康乃馨等黄色花,因为法国人认为黄花象征不忠诚。对法国人切记不要送菊花,因为菊花代表哀伤,只有在葬礼上才送菊花。忌讳男士向女士赠送香水,因为有过分亲热之嫌。也别送刀、剑、刀叉、餐具之类,因为意味着双方会割断关系。

(三) 德国

1. 基本概况

德国位于欧洲的中部,面积35.69万平方公里,人口7860万。德语是公用语,英语只在旅馆行得通。德国还是世界四大食品出口国之一,其啤酒远销140多个国家。商务交谈时尽量说德语,或偕同译员前往。商人多半会说一些英语,但使用德语会令对方高兴,尽量以握手为礼。握手要用右手,伸手动作要大方。称呼对方多使用"先生"、"女士"等。如果对方身份高,须得他先伸手,再与之握手。对方常帮助你穿、脱外套,不妨接受再说声"谢谢"。有机会也要替其他人穿脱外套。

2. 商务礼仪

德国商人不愿浪费时间,所以在商务谈判中宜先熟悉问题,单刀直入。按照德国送礼的习俗,若送剑、餐具,则请对方回一个硬币给你,以免所送的礼物伤害你们之间的友谊。送高质量的物品,即使礼物很小,对方也会喜欢。德国人对礼品的包装纸很讲究,但是忌用白色、黑色或咖啡色的包装纸装礼品,更不要使用丝带作外包装。餐后喝完咖啡,如果桌上根本没有烟灰缸,那就忍着别吸。德国人甚至从国家意识出发,视浪费为"罪恶",讨厌凡事浪费的人。所以,一般人都没有奢侈的习惯,与德国人相处务必遵守这个习惯,这样才能跟他们达成一致。

3. 习俗禁忌

到德国进行商务活动要避开圣诞节与复活节前后两周,慕尼黑及科隆嘉年华会也宜避免,因为德国人很重视假期和节日。他们忌讳吃羊肉、鱼、虾等,忌讳送红玫瑰,认为红玫瑰只能送妻子、未婚妻或恋人。

如果你应邀到德国人家中做客,通常宜带鲜花去,鲜花是送女主人的最好礼物,但必须要单数,5朵或7朵,他们忌讳"13"这个数字,不能送13朵。在各种鲜花中,德国人尤其喜欢矢车菊,视它为国花。到德国人家做客千万别带葡萄酒去,因为此举动会显示你认为主人对选酒的品味不够好,但威士忌酒可以作礼物。

(四) 俄罗斯

1. 基本概况

俄罗斯(或俄罗斯联邦) 位于欧亚大陆北部,地跨东欧北亚的大部分土地。面积1707.54万平方公里,是世界上地域最辽阔、面积最广大的国家,约占世界陆地总面积11.4%。俄罗斯有130多个民族,其中俄罗斯族占总人口82.6%。俄语是最大的语种,是俄罗斯的官方语言。

2. 商务礼仪

在商务交往中,俄罗斯人素来以热情、豪放、勇敢、耿直而著称于事。在交际场合,俄罗斯人惯于和初次会面的人行握手礼。但对于熟悉的人,尤其是在久别重逢时,他们大多要与对方行热情拥抱和亲吻礼,男士一般吻女士的手背,父母吻儿女的额头。在迎接贵宾之时,俄罗斯人通常会向对方献上“面包和盐”,这是给予对方的一种极高的礼遇,来宾必须对其欣然笑纳。

在正式的商务场合,切忌称呼“俄国人”,采用“先生”、“小姐”、“夫人”之类的称呼。在俄罗斯,人们非常看重人的社会地位,对有职务、学衔、军衔的人,最好以其职务、学衔、军衔相称。依照俄罗斯人的习惯,他们的姓名包括本人名、父名和姓三部分,在用姓名称呼俄罗斯人时,可按彼此之间的不同关系,具体采用不同的方法。对于关系比较熟悉的人往往只称姓或名,对尊敬的长者只称其父名。只有与初次见面之人打交道时,或是在极为正规的场合,才有必要将俄罗斯人的姓名的三个部分连在一道称呼。

在商务场合俄罗斯大都讲究仪表,注重服饰,穿着正式的西装。在对俄罗斯人进行商业拜访时,进门之后务请立即自觉地脱下外套、手套和帽子,并且摘下墨镜。在俄罗斯民间,已婚妇女必须戴头巾,并以白色的为主。未婚姑娘则不戴头巾,常戴帽子,在城市里俄罗斯女性目前多穿西装或套裙。

应邀到俄罗斯人家做客,进屋后应先脱衣帽,先向女主人问好,然后再向男主人和其他人问好。就座时要坐在主人指定的座位上,切记不可随便就座,更不易轻易坐床,因为在俄罗斯人的心里床的位置很高,除自己的长辈外,其他人坐床被认为是不礼貌的。俄罗斯的男士吸烟,要先征得女士们的同意,让烟时不能单独递一支,要递上整盒。相互点烟时,不能用一根火柴点三根烟,即使用打火机,也不能连续点上三根烟。

3. 禁忌习俗

俄罗斯习俗禁忌, 在数目方面,俄罗斯人最偏爱“7”,认为它是成功、美满的预兆。对于“13”与“星期五”,他们则十分忌讳。俄罗斯人主张“左主凶,右主吉”,因此,他们也不允许以左手接触别人,或递送物品。俄罗斯人忌讳的话题有:政治矛盾、经济难题、宗教矛盾、民族纠纷、前苏联解体、阿富汗战争,以及大国地位问题。

三、美洲国家

美洲分为北美洲与南美洲,位于太平洋东岸、大西洋西岸。美洲位于西半球,面积达4206.8万平方公里,共包括36个国家。由于各个国家的文化背景和历史渊源不同,所以各个国家的商务礼仪也各具特点。

(一)美国

1. 基本概况

美利坚合众国,简称美国。面积936万平方公里。人口3亿(2006年10月17日)。居民主要信奉基督教、罗马天主教,官方语言为美式英语。美国是世界第一经济大国,又是世界第一贸易大国,也是中国的第二大贸易伙伴,中国是美国的第四大贸易伙伴。

2. 商务礼仪

与美国人做生意,要注意美国的商务礼俗和美国社会的一些习俗。美国人在出席正式场合时,讲求西装革履,特别是鞋要擦亮,手指甲要清洁。美国商人很少握手,即使是初次见面,也不一定非先握手不可,时常是点头微笑致意,礼貌地打招呼就行了。男士握女士的手要斯文,不可用力。如果女士无握手之意,男士不要主动伸手,除非女士主动,握手时不能用双手。上下级之间,上级先伸手握手。长幼之间,长者先伸手握手。主宾之间,主人先伸手。男性之间,忌讳互相攀肩搭臂。美国人谈话时不喜欢双方离得太近,惯于两人的身体保持一定的距离。一般应保持120—150厘米之间,最少也不得小于50厘米。

在商务访问前必须先订约会,最好在即将抵达时,先通个电话告知。美国人热情好客,即使是初次相识,你也有可能被邀请去看戏、吃饭或出外旅游。应邀去美国人家中做客或参加宴会,最好给主人带上一些小礼品。他们不注重礼品价格,但是讲究包装,喜欢当人面打开礼盒,展示礼物。美国人一般喜欢浅淡的颜色,如黄色、浅绿色、浅蓝色等,忌讳黑色。对于美国人家中的摆设,主人喜欢听赞赏的语言,而不愿听到询问价格的话。另外到美国人家去登门拜访,贸然登门是失礼的,必须事先做好约定。在与美国人进行商务交往时,准时守信相当重要。美国商人喜欢表现自己的“不正式、随和与幽默感”。美国商界流行早餐与午餐约会谈判,喜欢边吃边谈。当你答应参加对方举办的宴会时,一定要准时赴宴,如果因特殊情况不能准时赴约,一定要打电话通知主人,并说明理由或者告诉主人什么时间可以去。

3. 习俗禁忌

同美国人做生意,“是”或者“不是”一定要表达清楚,不能模棱两可。他们忌讳打听别人的私事,例如收入、年龄、婚姻、住址、种族等,认为这样是不礼貌的。忌讳用手指指点他人,忌讳穿睡衣出门或会客,忌讳同性双双起舞。美国由于犹太人甚多,要注意当地的犹太人节日。圣诞节与复活节前后两周以及6—8月的度假时间不宜进行商务访问。

(二) 加拿大

1. 基本概况

加拿大位于北美洲北部,面积997万平方公里,居世界第2位。人口3175.28万(2004年1月),英语和法语同为官方语言,居民中讲英语的占三分之二,讲法语的占五分之一。加拿大宗教信仰自由,居民中约43.2%信仰罗马天主教。

2. 商务礼仪

加拿大人在商务交往中与客人相见时,一般都惯行握手礼。亲吻和拥抱礼虽然也是加拿大人的礼节方式,但它仅适合于熟人、亲友和情人之间。加拿大的商人中,90%为英国和法国后裔,大体而言属于保守型。加拿大商人不像美国商人那样随便,大部分招待会在饭店和俱乐部举行。如果应邀去加拿大人家里做客,可以事先送去或随身携带上一束鲜花给女主人。但不要送白色的百合花,在加拿大,白色的百合花只有在葬礼上才用。他们喜欢深红色,通常都很忌讳“13”这个数字和“星期五”这个日期。在他们举行的宴会上,一般都是双数的席次。他们喜欢过圣诞节,节日中火鸡和丁香是他们不可缺少的菜肴,节日活动的内容则与欧洲其他国家相似。加拿大人不喜欢外来人过分地把他们的国家和美国进行比较,喜欢谈有关他们的国家和人民的长处。

在加拿大做生意时,应该因人种而变换手法。例如,和英国后裔商谈时,从进入商谈到决定价格这段时间是很艰难的,慢慢地走向目的地,所以要有耐心。但是,一旦签订了契约,就稳如泰山了。法国后裔则恰恰相反,他们非常和蔼可亲容易接近,对客人很亲切,犹如款待远道而来的客人无微不至。但是,一旦坐下来正式进行商谈时就判若两人,讲话慢吞吞的。所以,要谈出一个结果来是很费劲的,签订了契约之后,也仍旧会有不安。按照加拿大的礼俗,在生活中要集中精力,不要心不在焉。正式谈判时要衣着整齐庄重、要遵守时间,但是因故晚到几分钟他们也不会计较。

3. 禁忌习俗

加拿大人忌讳“13”、“星期五”，认为“13”是厄运的数字，“星期五”是灾难的象征。他们忌讳白色的百合花，认为它会给人带来死亡的气氛，人们习惯用它来悼念死人。白雪在加拿大人心目中有崇高的地位，有的地方甚至忌讳铲雪。

(三) 巴西

1. 基本概况

巴西联邦共和国位于南美洲东南部。北邻法属圭亚那、苏里南、圭亚那、委内瑞拉和哥伦比亚，西界秘鲁、玻利维亚，南接巴拉圭、阿根廷和乌拉圭，东濒大西洋。面积851.42万平方公里，人口8159万，官方语言为葡萄牙语。国土的80%位于热带地区，最南端属亚热带气候。北部亚马孙平原属赤道气候，年平均气温27—29℃。中部高原属热带草原气候，分旱、雨季。南部地区年平均气温16—19℃。巴西综合实力居拉美首位，经济结构接近发达国家水平，服务业的产值和就业人口超过50%。

2. 商务礼仪

巴西商人从民族性格来讲，在待人接物上所表现出来的特点主要有两方面：一方面，巴西人喜欢直来直去，有什么就说什么；另一方面，巴西人在人际交往中大都活泼好动，幽默风趣爱开玩笑。巴西商人在商务场合通常相互握手为礼。除此之外，巴西人还有一些独特的见面礼，即握拳礼、贴面礼、沐浴礼。与巴西人会晤，最好事先预约。见面时互相握手，赠送名片。一般名片最好印刷简洁但必须质地较好、印刷精美。会晤的最好时间是上午10点至12点或者是下午3点至5点，地点约在办公室会晤而绝对不能约在饭馆或酒吧，会晤时经常备有很甜且味道浓厚的咖啡，客人最好接受。

商务场合巴西人的穿着十分考究，他们不仅讲究穿戴整齐，而且主张在不同的场合里，人们的着装应当有所区别。商务活动中，巴西人主张一定要穿西装或套裙。商务访问时，宜穿保守式样深色西装。和巴西商人进行商务谈判要准时赴约，如对方迟到哪怕是1—2个小时，也应谅解。和巴西人打交道，主人不提起工作时，客人不要抢先谈工作。

3. 习俗禁忌

在巴西以棕色和紫色表示悲伤，黄色表示绝望，他们认为人死好比黄叶落下，所以忌讳棕黄色，人们迷信紫色会给人们来来悲伤，还认为深咖啡色会招来不幸。在巴西曾有过这样失败的例子，日本向巴西出口的钟表，因在钟表盒上配有紫色的饰带，由于紫色被认为是不吉利的颜色，因而不受欢迎。在巴西会话和行文时，使用当地语言会更便利和亲切。在巴西人家里做客后的第2天，应托人给女主人送一束鲜花或一张致谢的便条，但是鲜花的颜色一定要选他们喜欢的。

四、其他地区

除了亚洲、欧洲和 美洲之外，其他四个洲的国家也因为各自的历史和文化原因而呈现出各具特色的礼仪特点。

（一）澳大利亚

1. 基本概况

澳大利亚是南半球经济最发达的国家，面积约760万平方公里，居世界第六位，总人口1830万。近50年以来，来自近200个国家的五百多万移民定居澳大利亚，其中40%来自于亚洲。居民中有98%信奉基督教，少数人信奉犹太教、伊斯兰教和佛教。澳大利亚的官方语言为英语，首都在堪培拉，悉尼和墨尔本分别为第一和第二大城市。

2. 商务礼仪

澳大利亚的商人做生意不拘礼节，不喜欢炫耀，喜欢直接切入正题。澳大利亚是一个讲求平等的社会，人们不喜欢以命令的口气指使别人。他们把公和私分得很清楚，所以不要以为一起进过餐，生意就好做了。澳大利亚人的商务活动轻松、随意，不过不支持未经预约突然拜访的行为，无论是会谈、拜访都要提前预约。在称呼上“伙伴”是一种友好的称呼，女士们也在使用。“先生”这个称呼表示尊敬，但是从你被介绍的那一刻起，人们往往称呼你的第一个名字即教名，教名就是根据国家习俗，婴儿出生以后受洗礼时由牧师、父母或亲朋为其取的名字。

在商务交往中要避免批评任何与澳大利亚有关的事情，包括澳洲。不要随便对别人的观点表示同意，澳大利亚尊重自己有见解的人。行为举止要随意，任何装腔作势只会产生笑料，不过通常并非出于恶意。商务洽谈时讨论通常很直接、坦白，不过要注意不要因为无礼的幽默，而导致对他人的不尊重。商务活动的着装保守，冬天穿套装，夏天穿长裤、衬衫，职业女性多数穿套装。在不是很正式的场合，男士可穿得体的短装、长袜、衬衫以及戴领带。

3. 禁忌习俗

赠送礼物有英国文化背景的人可能喜欢好茶、橘子汁、苏格兰威士忌、脆饼，他们忌讳“13”，认为“13”会带来灾难。亚洲和南欧的人，则喜欢来自其祖国的礼物。去澳大利亚进行商务活动的最佳月份是3月—11月。

（二）埃及

1. 基本概况

阿拉伯埃及共和国简称埃及，位于阿拉伯世界的中心地带，临近欧洲地跨亚洲，大部分处于非洲东北部。面积为100.2万平方公里，人口：6921.3万（2002年）。穆斯林约占84%，科普特人（信奉东正教）约占11.8%，此外还有努比亚人和贝都因人。官方语言为阿拉伯语，中上层通用英语和法语，伊斯兰教为国教。

2. 商务礼仪

埃及商人经验丰富，时间观念差，很少依照所约定的时间行事。他们口头上常常挂着“请等5分钟”这句话，埃及人所谓的5分钟，可能就是30分钟也见不到人。若说请等1小时，那么等于要重新约定时间了。

商务活动中行握手礼，禁忌是不要用左手，认为左手是不礼貌的。关系比较熟悉的可用拥抱礼，要注意力度适中。亲吻礼要根据交往对象：吻面礼一般用于亲友之间，尤其是女性之间；吻手礼向尊长表示谢意或是向恩人致谢时使用；飞吻礼多见于情侣之间。在商务场合中埃及人的打扮已于国际接轨，多穿着正式的西装。但是，老年人仍旧喜欢穿本民族的服装。在商务拜访中需要送礼品一定记住，图案千万不要是星星、猪、狗、猫及熊猫的图案，因为有悖民族习俗。他们忌讳黑色和蓝色，还忌讳“13”这个数字，忌讳打听女主人的情况，在穆斯林家中的女性是不待客的。

3. 禁忌习俗

在埃及，进伊斯兰教清真寺时，务必脱鞋，穿背心、短裤和超短裙是严禁进清真寺的。埃及人在正式用餐时，忌讳交谈，否则会被认为是对神的亵渎行为。埃及人一般都遵守伊斯兰教教规，忌讳喝酒，喜欢喝红茶。他们有饭后洗手，饮茶聊天的习惯。忌吃猪、狗肉，也忌谈猪、狗。不吃虾、蟹等海味、动物内脏、鳝鱼、甲鱼等怪状的鱼。

埃及人爱绿色、红色、橙色，忌蓝色和黄色，埃及人宠猫、敬猫如神，并视猫为神圣的精灵。在埃及人的心目中，猫是女神在人间的象征，是幸运的吉祥物，是受人崇敬的国兽。认为蓝色是恶魔，黄色是不幸的象征，遇丧事都穿黄衣服。有星星图案的包装纸也不受欢迎，3、5、7、9是人们喜爱的数字，忌讳13，认为它是消极的。埃及人讨厌打哈欠，觉得哈欠是魔鬼在作祟。

（三）南非

1. 基本概况

南非坐落在非洲大陆的最南端，面积达1,227,200平方公里，人口为4329

万(2000年)。南非西临大西洋,东临印度洋,北部与纳米比亚、博茨瓦纳、津巴布韦接壤、东部与莫桑比克、斯威士兰为邻。南非有11种官方语言:英语,南非语、恩德贝勒语、北索托语、莱索托语、斯威士语、聪加语、茨瓦纳语、文达语、豪萨语和祖鲁语。绝大多数南非人可以用英语同您交谈。大多数南非人信仰基督教。目前中国是南非十大贸易伙伴之一。

2. 商务礼仪

到南非进行商务活动,穿着比较随意,参加一般的商务谈判,穿两件套或三件套的西装均可。在南非进行商务活动,持英语名片最为方便,在商务谈判桌上只允许使用英语对话。南非人很少外出旅游,因此,一年四季均可造访。南非商务礼仪可以概括为"黑白分明","英式为主"。所谓"黑白分明"是指:受到种族、宗教、习俗的制约,南非的黑人和白人所遵从的商务礼仪不同。而"英式为主"是指:在很长的一段历史时期内,白人掌握南非政权,白人的礼仪特别是英国式礼仪广泛的流行于南非社会。

在商务场合,南非人所采用的普遍见面礼节是握手礼,他们对交往对象的称呼则主要是"先生"、"小姐"或"夫人"。在黑人部族中,尤其是广大农村,南非黑人往往会表现出与社会主流不同的风格。

3. 禁忌习俗

南非人习惯以鸵鸟毛或孔雀毛赠予贵宾,客人此刻得体的做法是将这些珍贵的羽毛插在自己的帽子上或头发上。信仰基督教的南非人,忌讳数字13和星期五。南非黑人非常敬仰自己的祖先,他们特别忌讳外人对自己的祖先言行失敬。

案例分析 >>>

某照明器材厂的业务员金先生按原计划,手拿企业新设计的照明器材样品,兴冲冲地登上六楼,脸上的汗珠未及擦一下,便直接走进了业务部张经理的办公室,正在处理业务的张经理被吓了一跳。"对不起,这是我们企业设计的新产品,请您过目。"金先生说。张经理停下手中的工作,接过金先生递过的照明器,随口赞道:"好漂亮啊!"并请金先生坐下,倒上一杯茶递给他,然后拿起照明器仔细研究起来。金先生看到张经理对新产品如此感兴趣,如释重负,便往沙发上一靠,跷起二郎腿,一边吸烟一边悠闲地环视着张经理的办公室。当张经理问他电源开关为什么装在这个位置时,金先生习惯性地用手搔了搔头皮。虽然金先生作了较详尽的解释,张经理还是有点半信半疑。谈到价格时,张经理强调:"这个价格比我们预算高出较多,能否再降低一些?"金先生回答:"我们经理说了,这是最低价格,一分也不能再降了。"张经理沉默了半天没有开口。金先生却有点沉不住气,不由自主地拉松领带,眼睛盯着张经理,张经理皱了皱眉,"这种照明器的性能先进在什么地方?"金先生又搔了搔头皮,反反复复地说:"造型新、寿命长、节电。"张经理托词离开了办公室,只剩下金先生一个人。金先生等了一会,感到无聊,便非常随便地抄起办公桌上的电话,同一个朋友闲谈起来。这时,门被推开,进来的却不是张经理,而是办公室秘书。

问题:

1. 结合案例分析金先生在商务交往中的礼仪缺陷有哪些?

2. 在商务活动中,金先生应该注意哪些商务礼仪问题?

本章小结

1. 商务礼仪是人们从事商业活动必须遵循的礼节,在商务交往中熟练的运用商务礼仪,可以提高自身的亲和力,能够与周围的人营造一种融洽的气氛,为商务合作创造条件。

2. 商务礼仪中,接待礼仪是比较重要的内容,特别是接待礼仪中的一些细微的环节,更要引起注意,以小见大,恰当、得体的运用可以为企业在商界树立良好的形象。

3. 商务洽谈可以使企业间创立良好合作关系、达成交易、拟定协议、要求索赔等等。商务人员在进行商务洽谈时要严格按照洽谈的顺序进行,进展有度、取舍适当。

4. 商务礼仪运用的好坏直接体现一个企业、一个商圈及一个国家的商业文明程度。因此商务礼仪可以推动社会主义精神文明的建设。

5. 商务庆典是商务活动的重要组成部分,掌握商务庆典的筹备、程序以及注意事项是商务人员必须掌握的内容。一次高品位的商业庆典可以提高企业的社会效益,从而有效的带动经济效益。

6. 了解亚、欧、美、非洲及其他一些地区的商务礼俗可以扩展商务人员的知识面,在与之交往时更加得心应手。

复习思考题

1. 简述商务礼仪的含义和特点。
2. 商务礼仪的作用表现在哪些方面？
3. 如何做好商务接待中的准备工作？举例说明商务接待工作的重要性。
4. 商务接待中的具体礼仪包括什么？
5. 商务洽谈礼仪包括哪些内容？
6. 阐述商务会议礼仪的内容。
7. 阐述商务庆典礼仪的内容。
8. 简述日本、英国、美国、澳大利亚、南非等国的商务礼仪。

第十章 涉外礼仪

本章提要

涉外礼仪就是在长期的国际交往中形成的一套国际礼仪规范，是人们参与国际交往所要遵守的惯例。本章介绍了涉外礼仪的含义和特点，阐述了涉外礼仪的十项基本原则，介绍了涉外会面礼仪、书信礼仪、宴会礼仪、迎送礼义等社交礼仪的主要内容以及世界各主要国家的礼仪习俗。

本章学习目标

- 准确把握涉外礼仪的基本内涵
- 掌握涉外礼仪的特点、基本原则以及相关的内容
- 掌握并熟悉涉外活动中的礼仪规范

第一节 涉外礼仪概述

随着我国对外开放的进一步深入发展，我国与世界各国的交往越来越多，国际合作、经济往来、出国旅游、探亲和出国劳务等涉外领域越来越广泛，讲究涉外礼仪是提升中国国际形象的必须条件，也是弘扬中国传统礼仪文化的必然要求。

一、涉外礼仪的含义

涉外礼仪是涉外交际礼仪的简称。它所指的是，中国人在对外交往中，用

以维护自身形象、向交往对象表示尊敬与友好的约定俗成的习惯做法。涉外礼仪的基本内容，就是国家交往的惯例，就是中国人所应了解并遵守的国际惯例。所谓国际惯例，就是为各国所普遍承认和接受，并起着一定的规范作用，并予以遵守的常规的、通行的做法。涉外礼仪是国际交往中的交际礼节、典礼仪式、外交礼仪等的总称。

1. 涉外礼仪是国际交往必须遵循的礼节和规范

涉外礼仪是人们在国际交往中形成和惯用的一种行为规范和行为形式，它在一定意义上反映着一个国家的现代文明、传统文化和社会风尚。在国际交往中，礼仪是一项很重要的工作，无论是从事政治还是经济交往，各国在外交活动中都应该按照一定的、约定俗成的常规做法来处理外交事务，即外交惯例。如果离开了国际交往的惯例，外交活动便会无法可依、无章可循。因此，了解对外交往中的一些惯例，便成为国际交往中的一门必不可少的学问。

2. 涉外礼仪随着国际交往的发展而发展

涉外礼仪是在长期国际交往中形成和发展的。各个国家在对外交往中，既有表现本国特色的礼仪，也有表现普遍的相同的礼仪。人们把相同或相似的部分逐渐演变为一种通行的国际惯例，为各国共同遵守，同时，各个国家在交往中互相学习，互相补充，经过不断的实践，涉外礼仪不断丰富、完善和发展。

3. 涉外礼仪能体现各国文化特点

由于各国传统文化的不同、风俗习惯的差异，各国在交往礼仪工作上的具体内容，就具有本民族和本土文化的特点，显示出各国礼仪的差别性。这种差别不仅应在国际交往中得到承认，同时“入乡随俗”的理念还应得到尊重。我们应在尊重国际惯例和各国传统习惯的基础上不断革新、发展，不断完善涉外礼仪。

二、东西方文化的差异对礼仪的影响

各个国家、地区的礼仪特点与其文化背景存在密切的联系。由于文化背景不同，使人们在思想观念、风俗习惯等方面存在一定的差异，这些差异又促使各个国家各个地区的礼仪具有自己的地方特色和礼仪形态。

1. 地域文化差异对礼仪的影响

东方文化崇尚集体和团队精神。例如，中国人讲究“修身、齐家、治国、平天下”，在这种观念下，人品是至关重要的。这种人品主要建立在关心国家、热爱集体、人际关系和谐的基础之上。如果只考虑个人利益，则被认为“人品”不端。西方文化崇尚独立和个人自由，他们不愿意受到来自政府、教会或其他组织的干涉，喜欢自由行动。在个人成长过程中，他们从小就被灌输自立自强的观念，青年人希望自己能尽早独立。他们不愿意过分地依赖家庭和父母，认为那样会失去自由、失去别人对自己的尊重。

在人际交往的空间距离上，东方人的空间距离相对较近，而西方人的空间距离相对较远。我们在大街上经常可以看到两个中国少女挽臂亲昵而行，而在西方这种情形则很少见到。如果中国人发现交际对象的衣服上有根线头，他会很自然地帮助对方摘掉，而在西方人眼里，这是不礼貌的。中国人看到朋友穿了件非常漂亮的衣服，会上前摸一摸，询问价钱和质地，而西方人则不同，他们更多的是羡慕，直接赞美。

2. 等级观念差异对礼仪的影响

东方文化等级观念很强，无论是在社会上还是在家里，人们都非常注重级别、地位和辈分。例如，在中国、韩国某些地区的家庭里，长辈受到尊重，在吃饭时长辈是优先的，一般情况下，都是长辈先入座，先动筷。

在西方国家，除了英国等少数国家有着世袭贵族和森严的等级制度外，大多数西方国家都倡导平等观念。例如，美国崇尚人人平等，不论是在社会上还是在组织中，人人都凭实力去竞选总统、议员、公务员、总经理或部门主管。在家庭中，美国人不论等级而讲求彼此之间的尊重，父母与子女可直呼其名。

3. 人际交往方式的差异对礼仪的影响

东西方文化都非常重视人际交往，但在交往的观念、方式上有着明显的差别。例如，中国人热情好客，在人际交往中饱含热情，认为了解对方的年龄、职业、收入、婚姻状况等问题，是人之常情、理所当然。

在西方国家中，则特别重视彼此的隐私权。个人隐私主要包括个人的年龄、工作、收入、婚姻、子女等情况，以及政治上支持或反对何种党派、宗教信仰、个人行为动向、去何种地方、与谁交往等，这些隐私都不希望别人关注或了解。他们一般不愿意他人干涉自己的隐私，也不愿意去干涉他人。

4. 性别差异和长幼关系的差异对礼仪的影响

在东方文化中男士往往备受尊重，这主要是受封建体制中男尊女卑观念的影响。尽管在现代社会，许多国家都在提倡男女平等、尊重女性，但是，男士的地位仍然较女士高。在欧美等西方国家，尊重妇女属于传统风俗，女士优先是西方国家交际中的原则之一，无论在何种公共场合，男士都要照顾女士。

在处理长幼关系时，以中国为代表的东方国家对待长者特别尊敬、孝敬。例如，在中国人看来，全家老幼生活在一起是天伦之乐，绝大多数家庭愿意老人在家养老，不愿意把老人送到养老院去生活。而在西方国家，由于崇尚自立，儿女成年后都离开家庭，和父母的来往越来越少，许多老人的晚年生活非常孤独。

5．法制观念的不同对礼仪的影响

在中国文化中，法制观念和环境保护意识都比较淡薄。例如，中国人会在公共场所吸烟、随地吐痰、乱扔杂物，司机闯红灯，行人随意斜穿马路等。其实多数人都知道这是不良行为或是违反有关法规的，但是由于法制观念淡薄，这些不良习惯和不文明行为随处可见。

在西方国家中，人们的法制观念和环境保护意识都比较强，他们知法、懂法、守法。例如，在公共场所几乎看不到随地吐痰、乱扔杂物等不文明行为，在交通中，“礼让”是人们普遍遵循的原则。他们爱护环境讲究清洁，认为这样做是对自己国家、城市的热爱，也是自身文明的体现。

三、涉外礼仪的特点

涉外礼仪主要是主权国家在国际交往中表达尊重和友好之意的手段和途径，能体现国家尊严的真实内涵，所有的涉外活动只有在不危害国家利益的前提下才有可能正常开展。正是在这个意义上，涉外礼仪成为国家外交的重要方面，渗透和体现在各种涉外活动之中。

1．原则规范与实践应用的统一

涉外礼仪的原则规范是其基本内容或是基本标准，对涉外礼仪的实践具有指导作用。涉外礼仪长期以来，一贯坚持礼尚往来、热情周到和一视同仁等平等对待的原则规范。同时，涉外礼仪具有很强的实践应用性，涉外礼仪决不是抽象的文化行为，而是具有实际功效的现实行为。面对千变万化的现实生活，要遵循涉外礼仪的原则规范，并且能够恰当地处理各种具体情况下的礼仪问题，充分体现涉外礼仪的实践应用性。

2．民族性与国际性的统一

涉外活动的交往双方总是处在宾主之别的不同地位上，或为宾客，或为东道主。作为东道主，通常讲以礼待客，主随客便；作为宾客，通常讲入乡随俗，客随主便。无论为客还是为主，涉外礼仪的内容只能来自两个方面：一是本国的礼仪传统，二是对方的风俗习惯。这就意味着涉外礼仪必然是民族性与国际性的统一。就我国的涉外礼仪而言，一方面要充分具有中国特色，体现中国文化；另一方面要与国际礼宾规则接轨，熟悉了解各国的风俗习惯。将这两个方面结合起来，既继承、发扬我国的传统礼仪，又吸取国际礼宾规则和各国的风俗习惯。

涉外礼仪中要做到民族性和国际性统一，必须以平等为原则。坚持民族性,意味着对待中小国家决不搞大国沙文主义,与西方发达国家打交道,也不必低声下气忍辱自卑,应该有民族自信心、自豪感和自尊心。坚持国际性,是立足平等、友好和互助尊重基础上的豁达大度。

四、涉外礼仪通则

所谓涉外礼仪通则是指中国人在对外活动中,或与外宾交往中,通常应遵循并加以运用的有关国际礼仪、国际惯例的基本原则。涉外礼仪通则对参与涉外交际和涉外活动的中国人而言,具有普遍的指导意义。尤其是对从事涉外工作的人员来说,了解掌握涉外通则,并能准确地运用,将会在外事工作中做到事半功倍。

1. 维护形象

在参与涉外交往活动时,每个人的个人形象都真实体现出个人的教养和品位,同时也代表着国家、民族、单位组织的形象。当我们在自己国家时,只是公民中的普通一员。而在国外,所代表的则是国家形象,我们的每一个细微的言谈举止都会影响到国家的形象。因此,在涉外交往中不仅要注意自己的形象,更要维护国家形象。在外国人面前,要做到不卑不亢,不自大狂傲;举止言谈端庄优雅,文明得体;衣着服饰大方,不奇异、不庸俗。

2. 信守约定

在一切正式的国际交往活动中,都必须认真而严格地遵守自己的所有承诺,说话务必要算数,许诺一定要兑现。在一切涉外交往中要忠实履行自己承担的责任和义务,要真正做到信守约定就必须谨慎对待许诺,切勿信口开河,草率承诺,要做到言必行,行必果。如遇到突发事件不能履约,应尽早向有关方通报情况,解释缘由,表示歉意。

3. 求同存异

世界各国的礼仪文化、习俗存在一定的差异,在涉外交往中我们要了解并尊重他国的礼仪习俗,不要用自己的价值观、审美标准来评判是非和鉴定优劣。求同就是共同遵守国际惯例,尊重礼仪的普遍性和特殊性,存异则要求对他国的利益风俗不可一概否定,而更多的应是尊重和理解。我国改革开放以来,我们与国际友人交往日益增多,与这些来自不同社会制度,具有不同文化背景的外国人交往相处,求同存异是一条重要的原则。在交往中,要寻找共同点,对于不同观点一般不予争论,更不应该把我们的观点强加于人。

4. 尊重隐私

在涉外交往中,对我们中国人而言务必严格遵守“尊重隐私”原则,千万不能把"热情关心他人"的中国式做法滥施于人。对于外国人，也包括海外的华人，在交往中凡涉及个人经历、收入、年龄、婚恋、健康状况、宗教、政治见解等均属个人隐私，都应回避不问，这是尊重交往对象的重要标志之一。

5．不卑不亢

在涉外交往中，每一个人都必须意识到自己在外国人的眼里，是代表着自己的国家，代表着自己的民族，代表着自己的所在单位的。因此，在外国人面前我们的言行表现要做到既不低三下四，畏惧自卑，也不傲慢自大，目空一切。在涉外活动中，既不盲目排外、狂妄自大，也不媚外、奴颜婢膝，不卑不亢才是我们的态度。在涉外活动中坚持"不卑不亢"原则，是每一名涉外工作人员应予高度重视的问题。

6．入乡随俗

在涉外交往中，要真正做到尊重交往对象，就必须了解和尊重对方所独有的风俗习惯。做不到这一点，对于交往对象的尊重、友好和敬意，便无从谈起。这就要求，首先必须充分地了解与交往对象相关的习俗，即在衣食住行、言谈举止、待人接物等方面所特有的讲究与禁忌。其次必须充分尊重交往对象所特有的种种习俗，既不能少见多怪，妄加非议，也不能以我为尊，我行我素。在涉外交往中，当自己作为东道主时，要讲究"主随客便"；而当自己为客人时，则要讲究"客随主便"，从本质上讲这两种做法都是对"入乡随俗"原则的体现。

7．热情有度

人们在参与国际交往直接同外国人打交道时，不仅待人要热情而友好，更重要的是要把握好具体分寸，否则就会事与愿违过犹不及。在涉外交往中要遵守好"热情有度"这一基本原则，要做到关心有度，接触距离有度，举止有度。即在与外国人相处时，举止动作切勿过分随意失敬于人，不要使用不文明、不礼貌的动作，也不要显示出过度热情的动作。

8．不宜先为

在涉外交往中，面对自己一时难以应付、举棋不定，或者不知道到底怎样作才好的情况时，如果有可能，最明智的做法，是尽量不要急于采取行动，尤其是不宜急于抢先，冒昧行事。

9．女士优先

女士优先是国际社会公认的礼仪原则。在社交场合中，男士要照顾、礼让女士，遵循"尊重妇女、女士优先"原则。它要求成年男子主动自觉地以自己的实际行为去尊重妇女，照顾妇女，体谅妇女，关心妇女，保护妇女，并尽心竭力地去为妇女排忧解难。如，男女同行时，要让女士走在右侧；进出电梯时，礼让女士先行等。

10. 以右为尊

在国际社会交往中，要依照国际礼仪的普遍惯例，“以右为尊”。即以右为上，以左为下；以右为尊，以左为卑；以右为客，以左为主。按照这一原则，在并排站立、就座或行走时，尊长在右，客人居右，职位高者居右。在国际交往中，但凡有排列位置主次尊卑时，“以右为尊”都是普遍适用的原则。

第二节 涉外基本礼仪

在日常生活中，我们应熟悉涉外基本礼仪，严格认真地遵守有关的基本礼仪规范，并自觉按照日常生活礼仪规范行事，以提升个人礼仪素养，维护国家形象。

一、会面礼仪

1. 称谓礼仪

在国际交往中，一般对男子称先生，对女子称夫人、女士、小姐。已婚女子称夫人，未婚女子统称小姐。不了解婚姻情况的女子可称小姐，对戴结婚戒指的年纪稍大的可称夫人。这些称呼均可冠以姓名、职称、头衔等，如“布莱克先生”、“议员先生”、“市长先生”、“上校先生”、“玛丽小姐”、“秘书小姐”、“护士小姐”、“怀特夫人”等。但美国、墨西哥、德国等国没有称“阁下”的习惯，因此，在这些国家对男子可泛称先生；对有地位的女士可泛称夫人。

对教会中的神职人员，一般可称教会的职称，或姓名加职称，或职称加先生。如“福特神父”、“传教士先生”、“牧师先生”等；有时主教以上的神职人员也可称“阁下”。

在非洲许多国家，无论年长或年轻的男子，对女性不论其是否结婚均要敬称为“妈妈”。

2. 介绍礼仪

在涉外交际场合结识朋友，可由第三者介绍，也可自我介绍。为他人介绍，要先了解双方是否有结识的愿望，不要贸然行事。无论自我介绍或为他人介绍，都要做到自然。

自我介绍时，要主动讲清自己的国籍、姓名、身份和工作单位。介绍其他人时，要有礼貌地以手示意，而不要用手指指点别人。介绍也有先后之别，应先将身份低的、年纪轻的分绍给身份高的、年纪大的，把男子介绍给妇女。

3. 握手礼仪

握手礼是大多数国家见面和离别时互相致意的礼仪。在交际场合中，一般情况下的会面握手，只要握一下即可，不必用力。男子与妇女握手时，应只轻轻握一下妇女的手指部分。握手也有先后顺序，应由主人、年长者、身份高者、妇女先伸手，客人、年轻者、身份低者见面先问候，待对方伸出手后再握。握手时应双目注视对方，微笑致意。

与日本、韩国等东方国家的友人见面时，行鞠躬礼表达敬意是常见的礼仪。合十礼又称合掌礼，这种礼节通行于东南亚和南亚信奉佛教的国家或佛教信徒之间。欧洲人非常注重礼仪，他们不习惯与陌生人或初次交往的人行拥抱礼、亲吻礼、贴面礼等，所以初次与他们见面，还是以握手礼为宜。

4. 名片礼仪

名片是人们在涉外交往中介绍性的一种媒介物，名片虽然很小，却在人们之间起到了传递信息的作用。在现代生活中，一个人没有名片或不会正确使用名片，都会影响人际交往，因此必须学会正确使用名片礼仪。

(1) 使用名片注意三个“不准”。一是不准随意涂改名片。在涉外交往中，强调名片如人的一张脸面，脸面是不能改的。二是不准提供私宅电话。涉外礼仪和我国传统礼仪的一大区别在于讲究保护个人隐私，手机和私宅电话属于隐私，因此，一般不要向别人索取私宅电话。三是不准在名片上提供两个以上的头衔。所以很多外国客人，他身上会有好几种名片，针对不同交往对象，使用的不同名片，显示自己不同的身份。

(2) 向友人索取名片礼仪。在向他人索取名片时，最好不要采取直白的表达，而是委婉地表达自己的意思，以免尴尬。如，我们常用这样的表达语言：“尊敬的威廉斯先生，很高兴认识你，不知能否与您交换一下名片？”

(3) 接受友人名片礼仪。接过他人名片时，一定要认真看一看，表示对人家尊重，待人友善，这是很重要的礼仪。接受名片后，一定要细心地放在名片夹、或笔记本或上衣兜里，切忌随意放置。

二、涉外书信礼仪

现代社会，人与人之间沟通、联络的方式非常多，尽管电话、传真和 E-mail 都十分便捷有效，但书信交往更能传递个人情感，仍然扮演着不可替代的角色。在正式的涉外交往中，书信显得更为重要，因为对重要事务的处理，只有通过书信的往来才能做最终决定。以英文书信为例，简要介绍涉外书信的书写要求和格式。

(一) 书写要求

一份完整的涉外书信,无论其内容涉及哪些方面,其基本要求是遵循“七C”原则,即 Completeness(完整)、Concreteness(具体)、Clearness(清楚)、Conciseness(简洁)、Correctness (正确)、Courtesy (礼貌)、Consideration (体谅)。

1. 完整

是指在表达书信的内容时,要将每句话的意思阐述完整,不要使用省略的表达方式。例如,尽量不用“ditto(同前)”之类的表意不明确,又容易引起歧义的省略式。

2. 具体

是指在表达书信的内容时,不能含糊、抽象,模棱两可,也不能出现表意笼统的词。例如,在说明日期时,避免使用 yesterday(昨天)、today(今天)之类的词,而是要具体说明某月某日。

3. 清楚

是指在表达书信的内容时,句子不要太长,而是要根据内容准确而恰当地分段,一般一个段落表达一个意思,同时避免使用可能产生不同理解或表意不明确的词语。

4. 简洁

是指在表达书信的内容时,要以尽可能少的文字来清楚地表达自己的意思,同时书信格式完整且礼貌自然。例如,用“please”取代“will you be good enough to”,用“because”取代“for the reason that”等,长话短说,直接切题。

5. 正确

是指在表达书信的内容时准确无误,不能在行文中出现错误,这是书信书写要求的核心。一般说来,书信书写的正确性包括语言叙述正确、数字书写正确、术语运用正确和写作方法正确等。

6. 礼貌

是指在表达书信的内容时,运用的语言要礼貌、客气,避免使用语气强硬或容易引起不快的词语。例如,在表达上可以把命令语气变成请求性的虚拟语气,可以用“We are afraid”来缓和过分强调的地方。

7. 体谅

是指在表达书信的内容时,不要忘了收信人的要求、愿望、感情以及收到此信后可能作出的反应,写信时应该适当地从收信人的角度考虑问题,设身处地地替对方着想,这也充分表明了写信人对收信人的尊重。

（二）书信格式

1. 信封

（1）信封规格尺寸。信封的最小尺寸长 140 毫米，宽 90 毫米；信封的最大尺寸长 235 毫米，宽 120 毫米；信函的最大厚度 5 毫米；信函的最大重量 20 克。

（2）收信人姓名、地址，应写在信封正面的右下角。收信人的姓名和地址书写顺序为：收信人姓名、门牌号码和路名、城市（地区）名和邮政编码、国名。国名用大写字母（见图 10-1）。

（3）寄信人姓名、地址，应写在信封的左上角，或写在信封背面的上半部。其书写顺序与收信人地址相同。中方寄信人的地址采用汉语拼音与英文结合的方式书写，国名则用英文书写（见图 10-1）。

LiMing（姓名） 28-3-2 Zhongshan Road Dalian 116012 CHN　　（地址）	（邮票）
By AIRMAIL（航空）	Mr. smith　　（姓名） 18 Little Hay Road Oxford OX43IG USA　　（地址）

图 10-1　信封格式

图中左上角为寄信人姓名和地址，左下角为特种邮寄说明，右上角为贴邮票处，右下角为收信人姓名和地址。

（4）收信人和寄信人的姓名和地址，必须用蓝色或黑色书写，不得用红色书写。

2. 信函

国外的信函在格式、用语、文字等方面标准不一。不过各个国家都在逐步地与国际准确化信函的要求接轨。

英文的信函格式具有一定的代表性。通常英文的信函由信头、信内地址、称呼、正文、结尾礼语和签名组成（见图 10-2）。

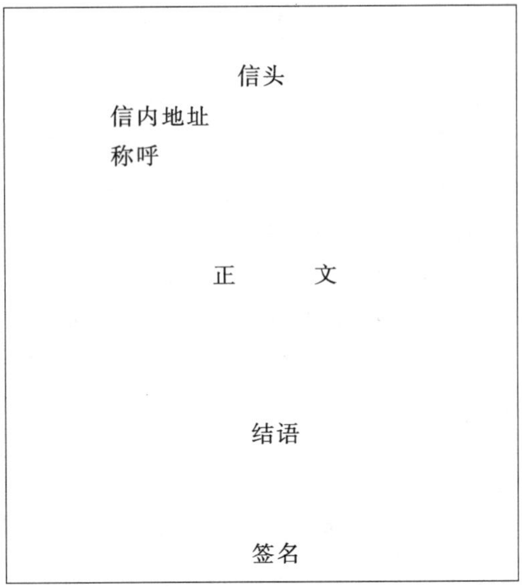

图 10-2　信函格式

（1）信头。信头一般位于第一页信笺右上方位置。信头包括发信人的姓名、单位、地址和发信日期。格式是先写发信人的姓名或单位名称，再写地址，最后写发信日期。中文信的地址是从国家、省、市到地区、街道、门牌号再到住所名称，是一个“从大到小”的顺序，而英文信的书写方式正好相反，是“从小到大”的顺序，应先写住所名称、门牌号码、街道名称，然后写住所所在地区或城镇名称、邮政编码，接着写州、郡或省名、国家名称。如：

25-4-2 Zhongshan Road
　Dalian 116012
　　CHN

日期通常采用世界通行的公历表示。日期写法有英式、美式和国际标准化规定三种。英式日期按日、月、年顺序书写，如 1(st) March,2006.；美式日期按月、日、年顺序书写，如 March 1(st),2006.；国际标准化组织规定的简写方法为年、月、日，一位数的月、日前加“0”，如，2006.03.01。

（2）信内地址。它包括收信人的姓名和地址，写在信笺的左上角。其书写格式通常为第一行为姓名，第二行为职位、头衔，第三行为收信人的单位名称，第四行以下为门牌、街道、地名、州（省）名、国名及邮政编码。门牌、街道之间不用标点符号，地名与国名间用“逗号”。

(3) 称呼。指写信人对收信人的称呼。与信内地址隔开一至两行,靠左顶格书写。英文书信的称呼要视对方的身份、性别、人数及亲疏程度等来确定,其正式程度层次排列见表 10-1。

表 10-1　称呼的正式程度排列表

程度＼性别	男　性	女　性
最正式	Sir;	Madam;
正式	Dear Sir; Gentlemen; Dear Mr. Jones;	Dear Madam; Dear Mrs. Rich
亲密	Dear Johnson; Dear Dan;	Dear Alice;

(4) 正文。正文是书信最主要的部分,写的时候每一段的第一行要缩进约 4 个字符,第二行顶格写。一般包括开头、主要内容、将来的打算及结束语等四部分。

(5) 结尾礼语。写在正文下面二三行的位置,大都从信纸中央写起,第一个字母要大写,结尾用逗号。结尾语往往反映自己对对方的态度和与对方的关系,例如"Yours truly"、"Yours Sincerely"等。

(6) 签名。签名位于结束礼语的下方,一般在略偏右的地方签上全名。签名在对外社交性的信函中通常只是一种礼仪形式,但在正式公函和商务信函中,它具有法律效力。签名一般用钢笔签,注意保持稳定的签名风格,以免他人以假乱真。

三、西方"小费礼仪"

在欧美一些国家的服务行业付小费的风气很盛行。小费礼仪兴起在 18 世纪英国的餐厅里,只要放些小钱在餐桌的小碗里,就能得到最佳、最迅速的服务。小费也称服务费,是客人感谢服务人员的一种报酬,它对服务人员是一项重要收入,对顾客可换来满意的服务。一般说,当你得到别人的服务时就应该给小费。

当我们初到一个国家时,应该了解怎样付小费,小费究竟应该给哪些人是颇有讲究的。

给小费的方式,除交付账单上公开列明的外,给小费多在私下进行;在官方接待中,因不收小费可酌情赠送些小纪念品以示感谢,如送包香烟、一小瓶酒等小礼物,也是对服务人员的工作表示谢意。

收小费的主要行业:第一,酒店,门童、行李员、送餐员、客房服务员;第二,餐厅,领位员、侍者、乐手、卫生间保洁员;第三,美容美发,美容师、发型师、泊车者;第四,出租车司机;第五,影剧院,衣帽厅侍者、节目单发放者、剧场领位员;第六,旅游观光,导游员、驾驶员。除了以上六类行业,还有其他一些行业流行付小费。但对售货员、自助洗衣店的服务员则不必付小费;对警察、海关检查员、大使馆职员、政府机关职员等公务人员绝不可付小费。

第三节　涉外社交礼仪

涉外社交礼仪是指在国际交往活动中的人际交往和社会交往,是用于表示尊重、亲善和友好的行为规范和惯用形式。尊重是社交礼仪的本质,遵守礼仪规范才能建立人与人之间关系的和谐。

一、涉外着装礼仪

根据涉外礼仪的规范,在国际交往中,涉外人员所接触的各种具体场合,大体可以分为三类,即公务场合、社交场合和休闲场合。

1. 公务场合

公务场合是指涉外人员处理公务时所处的场合。在这样的场合,涉外人员的着装应当既庄重大方又严守传统。目前,我国的涉外人员在公务场合的着装,最为标准的是深色毛料的套装、套裙或制服。具体而言,男士最好是身着藏蓝色、灰色的西装套装或中山装,内穿白色衬衫,脚穿深色袜子、黑色皮鞋。穿西装套装时,务必要打领带。穿衬衣要将前后摆塞在裤内,袖口不要卷起。皮鞋要上油擦亮,不许穿旅游鞋和凉鞋。女士最好是身着单一色彩的西服套裙,内穿白色衬衫,脚穿肉色长筒丝袜和黑色高跟皮鞋,穿着单一色彩的连衣裙亦可。不允许穿时装和便装,以及过于暴露、紧身、短小的衣服。

2. 社交场合

社交场合是指涉外人员在公务活动之外的,在公共场所里与他人进行交际应酬活动的场所。例如,出席宴会、观看演出、登门拜访等等,都是涉外交往中最常见的社交场合。在社交场合,涉外人员的着装应当重点突出“时尚个性”的风格,既不必过于保守从众,也不宜过分地随便邋遢。目前,我国涉外人员在社交场合的着装最为常见的主要有时装、礼服、具有本民族特色的服装。需要强调的是,在许多国家里,人们在出席隆重的社交活动时有穿着礼服的习惯。所谓礼服是对出席礼仪性活动时着装的特指。例如,在西方国家,最正规的大礼服,男式的是黑色的燕尾服,女式的是袒胸、露背、拖地的单色连衣裙式服装。在我国,需要穿礼服时,男士应穿深色中山装套装,也可以穿民族服装或西装套装,女士则穿单色的旗袍或下摆长于膝部的连衣裙。最好不要穿制服或便装,任何情况下都不应该穿短裤参加涉外活动。

3. 休闲场合

休闲场合是人们在公务、工作外,置身于闲暇地点进行休闲活动的时间与空间,例如居家、健身、娱乐、逛街、旅游等都属于休闲活动。在休闲场合,涉外人员的着装应当重点突出“舒适自然”的风格。没有必要衣着过于正式,只要不有碍健康,不违背伦理道德,不触犯法律,在休闲场合的着装可以无拘无束,怎么舒服怎么方便就怎么穿。我国的涉外人员在休闲场合的着装,主要有牛仔装、运动装、夹克衫、T 恤衫、短袖衬衫等。而且男女的分别并不明显,甚至可以男女通用。

在休闲场合不要穿套装或套裙,也不必穿制服,否则就会过于正规令人不适,既没有任何必要,也与所处的具体环境不符。

二、涉外拜访礼仪

关于涉外的拜访礼仪,大体分为两个部分,主要包括出访礼仪和走访礼仪。

(一) 出访礼仪

出访礼仪是对正式出国访问而言,特别是在进行具体的准备工作时所应遵守的惯例和规定。

1. 确定出访国与出访日期

确定出访国家之后,关于出访的具体日期和天数,在访问国进行访问的日程,通常由访问方提出,出访时间应避开东道主一方重要的节假日和重要的活动时间。出访日期与具体行程由宾主双方协商,并在与东道主协商后确定。通常东道主应尽量满足来访者的合理要求,以示对客人的尊重。

2. 经过批报并通报给东道主

目前,在我国凡因公组团正式出国访问的人员,必须依照有关方面的规定,报请上级主管部门审核、批准。在正式出访之前,还需要以传真或电子函件的形式,将我方的出访信息通报给东道主。

3. 办理护照与签证

护照是一国公民出入本国国境和在境外进行旅行时,必须持有的国籍证明和合法身份证件。签证是一个主权国家的主管部门,对持有合法护照的外国人出入或过境本国领土，正式颁发的证明。在办理签证时，要提交必要的文件、资料，按照规定还须交纳一定数额的“签证费”。

4. 确定出访时乘坐的交通工具

在国际交往中，出访时来回乘坐的交通工具，均由出访者根据具体情况自行负责解决，应以安全、省事、经济为宗旨。在一般情况下，要尽量避免在晚间抵达目的地，以免给东道主带来不便或妨碍他人休息。

5. 准备必要的卫生检疫证明

出访人员在出国之前，除了要按规定注射疫苗、携带预防药品之外，还应办理《健康证明书》、《预防接种证明书》、《艾滋病检验证明书》等，并且随身携带，以备检查。

6. 认真做好安全保密工作

在出访期间有关安全方面的一切事项，均由东道国方面全权负责。但出访者也应注意，要尽量与东道国人员积极配合，不要单独行动，更要高度重视保密问题，严防泄密和他人窃密。

7. 对出访国的风土人情与主要交往对象的个人状况做适当了解

在出访之前，应专门系统地学习有关出访国的国情、习俗等方面的知识，以示对出访国的尊重。为了出访顺利，对于主要交往对象的个人状况，也应有一定程度的掌握，以避免失礼。

（二）走访礼仪

走访礼仪是指在国内外，因公或因私前往外国人的办公地点或私人居所，进行正式拜访时所应当遵守的基本礼仪规范。

1. 事先约定

在进行拜访之前，要与对方事先约定好具体时间。千万不要未经约定就前往对方的私人居所进行拜访，以免打乱对方的原定计划。在约定具体时间时，通常应当避开节日、假日、用餐时间、过早或过晚的时间，以及其他一切对方不方便的时间。

2. 守时践约

守时践约是要准时地在宾主双方预先约定的时间抵达约定的地点，这也是每一个人都应具备的基本修养。进行涉外拜访时之所以要守时践约，不只是为了讲究个人信用，提高办事效率，而且也表现了对交往对象的尊重和友好，特别是有关时间方面的正式约定，尤其需要严格遵守。万一因故不能准时抵达，务必要及时通知对方，必要时还可将拜访另行改期。出现这种情况，一定要记住向对方郑重诚恳地道歉。

3．进行通报

进行拜访时，倘若抵达约定的地点后，未与拜访对象直接见面，或是对方没有派人员在此迎候，则在进入对方的办公室或私人居所的正门前，有必要先向对方进行一下通报。

具体而言，前往大型公司、企业拜访他人的时候，应当先前往接待处，向接待人员进行通报；前往饭店、宾馆拜访他人时，应当先在拜访对象下榻的饭店、宾馆的前厅里，打一个电话给对方，由对方决定双方见面的具体地点；前往私人居所或普通人的办公室进行拜访时，应当先轻叩一两下房门，或轻按一两下门铃，得到主人允许后再推门而入。

4．礼貌拜访

登门拜访外国友人的时候，一定要遵守基本的礼节，切忌不拘小节失礼失仪。当主人开门迎客时，务必主动向对方问好，互行见面礼。倘若主人一方不止一人时，则对对方的问候与行礼，必须在先后顺序上合乎礼仪惯例。一是先尊后卑。先向地位、身份高的人问候，后向地位、身份低的人问候；二是由近而远。先向距离自己近的人问候，然后依次而行，最后向距离自己最远的人问候。三要先向女主人问候，然后向男主人问候。

入室后应将自己的帽子、墨镜、手套和外套脱下来，以示对对方的敬意。在此之后，要在主人的引导下进入指定的房间，切勿擅自闯入。在就座时要与主人同时入座。倘若自己到达后，主人这里如果还有其他客人在座，应当先问一下主人，自己的到来会不会影响对方。必要时可以重新约定改日再来。

5．举止有方

在拜访外国友人时要注意自尊自爱，并且时刻以礼待人。在与主人或其家人进行交谈时，要慎择话题，切勿信口开河，出言无忌。在与异性交谈时，要讲究分寸。对在主人家里遇到的其他客人要表示尊重，友好相待，不要在有意无意间冷落对方，甚至对对方置之不理。当遇到其他客人较多的时候，要一视同仁，不要表现出厚此薄彼或本末倒置地将主人抛在一旁。在主人家里不要随意脱衣、脱鞋、脱袜，也不要大手大脚，动作嚣张而放肆。未经主人允许，不要在主人家中四处乱闯，随意乱翻、乱动、乱拿主人家中的物品。

6．控制时间

在拜访他人时，一定要注意在对方的办公室或私人居所里停留的时间问题，应当具有良好的时间观念。不要因为自己停留的时间过长，从而打乱对方既定的其他日程。

在一般情况下，礼节性的拜访尤其是初次登门拜访，应控制在 15 分钟至半小时之内。最长的拜访,通常也不宜超过两个小时。有些重要的拜访,往往需由宾主双方提前议定拜访的时间和长短。在这种情况下,务必要严守约定,绝不要单方面延长拜访时间。自己提出告辞时,虽然主人表示挽留仍须执意离去,但是要向对方道谢,并请主人留步不必远送。在拜访期间,若遇到其他重要的客人来访,或主人一方表现出厌客之意,应该当机立断知趣地告退。

第四节　迎送礼仪

迎来送往是国际交往中常见的社交礼节。在外事接待活动中,身为东道主应当遵守涉外接待礼仪、礼宾规范,根据来访外宾的身份、访问性质以及两国关系等因素做好相应的接待安排和迎送工作。

一、迎送礼仪的准备

为了使来宾访问顺利成功,有必要进行礼仪的先期准备工作,以求有备而行,有备无患。

1. 掌握基本状况

要充分掌握迎宾对象的基本状况。来宾尤其是主宾的个人简况,例如姓名、性别、年龄、籍贯、民族、单位、职务、职称、学历、学位、专业、专长、爱好、著述、知名度,等等。必要时还需要了解其婚姻、健康状况,以及政治倾向和宗教信仰。

在了解来宾的具体人数时,不仅要求数目准确无误,而且应着重了解对方由何人负责、来宾中有几对夫妇等。

另外,还要了解来宾在此之前有无正式来访的记录。如果来宾尤其是主宾此前前来进行过访问,则在接待规格上要注意前后协调一致。若无特殊原因,一般不宜随意在迎宾时升格或降格。来宾如果报出了自己一方的计划,例如,来访的目的、来访的行程、来访的要求等等,应在力所能及的前提下,在迎宾活动中兼顾来宾一方的特殊要求,尽可能地对来宾多加照顾。

2. 确定迎送规格

对来宾的迎送规格各国做法不尽一致。确定迎送规格,主要是依据来访者的身份和访问的目的,适当考虑两国关系,同时兼顾国际惯例,做到综合平衡。

通常各国对外国国家元首、政府首脑的正式访问,往往都举行隆重的迎送仪式。对军方领导人的访问,也举行一定的欢迎仪式,例如安排检阅仪仗队等。对其他人员的访问,一般不举行欢迎仪式。然而,对应邀前来的访问者,无论是官方人士、专业代表团还是民间团体、知名人士，在他们抵达和离开时，均安排同来宾身份相当的人员前往机场（车站、码头）迎送。如果由于某种原因（例如当事人年高不便出面、临时身体不适或不在当地等等）不可能完全对等，这时候可采用灵活变通的方式，由职位相当的人士或由副职出面。当事人不能出面时无论做何种处理，都应从礼貌出发，向对方做出解释。

3. 排定礼宾序列

礼仪序列就是依照国际惯例，对参与国际交往的国家、团体和个人的位次所排列的次序。礼宾序列体现了东道国对各国来宾的礼貌和尊重。我国在涉外活动中的礼宾次序，一般有下面几种排列方法。

(1) 按外宾的身份与职务高低顺序排列。

在官方活动中，通常采用这种方法安排礼宾次序。若外国来宾系组团前来，则应按照团长的具体地位的高低来安排其先后次序。

(2) 按参加国国名的字母顺序排列。

在国际会议和国际体育比赛中，一般都采取这种方法，并按英文字母顺序进行排列。

(3) 依照来宾自己决定到访的具体时间的先后来排列其次序。

若各国代表团的身份规格大体相等，通常采用这种方法。有时还可以按照各国代表团到达活动地点的时间先后，来排列礼宾次序。

4. 拟订接待计划

根据常规制订迎接来宾的具体计划，至少要包括迎送方式、交通工具、膳宿安排、工作日程、文娱活动、异地游览、会见会谈、礼品准备、经费开支以及接待、陪同人员的配备等各项基本内容。正式的接待计划一经拟定，应尽快报请上级主管部门批准。与此同时，也应将我方接待计划的主要内容通报给外方，并听取其建议、意见或要求。

详细地制订接待计划，可避免工作上出现疏漏，从而更好地完成任务。

二、迎送礼仪的操作

在涉外迎宾工作中，现场礼仪操作进行得是否得当，是非常关键的环节。一定要精心选择迎接来宾的迎宾人员，数量上要加以限制，身份上要大致相仿，职责上要划分明确。

1. 掌握来宾抵达和离开的时间

必须准确掌握来宾乘坐的飞机（火车、船舶）的抵离时间，及早通知全体迎送人员和有关单位。如有变化应及时通知。因为由于天气变化等意外原因，飞机、火车、船舶都有可能不准时到达。某些大城市，机场离市区又较远，因此，只有准确地掌握抵离时间，才能顺利地接送客人，不过多地耽误迎送人员的时间。

迎接人员应在飞机（火车、船舶）抵达之前到达机场（车站、码头）。送行则应在客人登机之前抵达，如果有欢送仪式，送行人员则应在仪式开始之前到达。

2. 向来宾献花

如果来宾系贵宾，可安排献花仪式。献花时，须用鲜花，并注意保持花束整洁、鲜艳，忌用菊花、杜鹃花、石竹花和黄色花朵。有的国家习惯送花环，或者送一、两枝名贵的兰花、玫瑰花等。通常由少年儿童或女青年在参加迎送的主要领导人与客人握手之后，将花献上。有的国家由女主人向女宾献花。

3. 主人和客人互相介绍

客人抵达后，应首先同主人相互见面和介绍。一般由礼宾人员或我方迎候人员中身份最高者，率先将我方迎候人员按一定顺序一一介绍给客人，然后再由客人中身份最高者，将客人按一定顺序一一介绍给主人。客人初到一般较拘谨，主人应该主动与客人寒暄。

宾主互相介绍后，可进入机场、港口、车站的贵宾接待室，请贵宾稍事休息，也可请来宾直接乘坐事先安排好的交通工具前往住宿处。如果来宾是一般身份，主人可主动帮助客人提取行李，但是不要主动要求帮助男宾拿公文包和女宾的手提包。

4. 迎接客人应注意的问题

（1）热情迎接客人。

应事先在机场（车站、码头）安排贵宾休息室，并且准备饮料。迎接一般客人时，如果客人是首次前来，接待人员应主动上前进行自我介绍；如果迎接大批客人，接待人员可以事先准备鲜明的特定标志，例如，小旗或牌子等，让客人从远处就能看到，以便客人主动前来接洽。

（2）安排乘车和住房。

如果有条件应该在客人到达之前，将住房和乘车号码通知客人。如果做不到，在客人刚到达时，可将印有住房和乘车表的卡片，及时发到每个人手中。这既可避免混乱，又可以使客人心中有数和主动配合。

（3）指派专人协助办理入出境手续及行李提取事宜。

重要代表团人数众多，行李也多，应将主要客人的行李先取出（最好请对方派人配合），及时送往住地，以便客人及时更衣。出入境手续及机票等问题也都有专人负责。

(4) 让客人有足够的休息时间。

客人抵达住处后，一般不要马上安排活动，应稍作休息，起码给对方留下洗澡、更衣的时间。迎候人员可暂时离去，走前应告诉外宾留下主人的电话号码和讲明下一步的活动计划，并求得其同意。

5. 陪同客人乘车

客人抵达后，从机场到住地，以及访问结束，由住地到机场，有的安排主人陪同乘车，也有不陪同乘车的。如果主人陪车，应请客人坐在主人的右侧。如是三排座的轿车，译员坐在主人前面的加座上；如是二排座，译员坐在司机旁边。上车时，最好客人从右侧门上车，主人从左侧门上车，避免从客人座前穿过。如遇到客人已先上车，坐到了主人的位置上，则不必请客人挪动位置。

6. 文明引导来宾

来宾的引导，是指迎宾人员在接待来宾时为之亲自带路，或是陪同对方一道前往目的地。在一般情况下，负责引导来宾的人，多为来宾接待单位的接待人员、礼宾人员，或是接待方与来宾对口单位的办公室人员、秘书人员。

在宾主双方并排行进时，引导者应主动在外侧行走，而请来宾行走于内侧。若三人并行时，通常中间的位次最高，内侧的位次居次，外侧的位次最低。在单行行进时，循例应由引导者行走在前，而使来宾行走于其后，以便由前者为后者带路。在出入房门时，引导者须主动替来宾开门或关门。此刻引导者可先行一步，推开或拉开房门，待来宾首先通过。随之再轻掩房门，赶上来宾。出入无人控制的电梯时，引导者须先入后出，以操纵电梯。出入有人控制的电梯时，引导者则应后入先出，这样做主要是为了表示对来宾的礼貌。出入轿车时，如果引导者与来宾出行，宾主不同车时，一般引导者座车应该在前，来宾座车居后；宾主同车时，则大都讲究引导者后上车、先下车，来宾先上车，后下车。

7. 礼貌送别客人

送别外宾大体上要依照迎候的规格来确定送别的规格，主要迎候人应参加送别活动，送行人员可前往外宾住宿处，陪同外宾一同前往机场、码头或车站，也可直接前往机场、码头或车站恭候外宾，必要时可在贵宾接待室与外宾稍叙友谊，或举行专门的欢送仪式。

在外宾临上飞机、轮船或火车之前，送行人员应按一定顺序同外宾一一握手话别。同时，要选择最合适的言词送别，如“希望下次再来”等礼貌用语，尤其对初次来访的客人更应热情、周到、细致。飞机起飞或轮船、火车开动之后，送行人员应向外宾挥手致意，直至飞机、轮船或火车在视野里消失，送行人员方可离去。不去机场、码头或车站送行，对外宾都是失礼的。外宾一登上飞机、轮船或火车,送行人员就离去,也是不应当的。尽管只是几分钟的小事情,却很可能因小失大。

三、其他方面的礼仪

(一) 国旗礼仪

为了维护本国的国家尊严,任何主权国家均不允许在本国境内随意悬挂或摆放外国国旗。目前,我国仅允许在下列五种场合悬挂或摆放外国国旗:外国国家元首、政府首脑正式到访;外国贵宾访问期间我国举行重要的礼仪活动;国际会议在我国举行;重大的国际活动在我国举行;为在我国所进行的国际经济的重要项目而举行的庆典或仪式。

1. 悬挂国旗的礼仪

悬挂或摆放中外国旗的常规是:并排升挂两面或两面以上的国旗时,讲究以右为上,以左为下。按照礼宾序列,自右而左依次升挂,东道国国旗往往居于末尾,即最左侧,以表示对外方的尊重。举行国际会议、展览会或体育比赛时,应悬挂所有参加国的国旗。即使没有外交关系的国家,只要它是所举办活动的组织成员,东道主都应悬挂该国国旗。悬挂的次序是从左至右,以英文国名的第一个字母为序。

悬挂国旗视不同的场合有不同的规范。在室外的旗杆或建筑物上挂旗,一般是日出升旗,日落降旗,司职人员表情应庄严、肃穆。升旗的时候,护旗人要托起国旗的一角,国旗触地是极不严肃的。国旗不准倒悬,不准在墙壁上交叉悬挂或竖挂。国旗图案不能在商品广告、产品宣传等非正规场合乱用。另外,撕扯、践踏和焚烧国旗的行为都是不允许的。

2. 国歌演奏的礼仪

国歌如同国旗一样,是一个国家的象征。它一般只在正规迎送场合和仪式上演奏。外国领导人来访,在欢迎仪式上,军乐队高奏两国国歌。这时乐队以管乐为主,服装要整齐划一。通常为表示对客人的尊重,先行演奏外国国歌。在演奏国歌的时候,在场的人要起立,姿态端庄,表情严肃,任何人不可嬉笑、喧哗,不应在场内随意走动。

在运动会的颁奖仪式上,当升国旗奏国歌的时候,在场观众一定要起立。尤其在演奏别国国歌时,观众更应肃然起立,以表示对该国的尊重。国歌的曲调和配器都有许多严格的规定,任何人不得擅自更改,不能以戏谑的方式在娱乐场所(例如在酒吧或歌舞厅里)演奏或演唱国歌。

（二）宴会礼仪

按照国际惯例，在接待外国来访者时，应为他们举办专门的宴会。目前，我国一般安排的是欢迎宴会。凡举办宴请外宾的正式宴会，应提前发出请柬、准备菜单、排好座次，并安排好我方出席宴会作陪的人员。具体程序是：在宴会开始前，主人一方的重要成员排列成行，专门在宴会厅或休息厅门口迎接客人；当主人陪同主宾一行进入宴会厅，其他出席宴会的作陪人员应起身鼓掌。当主宾一行在主桌前就座后，宴会即可宣告开始，先由主人致欢迎词，然后请主宾致答谢词，之后即可开始用餐。

在用餐过程中，需要遵守以下礼仪：

1. 西餐餐具使用

（1）餐具摆放。

摆在中央的称为主菜盘或展示盘，把盛小菜的碟子或汤底盘放在大盘里，餐巾置于主菜盘的上面或左侧。

盘子右边依次摆放刀、汤匙，刀刃对着盘子，左边摆放叉子，叉齿向下。可依照用餐顺序，大体包括前菜、汤、料理，视需要由外侧至内侧使用。在桌子上摆放的刀叉，一般最多不能超过三副（如图 10-3 所示）。三道菜以上的套餐，必须在摆放的刀叉用完后随上菜再放置新的刀叉。

酒杯摆放在右上角，最大的是装水用的高脚杯，次大的是用来装红葡萄酒的，而细长的酒杯是用来装白葡萄酒的，视情况也可以摆上香槟或雪莉酒所用的酒杯。

面包盘和奶油刀置于左手边，主菜盘对面则摆放喝咖啡或吃点心所用的小汤匙和刀叉。

（2）刀叉的使用方法。

西餐进餐时，将肩膀与腕放松，两臂贴着身体不要张开，一般以右手拿刀，左手拿叉，左右手互相配合，即一刀一叉成双成对地使用。刀是用来切割食物的，刀与餐盘的角度保持在 15 度左右，手肘不要过高或过低。刀的拿法是将食指伸直按住刀的背部，还可以用拇指与食指紧紧夹住刀柄与刀刃的接合处（如图 10-4 所示）。切食物时，刀子拉回时不可用力，而是在往前压下时用力。叉是用来将食物送入口中的，千万不能用刀取食物送入嘴里，叉子的拿法是将食指伸直按住叉子的背部。汤匙的握法则与握笔方法相同。

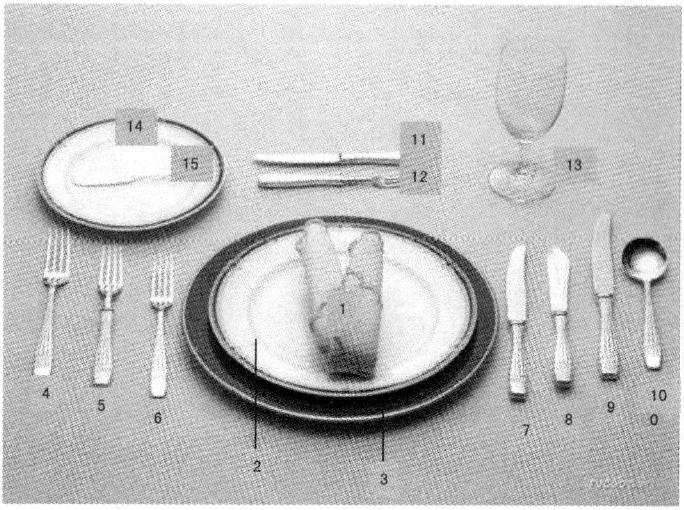

图 10-3　餐具摆放

1. 餐巾　2. 主菜盘　3. 垫盘　4. 鱼叉　5. 肉叉　6. 沙拉叉　7. 牛油刀　8. 肉刀　9. 鱼刀　10. 汤匙　11. 水果冻用叉　12. 甜品叉　13. 葡萄酒杯　14. 黄油盘　15. 抹黄油刀

图 10-4　刀叉的使用方法

刀、叉、勺是有不同规格的，分为大号、中号、小号，根据用途的不同，决定其尺寸的大小。吃肉时，要使用大号的刀。吃沙拉、甜食或一些开胃小菜时，要用中号刀、叉。喝汤时，要用大号勺，而喝咖啡或吃冰激凌时，则用小号勺。

(3) 刀叉摆放的寓意。

在用餐时，若要与人交谈，可将刀叉呈“八”字形摆放在自己面前的餐盘里，意为“尚未吃好”，要继续用餐，服务员不会把你的餐盘收走。如果你不想再用餐时,可将刀叉并排斜放在自己面前的餐盘里,那么服务员会在适当时候把你的盘子收走。

(4) 餐巾的使用。

参加正式宴请的话,女主人把餐巾铺在腿上是宴会开始的标志;如女主人把餐巾放在桌上,就是宴会结束的标志。入座后,将餐巾打开,往内折三分之一,让三分之二平铺在腿上,盖住膝盖以上的双腿部分。不可把餐巾塞入领口或裙腰处。如用餐中想暂时离开席位,可将餐巾放在椅背上,表示你还要回坐;用餐完毕时,应该把餐巾叠好放在盘子右边,表示已用完餐,服务员就不会为你上菜了。餐巾可以擦嘴,但是不能擦刀叉,也不能擦汗。

2. 鸡尾酒会

鸡尾酒会亦称酒会。通常以酒类、饮料为主招待客人。一般酒的品种较多,并配以各种果汁,向客人提供不同酒类配合调制的混合饮料(即鸡尾酒);还备有小吃,如三明治、面包、小鱼肠、炸春卷等。

鸡尾酒会是西方国家比较传统的一个社交节目。被邀请参加鸡尾酒会的客人一般都要正正经经地修饰一番。女士要化妆并穿正装,举止优雅,男士要穿西服或小晚礼服,彬彬有礼。男士要尊重女士,为女士拉椅子、脱大衣、拿酒等。鸡尾酒会上要小声说话、小口啜饮,小量进食。

参加鸡尾酒会,应注意下列行为:一是不要早到,要应约守时,不要提前到达。二是要用左手拿饮料、拿餐点,用干净的右手与人握手。三是和别人说话时,要精力集中,不要东张西望。四是不要抢着和贵宾谈话,要给予他人和贵宾谈话的机会。五是不能霸占餐点桌,以致别的客人没有机会接近食物。六是不能把烟灰弹到地毯上,或拿杯子当烟灰缸。

当宴会结束时,主宾向主人赠送礼品,主人向主宾回赠礼品,接着客人即可告辞。此时主人应陪同客人走出门外,并与之握手道别。

案例分析 >>>

我国某公司副总经理李明应邀到德国洽谈业务,原定于2013年1月15号下午三点到达德国。由于天气原因,李明的航班推迟到1月16号才能起飞。等李明到达目的地的时候已经是16号下午,李明急匆匆地赶到德国公司直接去拜见德方董事长。李明身穿一身休闲装一见董事长就说:“董事长阁下,很抱歉,因飞机误点我来晚了。”同时,掏出自己的名片很随意地递给董事长。董事长面无表情地说:“欢迎你的到来,但你应该提前告诉我们一声,以便我们调整接待事宜。"说完就打电话通知负责此次洽谈业务的负责人过来接应李明。

结合案例分析小李在涉外活动中的有哪些失礼的行为？并指出正确的做法。

本章小结

1. 各国民族文化传统、风俗习惯不同，因而形成各自独特的礼仪特征和礼仪形态，但在长期的国际往来中，涉外礼仪逐步形成一套国际礼仪规范和行为准则，这是人们参与国际交往所必须遵守的惯例。

2. 所有的涉外活动只有在不危害国家利益的前提下才有可能，因此涉外礼仪具有原则规范与实践应用相统一、民族性与国际性相统一的特点。

3. 在与外国人接触时，我们必须遵守有关国际交往惯例，也就是涉外通则。这些通则包括维护形象、信守约定、求同存异、尊重隐私、不卑不亢、入乡随俗、热情有度、不宜先为、女士优先和以右为尊等十个方面。

4. 称呼是人们交谈时所使用的用以表示彼此关系的名称。由于各国、各民族语言不同，风俗习惯和社会制度也不一样，因而在称呼上差别很大，具体表现在泛尊称、职务性称呼、公务性称呼和特殊性称呼等方面。

5. 在正式的涉外交往中，涉外书信的书写和信封、信函的格式有具体、细致的要求；在涉外礼仪中，拜访礼仪可以分为出访要则和走访须知两个方面的内容。

6. 在涉外交往活动中，对外国来访的客人，通常视其身份、访问性质以及两国关系等因素，来安排相应的迎送活动。迎送礼仪大体包括迎宾前的礼仪准备和迎宾时的礼仪操作等内容。

7. 在涉外交往中，要真正做到尊重交往对象，就必须"入乡随俗"了解和尊重对方所独有的风俗习惯。要做到这一点，必须充分了解与交往对象相关的习俗以及世界各主要国家、民族所特有的礼仪习俗与禁忌。

复习思考题

1. 涉外礼仪的基本含义？

2. 涉外礼仪的特点及应遵循的基本原则？

3. 东西方文化的差异对礼仪有哪些影响？

4. 自我介绍时，要主动讲清哪些内容；介绍时的顺序应遵循的原则？

5. 使用名片要注意哪三个不准？
6. 完整的涉外书信要遵循的“7C”原则有哪些内容？
7. 怎样理解西方的“小费礼仪”？
8. 在涉外拜访中应注意哪些礼仪？
9. 在涉外迎送工作中应注意哪几项具体事务？

参考文献

1. 〔德〕阿·克尼格:《礼仪大全》,中国商业出版社2004年版。

2. 陈明慧:《一本书学会交往礼仪》,光明日报出版社2011年版。

3. 董保军:《中外礼仪大全》,民族出版社2005年版。

4. 金正昆:《涉外礼仪教程》,中国人民大学出版社2005年版。

5. 金正昆:《现代社交礼仪》,北京师范大学出版社2011年版。

6. 靳斓:《风度何来——最受欢迎的商务礼仪与交往艺术》,中国经济出版社2011年版。

7. 李鸿军、石慧:《交际礼仪学》,华中科技大学出版社2004年版。

8. 李莉:《公务员礼仪规范》,湖南科学技术出版社2005年版。

9. 李莉:《实用礼仪教程》,中国人民大学出版社2004年版。

10. 〔英〕林·布伦南:《21世纪商务礼仪》,中国计划出版社2004年版。

11. 刘佩华:《中外礼仪文化比较》,中山大学出版社2005年版。

12. 邵凌霞:《现代礼仪与公共关系》,科学出版社2007年版。

13. 王岚:《现代社交礼仪》,科学出版社2011年版。

14. 王琪:《现代礼仪大全》,地震出版社2005年版。

15. 未来之舟:《礼仪手册》,海洋出版社2005年版。

16. 未来之舟:《营销礼仪手册》,海洋出版社2005年版。

17. 文泉:《国际商务礼仪》,中国商务出版社2003年版。

18. 闻君、金波:《现代礼仪实用全书》,时事出版社2011年版。

19. 徐爱琴:《实用礼仪学》,浙江大学出版社2005年版。

20. 闫秀荣:《人际交往礼仪——实用礼仪精编》,哈尔滨工业大学出版社2007年版。

21. 余兵、杨芳:《现代商务礼仪》,天津大学出版社2011年版。

22. 张彤:《社会礼仪与交往艺术》,北京理工大学出版社2012年版。

23. 赵景卓:《现代礼仪》,中国财富出版社 2009 年版。
24. 周芙蓉:《礼仪教程》,中国长安出版社 2003 年版。
25. 周思敏:《你的礼仪价值百万》,中国纺织出版社 2009 年版。
26. 周增文、石运芳:《现代礼仪实用指南》,济南出版社 2004 年版。
27. 朱燕:《现代礼仪学概论》,清华大学出版社 2006 年版。

21世纪公共管理学应用型本科规划教材·文秘系列

（已出书目）

公共关系学	刘崇林　邢淑清　主编
商务谈判	王　倩　刘崇林　主编
新编应用写作	白　洁　王会江　主编
秘书学(第二版)	姜　爽　邱　旸　主编
现代礼仪	郭学贤　主编